# 성공을 만드는 100가지 아이디어

나이절 컴벌랜드 지은이
김성환 옮긴이

이 책을 내 아들 젭<sup>Zeb</sup>과,
충만한 꿈들로 가득한 특별하고 의미 있는 삶을 창조하기 위해 노력하는
모든 이들에게 바친다.

66

그 누구도 당신을 대신해 삶의 강을 건너갈 다리를 만들어줄 수 없다.
당신을 그 강 너머로 운반해주는 길과 다리, 정령들은 분명, 무수히 많지만,
그런 일은 오직
당신 자신을 희생시킬 때만 일어난다.

당신은 그들의 인질이 되어 조금씩 사라져갈 것이다.
세상에는 당신만이 갈 수 있는 단 하나의 길이 존재한다. 그 길은 어디인가?

묻지 말고, 그저 그 길을 향해 나아가라.

99

→ 프리드리히 니체 Friedrich Nietzsche

CONTENTS

우리 모두는 자신이 어떤 사람이 되고 싶어 하는지 안다. 하지만 안타깝게도, 실제 삶에서 그런 소망을 달성하는 것이 항상 쉬운 일만은 아니다. 우리들 개개인은 습관에 의한 집합체인 만큼, 특정 행동을 촉발시키는 심리적 자극에 영향을 받고 있다. 그 자극은 우리에게 도움이 되기도 하지만 해가 되기도 한다. 우리가 원하는 사람이 될 수 있도록 이 복잡한 자극의 지뢰밭을 성공적으로 헤쳐 나가는 건 결코 쉬운 일이 아니다. 그런 의미에서 나이절 컴벌랜드Nigel Cumberland의 이 책이 도움이 될 수 있다.

이 책은 성공적인 삶을 위한 실용적이고 영감어린 지침들을 제시한다. 이 책에서 당신은, 일터와 가정, 관계, 건강, 재정 등의 영역에서 당신과 주변 사람들의 삶을 더 성공적으로 만들기 위한 강력한 방법들을 발견하게 될 것이다. 이 책은 성공의 의미가 무엇인지 이해하도록 당신을 도와줄 것이고, 그 성공을 현실화하는 데 필요한 재료 또한 제공해줄 것이다.

나이절은 내가 창안한 「이해관계자 중심 코칭Stakeholder Centered Coaching 과정」(삶의 목표를 달성할 수 있도록 돕는 피드백 중심의 코칭교육 프로그램)을 수료한 바 있다. 이 책에 담긴 100가지 생각과 활동들은 이 프로그램대로 따라 할 수 있도록 주의 깊게 선택되고 고안된 것들이다.

최근작인 「트리거: 행동의 방아쇠를 당기는 힘Triggers: Creating Behavior That Lasts」에서 내가 말했듯이, 실패를 성공으로 바꾸는 건 우리의 행동을 자극하는 방아쇠를 통제하는 것만큼이나 간단한(그리고 힘든) 일이다. 나이절이 여기 제시한 통찰과 지침들은 내 책의 메시지와 훌륭히 조화된다. 하지만 책을 읽는 것만으로는 충분치 않다. 당신은 그 내용을 실천에 옮겨야 한다. 그러므로 나는 당신에게 여기 제시된 활동과 훈련들을 따라 할 것을 강력히 권하는 바이다.

이 글 첫머리에 나는, 우리 모두가 자신이 어떤 사람이 되고 싶어 하는지 알지만, 그런 사람이 실제로 되는 건 힘든 일이라고 말한 바 있다. 하지만 이 책은 당신을 가로막고 있는 장해물들을 극복할 기회를 제공해줄 것이다.

책을 읽고, 내용을 실천한 뒤, 차이를 경험해보기 바란다.

마셜 골드스미스 Marshall Goldsmith
베스트셀러 「트리거Triggers」의 저자

당신에게 성공은 무엇을 의미하는가?

# 당신은 삶에서 어떤 종류의 성공을 원하는가?

성공은 가능한 목표와 꿈, 열망, 목적 등을 달성하는 것이다.

그것은 매우 개인적이고 고유한 것이다. 당신의 가장 큰 열망이 다른 누군가에겐 지옥처럼 보일 수도 있다. 당신은 유명한 요리사가 되길 간절히 바랄지 모르지만, 당신의 가장 친한 친구는 요리하는 것 자체를 싫어할 수 있다.

과거를 돌아보며 "성공적인 삶을 살았어."라고 말할 수 있다는 건 수많은 목적과 목표를 성공적으로 달성해왔다는 것을 의미한다.

이 책은 가장 크고 대범한 생각에서부터 가장 작고 사소한 것에까지 이르는 그 목적들을 달성하도록 돕기 위한 안내서이다.

지금 한번 생각해보기 바란다.

# 당신에게 성공은 어떤 모습인가?

- 승진을 하는 것?
- 직장에서 새로운 리더로 활약하는 것?
- 살을 빼는 것?
- 매일 저녁 조깅을 하는 것?
- 책을 출간한 저자가 되는 것?
- 건강한 상태로 은퇴하는 것?
- 아이들을 잘 길러서 가정을 꾸리는 모습을 보는 것?

- 평화롭게 사는 것?
- 주택 담보 대출금을 다 갚는 것?
- 특정 자격증을 따는 것?
- 후회 없이 가슴이 이끄는 대로 따르는 것?
- 훌륭한 사람들과 관계를 맺는 것?
- 외국어를 배우는 것?
- 큰 병으로부터 회복하는 것?
- 일정한 양의 돈을 저축하는 것?
- 자신의 일을 사랑하고 그 일을 하면서 스트레스를 받지 않는 것?
- 현재 지닌 것에 만족하고 행복해하는 것?

이 목록은 내 코칭을 받는 고객들에게 들은 목표들을 토대로 작성한 하나의 예일 뿐이다. 이제 시간을 내서 당신 자신만의 목록을 적어 내려가 보라. 자기 자신을 너무 점검하지 말고, 떠오른 생각들의 순서에도 얽매이지 마라. 그저 의식의 흐름대로 따라가 보라.

당신의 목록은 아마도 한없이 이어질 것이다. 하지만 한 가지만은 분명하다. 시간이 지남에 따라 그 목록이 변할 것이란 점이 그것이다. 당신이 어떤 산 정상에 도달하는 데 성공한다면, 곧 다른 산들이 있다는 사실을 새롭게 깨닫게 될 것이다. 전에는 있는지조차 몰랐던 새로운 산들 말이다. 결국 목적과 꿈은 변하기 마련인 것이다.

이어지는 100개의 장은 당신이 상상할 수 있는 모든 종류의 성공을 달성하도록 당신을 도와줄 것이다. 이 책의 내용은 일과 삶의 모든 영역을 포괄한다.

- 일과 경력
- 인간관계와 양육
- 인격과 인성
- 부와 재무
- 배움과 학습
- 은퇴 및 삶의 유산

각 장에는 당신의 목표를 향해 다가서는 데 도움이 되는 아이디어들이 포함되어 있다. 나는 앞의 페이지에서 이 아이디어들을 소개하고 설명한 뒤, 뒤의 페이지에서 크고 작은 훈련과 활동들을 제시할 생각이다. 이 훈련들을 직접 실천한다면, 성공 가능성을 극대화하는 데 필요한 마음가짐과 습관, 행동들을 몸에 익히게 될 것이다.

뒤에 제시된 활동들의 일부는 새롭게 느껴질 것이고, 다른 일부는 상식처럼 느껴질 것이다. 하지만 어쨌든 중요한 건 그 활동들을 직접 실천하는 것이다. 이 활동들은 성공을 달성하는 데 도움이 되는 새로운 습관과 정신적 소프트웨어를 형성하도록 돕기 위해 주의 깊게 고안된 것들이다. 이런 행동들을 의식적이거나 의도적으로 실천하는 사람은 얼마 되지 않는다. 오직 성공적인 사람들만 그렇게 한다. 당신은 지금 바로 실천해야 할 활동이 있는가 하면, 나중을 위해 남겨두어야 할 활동도 있다는 사실을 발견하게 될 것이다. 아이디어나 활동이 지금 당신이 처한 상황과 맞지 않는다면, 잠시 옆으로 치워놓았다가 나중에 다시 확인해보기 바란다.


나는 성공에 대해
# 이야기할 자격이 있는가?

이 책에 담긴 아이디어들은 15년에 걸쳐 세계 전역의 다양한 사람들을 코칭하고 멘토링한 경험으로부터 체득한 것들이다. 나는 수년에 걸친 이 경험을 토대로, 삶의 모든 영역에서 진정한 성공을 달성하기 위해 관심을 기울일 필요가 있는 100가지 가장 중요한 요인들을 선별해냈다.

나는 내가 말한 내용을 실천해왔고, 실패나 좌절의 경험을 교사이자 안내자로 삼으면서 내 목표들을 달성하기 위해 고된 노력을 기울여왔다. 함께 이 여정을 시작하기 전에, 내가 걸어온 길을 당신과 공유하는 것이 좋을 것 같다는 생각이 든다. 나는 지난 50년 동안 다음과 같은 일들을 성취해왔다.

- 건강하고 훌륭한 결혼을 해서 두 명의 환상적인 아이들(16세 된 아들과 24세 된 의붓딸)을 얻었다.
- 캠브리지 대학에 자리를 얻었고, 26세의 나이에 FTSE 100(런던에 상장된 100개의 우량 주식으로 구성된 주가 지수 - 편집자 주)에 오른 기업의 지역 재무 관리자가 되었다.
- 8개국을 돌아다니며 26년에 걸쳐 생활을 하면서 여행을 하고 싶다는 꿈을 충족시켰다.
- 회사를 성공적으로 공동 창립한 뒤 수백만 달러에 매각했다.
- 저자이자 강연자로 자리를 잡았다.
- 실크로드 파트너십에서 코칭을 하면서 다른 사람들을 돕고 싶다는 내 열망을 충족시켜왔다.
- 나 자신과 내가 가진 것에 만족하는 법을 배웠다. 아마도 이것이 내가 이룩한 가장 중요한 성과일 것이다.

이제 내가 바라는 건 성공을 향한 당신 자신의 추구를 돕는 일뿐이다. 이 책에서 발견하게 될 아이디어와 활동들은 당신에게 합당한 성공적인 삶을 살아가도록 당신을 도와줄 것이다.

나이절 컴버랜드 Nigel Cumberland

# 100

**Things Successful People Do**
Little Exercises for Successful Living

성공을 만드는
## 100가지 아이디어

# 01   당신의 꿈을 좇아라

자신의 열정을 추구한다면 훨씬 더 나은 삶을 살게 될 것이다. 자기가 사랑하는 일을 하는
사람들은 그 누구보다도 자신의 삶을 즐기는데, 그것은 단순히 그들이 자신의 꿈을 좇고
있기 때문이다.

→ 리처드 브랜슨Richard Branson · 기업인

꿈은 성공의 연료이다. 꿈 없이는 결코 의미
있고 지속적인 성공을 이뤄낼 수 없다. 꿈이 없다면, 질 좋은 연료가 채워지지 않
은 자동차 엔진처럼, 제대로 된 삶을 시작조차 못하게 될 것이기 때문이다.

모든 성공적인 사람 배후에는 충족된 꿈이 자리 잡고 있다. 나는 성공적인 사람 수
십 명을 코칭해봤는데, 그들 모두는 자신의 꿈들 가운데 최소 하나 이상을 성취한
사람들이었다. 어린 시절부터 지녀온 꿈이든, 나중에 발견한 꿈이든, 그들의 성공
뒤에는 최소 하나 이상의 꿈이 자리 잡고 있었다. 그 꿈이 그들의 흥미를 자극하고
동기를 부여해준 것이다. 이런 꿈들은 남들이 불가능하다고 하는 것을 믿고, 삶을
혁신시키며, 안전지대에서 벗어나 위험을 감수하도록 우리를 자극해준다.

성인으로서 우리는 종종 우리가 진정으로 사랑하는 것을 무시하거나 망각하는 쪽
을 택한다. 우리는 다른 사람의 안내나 기대에 끌려 다니도록 자기 자신을 방치해
둔다. 내게도 고통스런 경험이 하나 있다. 학창 시절 나는 지리학을 사랑했지만,
다른 사람들의 조언에 따라 대학에서 경제학을 전공한 뒤 회계사가 되었다. 내 자
신의 꿈을 무시해버린 것이다. 혹시 당신도 비슷한 선택을 내린 적이 있는가? 때
로는 자기 자신만의 길을 따르지 않았다는 사실을 시간이 지나고 나서야 깨닫게
되는 것 같다.

성공적인 사람들은 자신이 사랑하고 열정을 느끼는 일을 결코 소홀히 하지 않는
다. 그들은 자기 자신만의 길을 따르면서 올바른 선택을 내리는 법을 빠르게 습득
한다. 그 길이 다른 사람들에게 아무리 터무니없고 이상해 보인다 하더라도……

애플의 창립자인 스티브 잡스Steve Jobs를 보라. 그는 자신의 꿈을 추구하기 위해 일류 대학을 기꺼이 포기한 바 있다.

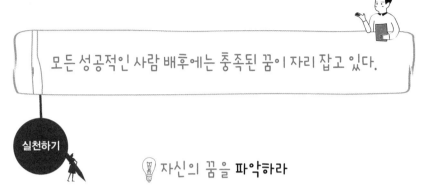

모든 성공적인 사람 배후에는 충족된 꿈이 자리 잡고 있다.

**실천하기**

## 💡 자신의 꿈을 **파악하라**

당신의 꿈은 무엇인가? 당신이 진심으로 원하는 것은 무엇인가? 당신이 마땅히 추구했어야 할 꿈이란 과연 어떤 것일까?

단어와 낙서, 그림들을 조합하여 꿈 목록을 작성해보라. 이 훈련을 하다보면 생각들 간의 연관성이 드러나 오래전에 잊힌 목표와 욕망들을 재발견하게 될지도 모른다. 다음 질문들이 도움이 될 것이다.

- 어렸을 때 무슨 일을 좋아했나? 무엇이 되고 싶었나?
- 돈 문제에서 해방된다면 어떤 유형의 삶과 일을 선택하겠는가?
- 진심으로 좋아하고 더 많아지길 바라는 당신 삶의 측면에는 어떤 것들이 있는가?
- 당신은 여가 시간에 무슨 일을 즐기는가?
- 친구나 동료의 생활 방식 중 어떤 측면에 부러움을 느끼는가?

## 💡 긍정적 신념을 **지녀라**

꿈을 어떻게 성취할지 생각해보라. 혹시 마음이 불안해지거나 부정적 생각이 떠오르지는 않는가? 아마도 당신의 마음은, '이런 일을 하기에는 너무 늦었고 나이도 많아', '기혼인데다 대출금도 갚아야 하는 만큼, 삶에 큰 변화를 주기는 힘들어', '부모님이 내 생각을 결코 지지해주지 않으실 거야'라고 말할 것이다. 하지만 성공적인 사람들은 당신에게, '무언가를 하지 않을 이유는 언제나 있는 법'이라고 말해줄 것이다. 당신에게 필요한 건 발걸음을 내딛을 용기와 힘을 찾아내는 것이다.

## 꿈을 실현하기 위한 계획을 세워라

꿈을 실현하기까지의 과정이 두렵고 벅차 보일 수도 있을 것이다. 하지만 이 책의 나머지 부분이 그 불안을 제거하는 데 필요한 도구와 해법을 제시해줄 것이다. 핵심은 지금 처한 상황과 도달하고자 하는 목표 지점을 인식한 뒤, 그 둘 사이의 간극을 메우는 법을 탐색하는 것이다. 이건 쉬운 일이 아닌 만큼, 당신과 가장 가까운 사람들에게 도움을 청하는 편이 좋을 것이다. 당신의 꿈을 그 사람들의 꿈과 조화시킨 뒤 공동의 목적을 위해 노력하는 것도 좋은 방법이다.

# 02 도움을 청하라

"노(NO)"라고 대답하는 건 쉬운 일이 아니다. 하지만 그것은 매우 긍정적인 반응으로, 당신이 자신을 지나치게 진지하게 대하지 않는다는 점을 분명히 나타내준다. 해답을 알지 못한다는 사실을 알고 그 사실을 인정하는 태도는 사람이 지닐 수 있는 가장 탁월한 자질들 중 하나이다. 만일 완벽한 사람이 되는 것을 목표로 한다면 당신은 결국 실망만 하게 될 것이다. 하지만 자신의 약점을 인정한다면 사람들이 몰려와 당신을 지지하고 도와줄 것이다. 자신의 능력으로 감당할 수 없는 상황임에도 어떻게 대처해야 할지 아는 것처럼 가장하는 사람들이 너무나도 많다. 도움이 절실히 필요한 상황임에도 자신의 행동이나 말에 자신감을 투영하려고 애쓰는 사람들 또한 무수히 많다. 모든 문제에 대한 해답을 아는 것처럼 행동해야 하는 것이, 집에서든 직장에서든, 압박감이 엄청나기 때문이다. 비밀의 열쇠는 "잠깐, 그런데 나 아무것도 모르겠어."라고 말할 때를 아는 것이다. 어려운 문제가 닥치면 전에 말한 적이 있거나 믿었던 견해를 고수하고자 하는 유혹에 빠지기 쉽다. 하지만 그렇게 하면 당신은 다른 사람의 의견이나 견해에 제대로 귀를 기울이지 못하게 된다. 성공적인 사람들은 자신의 무지나 잘못을 기꺼이 인정할 줄 안다. 삶은 불확실하고 예측 불가능하다. 당신이 항상 옳을 수는 없는 법이다. 때로는 긴장을 풀고 물러나 도움을 받아야 한다는 점을 인정할 줄도 알아야 한다.

완벽한 사람이 되는 것을 목표로 한다면
당신은 결국 실망만 하게 될 것이다.

## 당신의 맹점을 찾아라

다음 질문들을 숙고해보기 바란다.

한 가지 견해나 의견을 고집스럽게 주장하면서 자신이 틀렸을 가능성을 검토조차 안 해본 적이 있는가? 당신이 간과한 사실은 무엇이고 왜 간과했는가? 자신의 행동으로부터 특정한 유형을 발견해낼 수 있는가? 당신은 파트너와 논쟁할 때 꼭 이겨야만 직성이 풀리는가? 당신은 자신보다 나이가 어린 사람들의 의견을 무시하는가? 당신은 어려서부터 지는 것을 싫어했는가? '무슨 수를 써서라도 이겨야 한다.'는 마음가짐으로 살아가고 있는가? 더 개방적인 사람이 될 수 있도록 자신의 행동을 자발적으로 교정해보라. 평상시 결정을 내리고, 의견을 내고, 해답을 제시하는 동안 자기 자신에게 '내가 무언가를 놓치고 있지는 않은가? 혹시 내가 보지 못하는 측면은 없는가?'라고 질문하는 훈련을 해보라.

## 당신에게는 어릿광대가 필요하다

자신의 맹점을 찾아내는 건 결코 쉬운 일이 아니다. 그러니 가족이나 친구, 동료들과 어릿광대 놀이를 해보라. 중세 시대 왕의 궁정에서 그랬던 것처럼, 어릿광대 역할을 맡은 사람은 당신이 지나치게 심각하게 굴면서 고집을 부릴 때 그 잘못을 지적해줄 수 있다. 다른 사람들에게 비웃음을 당하는 것보다 어릿광대에게 실수를 지적받는 편이 훨씬 낫지 않은가?

## 자신을 농담의 대상으로 삼는 법을 배워라

성공적인 사람들은 일반적으로 그들 자신을 농담의 대상으로 만드는 능력이 탁월하다. 당신도 자신의 실수를 기꺼이 인정하면서 자기 자신을 가볍게 내려놓는 법을 배워보라.

# 03 당신의 미래를 창조하라

> 미래는 저절로 다가오는 것이 아니다. 미래는 우리 스스로 창조해내는 것이다.
> → 레너드 스위트Leonard I. Sweet · 미국 대학교수, 작가

성공적인 사람들은 결코 운에 의지하지 않는다.
당신은 성공한 사람을 보면서 그저 운이 좋았을 뿐이라고, 알맞은 장소와 시간의 덕을 본 것뿐이라고 생각할지 모른다. 하지만 진실은 행운도 결국 오랜 시간에 걸친 고된 노력과 준비의 결과라는 것이다.

꿈을 갖고 그 꿈을 성취하기 위한 계획을 세우는 것만으로는 부족하다. '내 미래는 내가 창조한다', '운은 부차적인 것일 뿐이다'라는 마음가짐으로 계획을 실행에 옮길 줄도 알아야 한다. 올바른 정신 자세와 자기 제어 능력이 필요한 것이다. 그러니 꾸준히 인내하고 고된 노력을 수행하면서, 자기 자신을 희생하고 위험을 무릅쓸 준비를 해두는 것이 좋을 것이다.

결코 미래를 운명적으로 받아들이지 말라. 나는 자신의 미래에 영향력을 행사하길 포기한 사람들을 너무나도 많이 만나보았다. 그들은 온갖 종류의 나약한 변명을 늘어놓고 자신의 나쁜 운과 다른 사람들을 탓하면서 책임을 회피하곤 했다. 하지만 아직 성공하지 못했다고 해서 미래에도 성공하지 못할 것이라고 생각하는 건 너무 단순하고 안일한 태도다. 성공적인 미래를 진정으로 열망한다면 그런 극단적인 사고부터 극복해야 한다.

성공한 사람들 대부분이 역경을 극복하고 나서야 목적지에 도달할 수 있었다. 윈스턴 처칠Winston Churchill을 떠올려보라. 그는 마침내 영국 수상이 되기까지 수년에 걸쳐 실패를 거듭해야 했다.

과거에 일어난 일이 당신의 미래를 결정하지 않도록 하려면 당신 자신의 마음부터 다잡아야 한다. 당신의 생각과 느낌이 가장 중요하다. 당신은 당신 스스로

미래를 창조해나가고 있다고 말할 수 있는가? 윌리엄 어니스트 헨리William Ernest Henley의 시 「인빅터스Invictus」에 나오는 것처럼 '나는 내 운명의 주인'이라고 말할 수 있는가?

> 행운도 결국
> 오랜 시간에 걸친 고된 노력과 준비의 결과이다.

**실천하기**

### 💡 당신을 격하시키는 다른 사람들의 말을 귀담아듣지 마라

자신의 꿈을 가족이나 친구, 동료들과 공유하고 싶을 수도 있을 것이다. 하지만 그렇게 할 때는 조심해야 한다. "유리잔의 절반이 비어 있다."는 식의 관점으로 세상을 바라보는 사람들이 너무나도 많기 때문이다. 그들 중에는 아마도 냉소적이고, 질투심 많고, 부정적이고, 빈정대기 좋아하는 사람이 많을 것이다. 내 코칭을 받은 어떤 사람은 자신의 꿈을 사랑하는 사람들과 공유하려다 "농담이겠지", "좀 현실적으로 생각해" 같은 말들만 들어야 했다. 처음에는 사람들이 당신의 계획을 잘 이해하지 못할 수 있다. 그러니 그들에게도 익숙해질 시간을 좀 주는 편이 좋다. 당신의 미래를 만들어나가기에 적합한 환경을 찾아보라. 여기에는 당신의 계획을 부정적으로 바라보면서 제대로 지지해주지 않는 사람들을 피하는 것도 포함된다.

### 💡 당신의 관점을 재구성하라

당신 자신의 힘으로 환상적인 미래를 창조해나갈 수 있다는 믿음을 품는 데 어려움을 겪고 있는가? 제한된 신념을 극복하는 건 물론 쉬운 일이 아니다. 하지만 그 신념이 어디에서 비롯된 것인지 이해한다면 극복하기가 한결 수월해질 것이다. 오늘 당장 자리에 앉아 당신을 가로막는 모든 부정적인 생각들을 노트에 적어보라.

최악의 상황을 두려워하면서 일을 실제보다 더 힘들게 생각하는 건 완전히 자연스러운 일이니, 너무 걱정하지 않아도 된다. 일단 제한적인 신념들을 전부 파악해냈다면, 부정적 상황 속에 내포된 긍정적 측면들을 찾아냄으로써 당신의 관점을 재구성해보라. 예를 들어, 만일 당신이 직장에서 해고를 당한 상태라면, 그 덕에 새로운 기회를 찾아 나설 자유가 생겼다는 점을 인식해내면 된다.

미래의 계획과 꿈들을 잘 살펴보면서, 당신이 가장 큰 관심을 갖는 것이 무엇인지 스스로에게 자문해보라. 최악의 상황을 가정해본 뒤, 그런 일이 과연 정말로 일어날지 자문해보라. 그런 추측 때문에 당신이 열망하는 미래를 창조하는 일을 멈춰서야 되겠는가?

# 04 정서 지능을 키워라

생각 없이 반응한 것 때문에 죄책감을 느껴본 적이 있는가? 너무 성급히 화를 내거나 너무 쉽게 질투심에 사로잡히는 자신의 모습에 당황해본 적이 있는가? 감정에 대한 통제권을 잃어버리면 성공적인 삶을 영위하기 힘들어질 수 있다. 감정 조절 능력이 성공과 실패를 가르는 척도가 될 수 있는 것이다.

정서 지능EQ이 낮은 사람들은 우리 주변에서 흔히 찾아볼 수 있다. 버스에서 말싸움을 벌이는 사람들, 거리에서 자신의 아이에게 소리를 지르는 부모, 사표를 내던지면서 상사에게 욕설을 퍼붓는 직원 등이 그 예이다.

정서 지능은 만족스럽고 균형 잡힌 삶을 위한 필수 요소이다. 그것은 성공적인 배우자나 부모, 동료가 되기 위한 기반을 마련해준다. 감정을 잘못 분출하면 성공적인 경력과 결혼 생활, 가정, 사업 관계 등이 일순간 무너질 수 있다.

자신의 부엌에서 소리를 지르고 욕설을 퍼붓는 유명 요리사인 고든 램지Gordon Ramsay 같은 사람을 비웃는 건 쉬운 일일 것이다. 하지만 성공적인 삶을 원한다면 다른 사람들을 불행하고 슬프고 불안하게 만드는 언행은 피해야 한다. 그러려면 당신은 아마도 감정을 제어하는 법을 배워야 할 것이다. 누군가에게 화를 내거나 불만을 표시해야 하는 상황이라면, 통제력을 잃지 않도록 주의하면서 매우 의식적인 방식으로 감정을 표출해내라. 감정을 통제하지 못한 것 때문에 남들에게 사과하면서 인생을 낭비하는 일이 있어서는 안 된다.

다른 사람의 입장에서 생각하면서 다른 사람의 눈으로 삶을 바라볼 줄 아는 사람은 일반적으로 정서 지능과 공감 능력 또한 높게 나타난다. 감정 이입 능력이 뛰어난 사람들은 자기 제어 능력을 잃는 일이 거의 없기 때문에, 삶이 가져다주는 문제들에 훨씬 잘 대처할 수 있다.

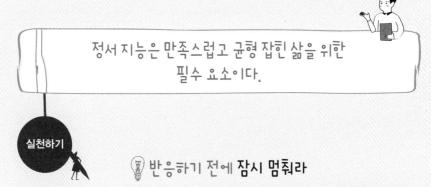

정서 지능은 만족스럽고 균형 잡힌 삶을 위한 필수 요소이다.

**실천하기**

### 💡반응하기 전에 잠시 멈춰라

후회할 일을 저지르기 싫다면 '습관적 반응'이란 자동 조종 장치를 멀리하라. 이렇게 하려면 질투나 분노 등과 같은 그 순간의 자신의 느낌에 솔직해야 할 것이다. 그런 순간이 닥치면 언어적이거나 비언어적인 반응을 내보이기 전에 잠시 침묵하는 시간을 가져라. 몇 초간 아무 말도 하지 말고, 만일 서 있는 상황이라면 자리에 앉도록 하라. 사람은 앉아 있을 때 더 침착해지는 법이다. 만일 주변에서 무언가 말해주길 기대하고 있다면 "잠시 생각할 시간을 달라."고 말하면 될 것이다.

피로나 과로, 스트레스 같은 요인들이 쌓이면 감정적 반응을 내보이기 쉽다. 그래서 나는 내 코칭을 받는 사람들에게 하룻밤 자면서 생각해본 뒤 다음날 반응하라고 조언해준다. 누군가에게 중요한 이메일을 보내야 하는 상황이라면 초안을 작성한 뒤 하루 동안 기다렸다가 발송하는 것이 좋다. 그래야 그 글을 다시 읽으며 숙고할 시간이 생기기 때문이다.

### 💡감정 이입 능력을 키워라

다른 사람의 느낌을 감지하고 상대의 의도를 파악하는 능력은 인간이 갖출 수 있는 가장 훌륭한 능력 중 하나이다. 부하 직원들의 기억에 남는 상사는 대개 이 능력을 갖추고 있으며, 바로 그 능력 때문에 사랑을 받는다. 당신의 영감을 자극하는 롤 모델은 누구인가?

진정한 공감은 다른 사람을 이해하게 될 때까지 기다리는 것이 아니라, 그 사람을 이해하기 위해 적극적으로 노력하는 것이다. 노력 없이는 다른 사람에게 완전한 주의를 기울일 수 없다. 기분이 어떤지, 일은 잘해나가고 있는지 물어보는 일 또한 노력을 필요로 하는 것이다. 그러니 가까운 사람이라고 해서 소홀히 해서는 안 된다. 그 누구도 당연시하지 말아야 한다. 자기 생각에만 너무 사로잡히면 아이나 배우자, 동료들과 함께 앉아 대화를 나누는 일조차 힘들어질 수 있다.

# 05 반대로 행동하라 (역발상을 가져라)

> 대다수의 사람들이 하는 짓을 보고 그와 정반대로 행동한다면, 아마도 잘못된 길로 접어드는 일은 일어나지 않을 것이다.
>
> → 레너드 스위트Leonard I. Sweet · 미국 대학교수

대다수의 사람들이 성공적인 삶을 영위하고 있지 못한다면, 당신은 아마도 살면서 주변 사람들과 다르게 행동해야 할 순간들과 마주치게 될 것이다. 성공은 여러 가지 형태를 취할 수 있으며 그중 하나는 다른 사람들보다 두드러지는 것, 즉 일반적인 군중과의 차별화인데, 이 같은 차별화는 대다수의 사람들과 다른 길을 걸어야 할 시점을 포착하는 데서 비롯된다.

대다수의 사람들과 반대로 생각하고 행동하는 건 '반대를 위한 반대'와는 다르다. 사실 많은 사람들이 애용하는 길이 올바른 길인 경우도 많다. 여기서 중요한 것은 반대로 행동하는 것이 도움이 되는 경우가 언제인지를 아는 것이다. 다음과 같은 경우를 생각해볼 수 있을 것이다.

- 친구들은 공부를 더 해야겠다고 말은 하면서도 실제로는 하지 않는다. 하지만 당신은 오래도록 갈망하던 단기 학위 코스를 마무리 짓기 위해 시간과 노력을 투자한다.
- 주가가 떨어지면 사람들은 겁에 질려 주식을 매각하기 시작한다. 하지만 당신은 기존 주식을 고수하면서 대세를 거스른다.
- 규칙적으로 운동을 하면서 건강한 식단을 유지하는 사람은 드물다. 하지만 당신은 직장까지 걸어가고 헬스장에 다니면서 건강식을 섭취하기 위해 노력한다.
- 직장을 그만두고 자기만의 일을 하고 싶다고 말하는 사람은 많지만 실행하는 사람은 드물다. 하지만 당신은 자신의 꿈을 좇아 계획을 실행에 옮긴다.

반대로 행동하다 보면 마음이 불편해질 수도 있을 것이다. 독립적인 행동이 두려움과 외로움, 발가벗겨진 느낌 등을 불러일으킬지도 모른다. 대세를 거스르면서 동료와 가족, 친구들의 충고를 무시하기란 결코 쉬운 일이 아니지만, 당신이 그렇게 행동하는 이유와 목적 등을 설명할 수 있다면, 사람들도 당신을 지지해주기 시작할 것이다.

> 성공이 취하는 여러 형태 중 하나는 다른 사람들보다 두드러지는 것, 즉 평균적인 군중과의 차별화이다.

**실천하기**

### 💡 유별나게 행동해도 괜찮다

괴짜 취급을 받는 데 익숙해져라. 당신은 자신이 내린 결정을 정당화할 필요가 조금도 없다. 다른 사람이 당신의 생각이나 정신 상태를 의심한다면 그렇게 하도록 내버려두라. 나는 하고 싶은 일을 하기 위해 수익이 좋은 직업을 포기한 바 있다. 내가 그 결정을 내렸을 때, 사람들은 내가 정신이 나갔다고, 신경 쇠약에 걸린 것 같다고 수군거렸다. 그들의 반응이 당시에는 상처가 되었지만, 나 자신의 주인이 되겠다는 내 오랜 결심을 바꾸지는 못했다.

### 💡 반대로 행동하는 연습을 하라

원하는 결과나 목표를 제대로 달성해내지 못한 삶의 영역이 있는가? 같은 행동을 끊임없이 반복하지만 계속해서 같은 결과만 얻는가? 그렇다면 더 나은 결과를 얻기 위해 행동을 어떻게 바꿔야 할지 한번 생각해보라. 다음 사례들이 생각을 자극하는 데 도움이 될 것이다.

- 당신은 직장에서 승진하기를 바라면서 상사의 눈에 들려고 애를 써왔다. 하지만 3년 후에도 직급은 그대로이다. 그렇다면 반대로 행동해보라(역발상을 가져 보라). 즉, 과도한 노력을 중단해보라. 당신이 왜 매번 누락되었는지 상사와 솔직한 대화를 나눠보라. 어쩌면 사직을 하고 회사를 옮겨야 할 시점인지도 모른다. 다른 곳에서 더 나은 기회가 당신을 기다리고 있는지도 모르는 것이다.

- 당신은 더 많은 돈을 저축하길 원한다. 하지만 월말마다 통장 잔고가 얼마 안 된다는 사실만 거듭 확인하게 된다. 그렇다면 반대로 행동해보라. 즉, 월말에 가서 통장에 남은 금액을 저축하는 대신, 월급을 받자마자 일정한 금액을 떼어놓아 보라. 그 돈을 정기예금 계좌에 넣어 인출할 수 없도록 한 뒤, 나머지 금액으로 생계를 꾸려보라.

- 당신은 새로운 이성을 만나보고 싶어 한다. 하지만 형식적인 미팅은 별로 내키지가 않는다. 그렇다면 반대로 행동해보라. 즉, 스포츠 및 사회 활동에 참여하면서 좀 더 자유분방한 방식으로 사람들과 접촉해보라.

# 06 일이 놀이가 되게 하라

> 당신이 사랑하는 일을 하라. 그러면 아침마다 들떠서 일어나게 될 것이다.
> 이력서에 넣기 근사해 보인다는 이유만으로 좋아하지도 않는 일을 하고 있다면,
> 내가 보기에 당신은 정신이 나간 것이다.
> → 워런 버핏Warren Buffet · 기업인

당신은 일을 즐기는가? 아침마다 침대에서 벌떡 일어나 기분 좋게 몸단장을 하는가? 당신이 이 두 질문 모두에 "NO"라고 답했다면, 당신 말고도 동일한 대답을 한 사람들이 많을 것이다. 콘퍼런스 보드Conference Board의 2014년도 연구 결과는 미국인의 52퍼센트가 일에서 행복감을 못 느낀다는 점을 보여주었고, 영국 인력개발연구소CIPD의 최근 연구 결과는 영국인의 23퍼센트가 새로운 직업을 갈망한다는 점을 드러내주었다. 영국에서 시행된 이 조사에 응한 사람들 중 자신의 일에 능동적으로 참여한다고 답한 사람은 전체의 3분의 1 정도밖에 안 됐다. 이런 상황은 직장인들이 겪는 스트레스와 우울증 등으로 모습을 드러내고 있다. 사실, 출퇴근 시간에 지치고 맥 빠진 표정으로 길을 걷는 통근자들의 얼굴 표정만 봐도 그 영향력이 어느 정도인지 가늠해볼 수 있을 것이다.

일이 우리 일상의 아주 작은 부분만 차지한다면 이런 상황은 별문제가 안 될 것이다. 하지만 안타깝게도 일은 낮 시간의 대부분을 차지한다. 하루에 9시간씩 주 5일에 걸쳐 일을 한다고 가정하면, 일 년에 2,250시간을 일에 쏟아 붓는 셈이 된다. 여기에 출퇴근 시간과 초과 근무 시간, 직무 관련 이메일을 읽는 시간까지 더한다면 수치는 훨씬 더 올라가게 될 것이다.

내 코칭을 받는 대부분의 사람들은 자신의 직장 생활을 불만족스러워한다. 그들은 자신의 일을 '지루하다', '따분하다', '정신이 마비된다', '스트레스를 준다', '고통스럽다', '두렵다' 등과 같은 부정적 용어로 묘사한다. 다른 나라를 여행하면서 배경과 교육수준, 직업 등이 다양한 온갖 유형의 사람에게 물어봐도, 돌아오는 답변은 대체로 이와 비슷하다.

이미 퇴직을 했거나 유산을 물려받은 경우가 아니라면, 당신은 생계유지를 위해 일을 해야 할 것이다. 따라서 당신에게는 당신의 일을 가능한 한 긍정적이고 즐길 만한 것으로(더 이상 일처럼 느껴지지 않을 정도로) 만들어야 할 의무가 있다.

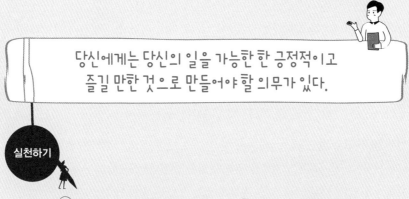

당신에게는 당신의 일을 가능한 한 긍정적이고
즐길 만한 것으로 만들어야 할 의무가 있다.

**실천하기**

## 💡 당신의 업무를 좀 더 즐길 만한 것으로 만들어라

근무 시간 동안 당신이 사랑하고 즐기는 일을 더 많이 하려고 노력해보라. 어떻게 하면 싫어하는 업무를 떠맡지 않을 수 있을까? 상사와 머리를 맞대고 일을 더 흥미롭고 즐길 만한 것으로 만들려면 어떻게 해야 할지 아이디어를 떠올려보라. 자기 직원이 일터에서 아무런 의욕 없이 우울하게 일하기를 바라는 상사는 그 어디에도 없을 것이다.

업무 방식을 바꿀 수 없다면 마음가짐을 바꿔야 할 것이다. 일이 지루하다는 생각을 중단하는 법을 배우고, "유리잔의 절반이 차 있다."는 식으로 바라보는 법을 익히면서, 일상적인 일들 속에서 긍정적인 측면을 찾아내려 노력해야 할 것이다.

## 💡 일터를 좀 더 재미있는 곳으로 만들어라

어떻게 하면 업무 환경을 좀 더 기분 좋고 즐거운 곳으로 만들 수 있을까? 친구에게 부탁해 그의 사무실을 방문해보라. 친구의 일터를 둘러보면서 마음에 드는 측면을 따라 해보라. 나 역시 수십 곳의 사무실을 돌아다니며 많은 것을 배운 바 있다. 그중 일부 사무실에는 다음과 같은 요인들이 자리 잡고 있었다.

- 함께 이야기를 나누고 악기를 연주하면서 웃는 사람들
- 커피를 마시고 게임을 즐길 수 있는 휴식 공간
- 매우 긍정적이고 친절하고 배려심 많아 보이는 직원들

당신의 일이 지루하고 따분한 것일지는 모르지만, 이런 환경을 조성해놓고 일을 한다면 기분이 훨씬 나아질 것이다.

## 💡 직장을 바꿔라

기분 좋은 업무 환경을 조성하거나 일을 즐길 만한 것으로 만드는 일이 불가능하다면, 이직을 진지하게 고려해볼 필요가 있을 것이다. 마음에 드는 환경에서 좀 더 자신에게 맞는 일을 할 수 있는 직장이 있는지 한번 찾아보라. 사람을 우울하거나 불행하게 만드는 직장에 머물기에는 인생이 너무 짧다.

# 07 하루를 제대로 시작하라

> 거울을 보며 미소를 지어라. 매일 아침 그렇게 하다보면 삶이 크게 변하는 것을 느끼게 될 것이다.
>
> → 오노 요코Yoko Ono · 음악가, 행위예술가

매일 아침을 기분 나쁘게 맞이한다면 성공은 물 건너가게 될 것이다. 일을 시작하는 방식은 그 일의 성공 여부를 결정짓는 데 핵심적인 영향력을 행사한다. 이는 하루를 시작하는 태도에도 그대로 적용된다. 사람들이 종종 사용하는 '잘못된 방향으로 침대에서 일어나기getting out of bed on the wrong side'01라는 표현에는 어쩌면 이런 이해가 담겨 있는지도 모른다.

"시작이 반이다."라는 말은 아리스토텔레스가 처음 한 것으로 보인다. 실제로 시작을 잘하면, 사무관련 업무든 요리든 스포츠든 간에, 그 일을 성공적으로 마무리하는 데 큰 도움이 된다. 제대로 된 시작이 일종의 동력으로 작용하기 때문이다. 정지된 자동차에 시동을 걸 때에도 차를 뒤에서 좀 밀어주어야 하지 않는가? 이는 하루를 시작하는 방식에 대해서도 마찬가지이다. 그런데 하루를 제대로 시작하지 못한 것에 대한 변명은 얼마든지 늘어놓을 수 있다. 아침에 우울한 기분이 들었을 수도, 잠을 충분히 못 잤을 수도 있으며, 버스가 고장이 나 비를 맞으며 걸어와야 했을지도 모른다. 하시만 이런 태도가 습관이 되면, 다시 말해 하루를 안 좋게 시작하는 것을 아무렇지도 않게 느끼기 시작하면 문제가 된다. 왜 하루 종일 아침의 실수를 무마하기 위해 애를 쓰면서 살아가는가?

이 원칙은 주말 아침에도 마찬가지로 적용된다. 그러므로 주말 아침도 허드렛일을 하든, 혼자만의 소중한 시간을 갖든 간에, 긍정적이고 낙관적인 태도로 시작할 필요가 있다.

---

01 특별한 이유 없이 하루 종일 기분이 좋지 않다는 뜻 - 역주

매일 아침을 기분 나쁘게 맞이한다면
성공은 물 건너가게 될 것이다.

실천하기

## 💡 훌륭한 아침 습관을 들여라

- 매일 아침 30분 정도 일찍 일어나라. 그러면 평소처럼 서두를 필요 없이 하루를 좀 더 차분하게 시작할 수 있을 것이다. 조용한 음악을 틀고 명상을 하거나 요가로 몸을 푸는 데 시간을 할애하는 것도 나쁘지 않을 것이다.

- 앉아서 아침 식사를 할 수 있도록 시간을 마련하라. 밤 시간 동안 굶은 상태이므로 양분을 섭취해 몸에 활력을 불어넣을 필요가 있을 것이다. 같이 사는 사람이 있다면 함께 아침 식사를 하는 것이 좋다. 상대가 하루를 기분 좋게 시작할 수 있도록 친절함을 베풀어보라. 미소를 짓고 눈을 마주치면서 상대의 안부를 물어보라. 전날 벌인 논쟁 같은 부정적 대화를 끄집어내는 일은 피하는 편이 좋을 것이다.

- 당신이 직장에 걸어서 가든, 차를 몰고 가든, 자전거를 타고 가든, 아니면 대중교통을 이용해서 가든 간에, 출퇴근 시간을 편안하고 스트레스 받지 않는 시간으로 만들겠다고 결심해보라. 음악을 듣거나, 책을 읽거나, 부족한 잠을 보충한다면 이 시간을 기분 좋게 보낼 수 있을 것이다.

- 직장에 일찍 도착해서 사람들에게 대화를 건네며 인사를 나누는 데 약간의 시간을 할애하라. 하루 일과를 계획하면서 시간대별로 무슨 일을 어떻게 할지 생각해보라. 당신이 좋아하는 커피를 마시는 것도 잊어서는 안 된다.

- 마지막으로, 당신이 아침형 인간이 아니라면 특별한 주의를 기울일 필요가 있을 것이다. 집에서든 사무실에서든, 항상 긍정적인 태도로 사람들을 대할 수 있도록 노력해보라.

# 08 당신의 과거와 친구가 돼라

어떤 사람들은 움켜쥐는 태도가 자신을 강하게 만들어줄 것이라고 생각한다.
하지만 진정으로 강해지려면 때로는 내려놓을 줄도 알아야 한다.

→ 헤르만 헤세Hermann Hesse · 작가

당신은 과거를 바꿀 수 없다. 당신이 바꿀 수 있는 건 과거를 대하는 당신의 태도뿐이다. 혹시 과거를 돌이켜볼 때 불쾌하거나 힘든 기억들이 떠오르는가? 놓쳐버린 기회나 실패한 관계, 상처를 준 경험 등이 후회를 불러일으키는가? 잘못한 일과 잘못 내린 결정에 대해 죄책감을 느끼거나, 사람들이 당신에게 한 말과 행동에 대해 불안감을 느끼는가?

만일 그렇다면 당신은 혼자가 아니다. 우리 모두는 이런 생각과 느낌들을 짊어지고 다닌다. 그렇다면 그 기억들은 현재의 당신에게 어떤 식으로 영향을 미치는 것일까? 그 기억들이 당신의 성공을 가로막고 있는 건 아닐까? 혹시 당신은 과거의 실수를 되풀이하는 것이 두려워 위험을 무릅쓰길 꺼려하고 있는가?

당신은 "아니, 난 괜찮고, 그런 기분은 느껴본 적도 없어."라고 답할지 모른다. 당신은 과거가 당신 자신에게 아무런 영향도 미치지 못한다고 생각하면서, 자신에게는 아무런 문제도 없다고 느낄지 모른다. 하지만 당신은 잠재의식이나 무의식 속에 그런 느낌들을 여전히 지니고 있는지도 모른다. 이 점을 알아차려야 한다. 사람들을 코칭하면서 보낸 내 경력 기간 동안, 나는 자신의 과거를 완전히 받아들인 상태에서 나를 찾은 사람을 단 한 명도 보지 못했다.

치우친 기억을 품지 않도록 조심하라. 긍정적인 일은 잊고 부정적인 사건만 기억해서는 안 된다. 당신은 과거에 자신이 상처를 받았거나 남에게 상처를 주었다고 느낄지 모르지만, 실제로는 그렇지 않을 수 있다. 당신이 실제로 일어난 일을 제대로 이해하고 기억하지 못하는 것일 수도 있는 것이다. 다음과 같은 경우를 예로 들 수 있을 것이다.

- 당신은 부모의 무관심함에 대해 섭섭하다고 느낀다. 하지만 사실 당신의 부모님은 당신 스스로 선택을 내릴 수 있는 여지를 마련해주고자 한 것뿐이다.
- 당신은 상사와의 다툼으로 첫 번째 직장을 그만둔 것에 대해 죄책감을 느낀다. 하지만 어쩌면 그 상사는 함께 일하는 것 자체가 불가능한 무뢰한이었는지도 모른다.

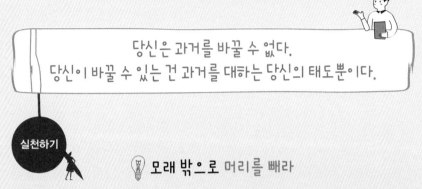

당신은 과거를 바꿀 수 없다.
당신이 바꿀 수 있는 건 과거를 대하는 당신의 태도뿐이다.

**실천하기**

### 💡 모래 밖으로 머리를 빼라

과거에 겪은 문제들을 적극적으로 탐색해보라. 모든 일이 좋았던 것처럼 가장해서는 안 된다. 내게는, 이혼을 한 후, 자신의 아이들을 20년 동안 만나지 않던 친구가 한 명 있다. 나는 그런 태도가 그에게 어떤 영향을 미치는지 감지할 수 있었다. 그는 삶에 대해 냉소적이고 적대적인 사람이 되어가고 있었다. 그 친구는, "아이들이 나를 보고 싶어 하지 않는다 해도 나는 아무 상관없어."라고 말하며 아무렇지도 않은 척했다. 하지만 시간이 흐른 뒤, 그는 마침내 내게 자신이 느끼는 상실감과 상처를 털어놓았다. 이후 그는 자신의 아이들과 연락하기 시작했다.

### 💡 실제로 무슨 일이 있었는지 파악하라

당신에게는 제대로 기억나지 않는 과거의 사건이 있는가? 그렇다면 실제로 무슨 일이 있었는지 한번 알아보라. 가족과 친구들에게 물어보거나, 필요하다면 최면 등과 같은 심리 치료를 받아보라. 어쩌면 당신이 두려워했던 것보다 더 나은 진실을 발견하게 될지도 모른다. 드러난 진실이 더 나은 것이든 아니든 간에, 과거를 있는 그대로 파악하지 못한다면 더 이상 앞으로 나아가는 것이 불가능해질 것이다.

## 🔦 얽힌 것을 풀라

마음의 평정을 얻으려면 아직 해결되지 않은 과거의 사건을 해결해야 한다. 어쩌면 당신에게 큰 해를 입힌 사람들과 터놓고 이야기를 해야 할지도 모른다. 이렇게 하려면 아마도 커다란 용기가 필요할 것이다. 특히 그 상대방이 자신의 잘못을 부인하는 경우라면 더더욱. 하지만 그렇다고 해서 쉽게 포기해서는 안 된다. 당신을 괴롭히는 과거의 응어리를 풀어내기 위해 애쓰는 건 매우 건강하고 치유적인 작업이기 때문이다.

## 🔦 과거로부터 교훈을 얻어내라

당신의 경험에는 어떤 지혜와 교훈이 담겨 있는가? 어쩌면 당신의 행동으로부터 어떤 패턴을 읽어낼 수 있을지도 모른다. 혹시 당신은 특정한 일에 자신의 전부를 거는 것을 두려워해왔는가? 당신은 목소리를 내길 주저해왔는가? 당신은 당신을 통제하려는 사람들을 계속해서 삶 속으로 끌어들여왔는가?

# 휴식을 취하라

> 모든 사람에게는 어떤 문제도 일어나지 않고 어떤 해답도 제시할 필요가 없는 하루를 즐길 권리가 있다. 사람은 잠시나마 걱정거리로부터 벗어날 수 있어야 한다.

→ 마야 안젤루Maya Angelou · 시인

신은 연차를 전부 사용하지 못하는 50퍼센트의 직장인 중 한 사람인가? 이 통계치는 해리스여론조사기관Harris Poll의 2014년도 연구 결과를 토대로 한 것인데, 그 연구 보고서는 영국인의 45퍼센트가 주말에도 사무실에 출근한다는 사실까지 함께 드러내주었다. 업무와 관련된 스트레스와 피로, 번아웃(burnout · 소진 증후군)이 증가한다고 해도 놀랄 일이 아니다. 하지만 충분한 휴식을 취하는 데 실패한다면, 당신은 당신의 경력을 위기에 빠뜨리게 될 것이다. 20대 후반에 나는 회사의 홍콩 지부에서 재무 담당 이사로 일한 적이 있다. 당시 수개월 동안 매일같이 장시간 근무를 견뎌내야 했다. 주말이나 휴일 같은 것은 꿈도 꿀 수 없는 상황이었다. 스트레스와 번아웃이 찾아왔고, 나는 회사를 그만두는 것이 좋겠다는 판단을 내렸다. 상징적으로 말하자면, 나는 고속으로 회전하는 쳇바퀴 속에서 달리다가 나가떨어진 다람쥐와도 같았다.

당신은 근무 시간 동안 얼마나 자주 책상에서 물러나 휴식을 취하며 에너지를 재충전하는가? 휴식을 너무 적게 취하면 생산성을 해칠 수 있다. 경제 경영 분야의 저자 스티븐 코비Stephen Covey는 벌목을 예로 들어가며 이 상황을 설명했다. 톱으로 나무를 자를 때는 정기적으로 휴식을 취하면서 톱을 날카롭게 해야 한다는 것이다. 일 중독자가 되어 톱을 가는 데 실패한다면 당신은 뭉툭하고 쓸모없는 톱처럼 되고 말 것이다. 이 책을 쓸 때도 나는 휴식 없이 일만 하는 태도가 생산성에 악영향을 미친다는 사실을 잊지 않았다. 집중력이 저하되는 기분이 들 때마다 나는 휴식을 취했고, 그 결과 새로 충전된 상태로 다시 집필에 임할 수 있었다.

휴일을 늘리면, 정말로 중요한 것이 무엇인지 기억하고 자기가 하고 싶어 하는 일이 무언인지 숙고하는 데 도움이 된다. 일상적 환경에서 떨어져 나오면, 당신이 하는 일과 하기를 바라는 일에 대한 새로운 통찰을 얻게 될 것이다.

> 휴식을 너무 적게 취하면 생산성을 해칠 수 있다.

**실천하기**

### 💡 여러 차례에 걸쳐 짧은 휴식을 취하라

25분마다 5분씩 휴식을 취하고, 2시간마다 좀 더 긴 휴식을 취하라. 집에서든 사무실에서든 이렇게 규칙적으로 짧은 휴식을 취하면, 날카롭게 깨어 있는 집중 상태를 유지하는 데 도움이 될 것이다. '포모도로 테크닉Pomodoro Technique'이라 불리는 이 기법은 이탈리아의 프란시스코 시릴로Francisco Cirillo에 의해 창안된 시간 관리 기법으로, 정신적 피로감을 줄이는 데 효과가 좋은 것으로 입증되었다. 이 기법을 직장 동료들과 함께 공유하는 것은 어떨까? 그렇게 하면 회의 테이블이나 컴퓨터 앞에 너무 오래 앉아 있지 않는 습관을 들이는 데 도움이 될 것이다.

### 💡 휴가 기간을 지켜내라

할당된 연차를 남김없이 전부 사용하라. 필요하다면 휴가 기간을 짧게 나눌 수도 있을 것이다. 아무튼 어떻게 해서라도 그 휴가를 다 활용해라. 일에서 해방된 그 소중한 시간들을 포기하기에는 인생이 너무 짧다. 그러니 미리 계획을 세워 일을 적절히 위임하고, 자신이 직장에 없어서는 안 되는 존재라는 느낌을 포기하라. 내 코칭을 받은 사람들 중에는 휴가를 가거나 연휴를 활용하면서 죄책감을 느낀 사람들이 너무나도 많았다.

휴가 기간 동안에는 회사 이메일을 열어보지 말고 회사 휴대폰도 꺼두어라. 필요하다면 중요한 음성메일이나 메시지가 왔을 때 전화를 받기로 동의하되, 하루에 한 번씩만 그렇게 하겠다고 조건을 달라. 당신의 고용주는 휴가 기간 동안 '연락을 끊는' 이런 방식을 지지해주는가? 만일 그렇지 않다면 상사와 대화를 나누며 그런 방식의 중요성을 설득시키려 애써보라. 용기를 내서 일하는 방식과 관련된 자신만의 규칙을 만들어보라. 적어도 휴가 기간 동안만이라도……

## 💡 주말에도 같은 기준을 적용하라

한 주에는 2일씩 휴일이 있다. 이 날들을 위한 규칙을 정해두라. 예를 들어, 주말 동안에는 전화나 이메일을 딱 한 번만, 또는 최대 두 번까지만 확인하겠다고 선언해두라. 그렇지 않으면 어떻게 월요일 아침에 완전히 충전된 상태로 활기차게 일터에 나갈 수 있겠는가?

# 10 삶을 배우는 학생이 돼라

> 21세기에는 읽고 쓸 줄 모르는 사람이 아니라, 배우고, 배운 것을 잊고,
> 다시 배울 줄 모르는 사람이 문맹 취급을 받을 것이다.
>
> → 앨빈 토플러Alvin Toffler · 미래학자

"배우는 걸 멈추는 순간부터 당신은 죽기 시작한다." 나는 알버트 아인슈타인Albert Einstein의 이 명언을 20대 때 처음으로 접해보았다. 당시 나는 이 말을 헛소리로 간주했다. 하지만 내가 틀렸다. 배움과 성공은 서로 매우 밀접하게 연관되어 있다. 그러니 마지막 시험을 마치는 순간 배움도 끝난다고 생각하는 실수를 저질러서는 안 된다. 한때 내 생각이 그랬다. 대학을 마친 후, 나는 드디어 공부를 마쳤노라고 할머니께 자랑스럽게 말했다. 그러자 할머니가 웃으면서 내게, "결코 배움을 중단할 수 없단다. 삶이 계속해서 너에게 무언가를 가르치기 때문이지."라고 말해주었다.

배움은 과제나 활동에 불과한 것이 아니다. 배움은 일종의 마음가짐이다. 듣고, 탐색하고, 가능성을 열어두고자 하는 그런 마음가짐 말이다. 또한, 배움은 어제 중요하거나 진실하다고 생각했던 것을 기꺼이 놓아 보내고자 하는 의지이기도 하다. 이런 마음가짐은 당신 삶의 어떤 영역에 혜택을 가져다줄 수 있을까? 당신은 재정을 관리하고, 아이를 기르고, 건강을 관리하고, 상사를 대하는 일에 이런 태도를 적용할 수 있는가?

감사하게도, '삶 자체가 하나의 대학'이다. 당신이 실천하거나 경험하는 모든 것은, 당신 내면에 새로운 생각을 불러일으키고 통찰과 깨달음을 자극함으로써, 당신에게 무언가를 가르쳐줄 수 있다. 어쩌면 당신은 실패한 경험을 무시하거나 잊어버리고 싶어 할지도 모른다. 하지만 그래서는 안 된다. 실수나 고통스런 경험으로부터 얻어낸 교훈은 그 가치를 헤아릴 수가 없기 때문이다. 정말로 위대한 교훈은 당신 삶의 가장 비참한 순간들로부터 비롯된다.

새로운 것에 대한 배움은 그 자체로 일종의 성공이다. 지식과 지혜를 넓히고 심화하는 과정이기 때문이다. 그러니 재미없고 지루한 일들은 새로운 것을 배울 수 있는 기회로 간주하도록 애써보라. 그 일이 쉽고 단조롭다고 해서, 또는 그 일을 전에 질리도록 해보았다고 해서, 관심을 끄고 습관적 반응을 보여서는 안된다.

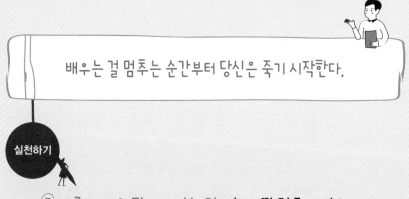

배우는 걸 멈추는 순간부터 당신은 죽기 시작한다.

실천하기

💡 새롭게 배울 필요가 있는 것에는 어떤 것들이 있을까?

당신은 끊임없이 진화하는 지식과 정보의 세계 속에 살고 있다. 그 지식은 하루는 유용했다가 다음날이면 낡은 것이 되어버리는 그런 종류의 지식이다. 또한, 당신은 새로운 제품과 처리 과정, 사고방식 등을 배워야 하는 환경에 둘러싸여 있다. 당신은 최근의 경향과 추세를 얼마나 잘 따라가고 있는가?

당신은 당신 자신과 주변 사람들에 대한 새로운 관점과 견해를 받아들일 준비도 되어 있어야 한다. 그런데 직장 동료에 대한 당신의 기존 견해를 쇄신하는 것보다는 새로 산 스마트폰 사용법을 익히는 것이 훨씬 더 쉽다. 즉 최신 경향을 따라가는 일은 즐기면서, 삶과 주변 사람들에 대한 낡은 관점을 바꾸는 일은 소홀히 하기 쉽다.

## 💡 당신은 오늘 무엇을 배웠는가?

하루를 끝마칠 때마다 스스로에게 "오늘 나는 무엇을 배웠나? 그 경험은 내게 어떤 도움이 될까?"라고 물어보라. 때로는 해답이 명료히 떠오르겠지만 그렇지 못할 때도 있을 것이다. 하지만 매일같이 자기 자신에게 이런 질문을 던지다보면, 자신의 삶에 대한 더 나은 통찰과 이해를 얻게 될 것이다. 이 질문에 대한 답을 꾸준히 수첩에 적어보라.

일이 계획대로 안 풀리는 날들도 분명 있을 것이다. 그렇다면 그런 순간과 사건들로부터 무엇을 배울 수 있는지 숙고하는 데 시간을 좀 할애해보라.

## 💡 정식으로 배울 필요가 있는 기술에는 어떤 것들이 있을까?

목적을 달성하는 데 필요한 지식이나 기술에는 어떤 것들이 있는가? 회계나 인테리어 디자인 자격증을 따두는 것이 당신 경력에 도움이 될까? 교사나 영양사 자격증을 따는 것이 당신의 꿈을 성취하는 데 도움이 되는가? 당신은 요리하는 것을 좋아하면서도 아직 요리 수업에 참여해본 적은 없는가? 아니면 단순히 프로방스에서의 다음 휴가를 좀 더 즐겁게 보내기 위해 불어 수업을 들어야 하는가?

# 11 직감을 믿어라

> 논리적으로 생각하면서 내 본능을 믿지 않을 때, 나는 그럴 때마다 곤경에 처한다.
> → 안젤리나 졸리Angelina Jolie · 배우

직감은 성공을 위한 당신의 비밀 무기이다. 당신은 얼마나 자주 직감에 귀를 기울이는가? 직감은 다음과 같은 방식으로 모습을 드러낸다.

- 몇 가지 선택지를 놓고 고민하고 있는데 그중 하나가 제일 좋게 느껴진다.
- 무언가를 선택해야 하는 상황에서 사람들이 선호하는 선택지가 별로 좋게 느껴지지 않는다.
- 행동을 결정하려 고심하고 있는데 어떤 행동 방식이 잘못된 것처럼 느껴진다.
- 누군가로부터 불편하고 불안한 느낌을 받는다.
- 지금 처한 상황이 위험하게 느껴져 그 상황에서 벗어나고 싶어진다.
- 지금 하고 있는 일이 잘 풀리지 않을 것 같다는 느낌을 받는다.
- 누군가가 곤경에 처한 것 같아 그를 만나러 간다.
- 새로 부임한 상사와 잘 맞을 것 같다는 예감이 든다.

"나는 사람이나 상황, 결정에 대해 어떤 느낌을 받는가?"라고 자문하면서 자신의 직감에 귀를 기울이려 의식적으로 노력해본 적이 있는가? 직감을 신뢰하는 태도는 일터를 비롯한 여러 상황과 장소에서 큰 도움이 된다. 바깥에서 나는 소음이 직감의 목소리를 덮어버리도록 내버려둔다면, 다른 사람의 관점과 견해가 당신 자신의 직감보다 우위를 점하도록 방치해둔다면, 위험에 처하게 될 수 있다.

당신의 직감을 신뢰하라. 성공적인 사람들은 언제 직감을 따를지, 언제 그 외의 도구와 기술들을 사용할지 잘 안다. 빌 게이츠도 직관에 의지하라는 말을 한 적이 있다. 결정을 내리거나 선택을 할 때, 이용 가능한 사실과 정보들만 고려하지 말고, 당신 직관의 목소리에도 귀를 기울여라. 저명한 저널리스트인 말콤 글래드웰 Malcolm Gladwell은 이런 태도를 '본능적 사고 양식과 의식적 사고 양식 간의 균형 잡기'라고 묘사한 바 있다.

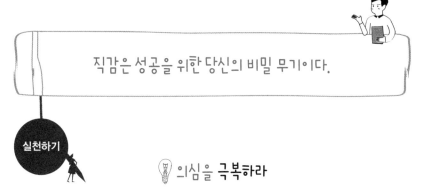

직감은 성공을 위한 당신의 비밀 무기이다.

실천하기

💡 의심을 **극복하라**

직감에 귀를 기울이라는 말이 이상하거나, 심지어는, 비논리적으로 들릴 수도 있을 것이다. 내 코칭을 받는 어떤 사람들(공학자나 회계사처럼 하루 종일 논리와 사실들을 다루는 좌뇌형 고객들)은 자신의 직감과 느낌을 따르는 데 익숙하지 않다. 그들은 "나는 어떻게 느끼는가?"라고 묻는 것보다 "그 사실들은 내게 무엇을 말해주나?"라고 묻는 쪽을 더 편하게 느낀다.

직감에 대해 더 개방적이 되길 바란다면 다음과 같은 경험들을 떠올려보기 바란다.

• 무슨 일을 할지 감에 의존할 수밖에 없었음에도 옳은 선택으로 판명이 난 경우.
• 직감을 무시하고 다른 선택을 한 뒤, 나중에 가서 최초의 그 예감이 옳았다는 점을 알게 된 경우.

그렇다고 해서 사실을 중시하는 논리적 태도를 포기할 필요는 없다. 사실에 근거한 의식적 사고와 느낌에 초점을 둔 본능적 사고를 모두 활용하면 된다.

## 고요히 자신의 내면에 귀를 기울여라

자기 자신의 직관에 귀를 기울이는 가장 강력한 방법은 고요히 머무는 것이다. 조용한 장소를 찾아 속도를 늦추고 마음을 가라앉혀보라. 당신의 목표는 어디선가 나타나 머릿속을 어지럽히는 그 모든 생각들을 제거하는 것이다.

명상 수업에 참여하는 것도 좋은 방법이다. 일단 명상 교사에게 지도를 받아놓으면, 나중에 시간이 될 때마다 집에서 혼자 명상을 즐길 수 있을 것이다. 물론 동반자와 함께하는 것도 좋다.

# 12 스트레스를 떨쳐내라

스트레스는 당신의 삶을 파괴할 수 있다. 스트레스는 무자비하게 당신의 꿈을 짓밟고 당신의 행복마저 앗아간다. 그것은 당신의 건강을 망치고, 집에서도 쉬지 못하게 만들며, 당신의 직업 계획마저 엉망으로 만들어놓을 수 있다. 스트레스는 주로 삶의 각 측면들과 제대로 조화를 이루지 못할 때 발생한다. 다음과 같은 상황들을 예로 들 수 있을 것이다.

• 상사가 가하는 압력 때문에 어쩔 줄 모르겠다.
• 출퇴근 시간 때문에 압박감이 든다.
• 배우자의 과도한 요구 때문에 힘이 빠진다.
• 사무실에 오래 앉아 있다 보니 우울한 기분이 든다.
• 직업 선택을 잘못해서 기분이 우울하다.
• 혼자 조용히 머물 수 있는 시간을 찾기 힘들다.
• 아이들의 교육이나 건강 때문에 걱정이 된다.

기분을 저하시키는 요인이 무엇인지 명확히 눈에 들어올 때도 있다. 하지만 몸으로 직접 스트레스를 느낄 때까지 별다른 문제를 인식 못하는 경우도 많다. 스트레스는 매우 개인적인 것이지만, 그 원인이 무엇이든 상관없이 증상은 항상 똑같다. 당신은 다음과 같은 증상들을 경험해본 적이 있는가?

- 에너지의 결핍
- 식욕 저하
- 허리 부위의 통증
- 불면증
- 시력 감퇴
- 두통
- 우울증
- 피로감
- 초조한 느낌
- 분노
- 의욕 감퇴 및 무기력

내 아버지는 항상 내게, "오늘 왜 스트레스를 받았는지 일 년도 안 돼 기억조차 못하게 될 텐데, 왜 그렇게 스트레스를 느끼느냐."라고 말하곤 하셨다. 하지만 안타깝게도 우리 대부분은 어쨌든 스트레스를 받는다. 그렇다면 우리는 그것에 대해 무엇을 할 수 있을까?

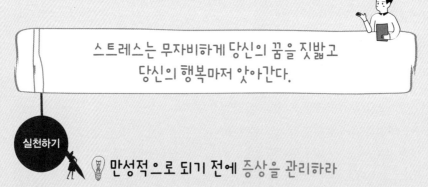

스트레스는 무자비하게 당신의 꿈을 짓밟고
당신의 행복마저 앗아간다.

**실천하기**

💡 **만성적으로 되기 전에 증상을 관리하라**

스트레스는 건강과 행복에 광범위한 영향을 미칠 수 있다.

- 스트레스는 보통 뚜렷한 신체 증상의 형태로 모습을 드러낸다. 당신의 신체는 스트레스가 일어났다는 사실을 알아차릴 수 있도록 근육의 긴장과 허리 통증, 시력 감퇴, 피로, 현기증 등과 같은 신호를 보내주는가?

- 스트레스는 감정에 영향을 미칠 수 있다. 당신은 가까운 사람들에게 화가 나고 냉담해지는 것을 느끼는가?
- 스트레스는 정신에 영향을 미칠 수 있다. 위험 신호로는 힘 빠지는 느낌, 소진된 느낌, 피로, 집중력 및 사고력 감퇴 등을 들 수 있다.
- 스트레스는 영혼에 영향을 미칠 수 있다. 업무 스트레스는 삶에서 정말로 중요한 것이 무엇이고 당신이 진정으로 원하는 것이 무엇인지 자문하도록 이끌어주기도 한다.

스트레스가 미치는 영향을 일단 인식하고 나면, 상황을 개선하기가 한결 수월해진다. 뜻이 있는 곳에 길이 있는 법이기 때문이다. 스트레스가 유발되는 방식에 따라 다양한 대응 방식을 선택할 수도 있지만, 스트레스의 영향력을 감소시켜주는 간단하고 실용적인 방법들을 활용하는 것도 나쁘지 않다. 잠을 더 자고, 운동을 하고, 마사지를 받고, 명상을 하고, 이완 훈련을 하고, 휴가를 내고, 건강식을 섭취하고, 척추 지압사를 방문하는 것 등이 그것이다. 하지만 이런 활동들만으로는 지속적인 효과를 얻기가 힘들 것이다. 당신은 스트레스의 근본 원인을 다룰 준비가 되어 있어야 한다.

## 🔦 근본 원인을 다루어라

당신의 궁극적 목표는 스트레스로부터 완전히 해방된 삶을 사는 것이다. 이 목표를 달성하려면 특정한 사람이나 상황에 시간과 에너지를 덜 투자해야 하는 힘든 결정을 내려야 할지도 모른다. 어쩌면 스트레스가 심한 직업을 그만두거나 해로운 관계를 끝내야 할지도 모른다. 하지만 이 책에 실린 조언들이 스트레스를 뿌리 뽑는 데 필요한 변화를 감행하도록 당신을 도와줄 것이다.

# 13 호감 가는 사람이 돼라

사용자들이 우리 소프트웨어를 좋아해주길 바란다면,
우리는 호감 가는 사람처럼 제품을 디자인해야 한다.

→ 앨런 쿠퍼Alan Cooper · 프로그래머

진정으로 성공적인 삶은 친구들로 가득한 삶이다. 따라서 사람들이 당신 주위에 머무는 것을 좋아한다면 성공을 달성하는 데 도움이 될 것이다. 만일 당신 주변 사람들이 당신을 싫어하는 것 같다면, 당신 자신에게 경청과 신뢰성, 친절함, 관대함, 따뜻함, 재치, 긍정적 성향, 이타심 같은 '호감 가는' 자질들이 얼마나 갖추어져 있는지 한번 생각해보기 바란다. 다행스러운 점은, 이런 자질들을 타고나지 못했다 해도, 얼마든지 배워서 익힐 수 있다는 사실이다.

물론 호감이 가지 않는 많은 사람들도 성공을 달성해내기는 한다. 아마도 당신은 엄청나게 성공을 거두었고, 당신이 우러러보기까지 하지만 개인적으로 만나는 것은 피하고 싶은 사람들을 떠올릴 수 있을 것이다. 그런 사람들은 아마도 성공은 했지만 매우 외로운 사람들일 것이다.

호감을 주려고 노력을 하되 당신 자신에게 진실해져라. 인기를 포기하고서라도 무언가를 말하거나 실천에 옮겨야 할 순간들이 찾아올 것이다. 하지만 만일 당신이 호감을 이미 충분히 베풀어둔 상태라면, 당신은 그 상황을 별 어려움 없이 극복할 수 있을 것이다. 사람들은 힘든 결정을 내릴 필요가 있다는 사실을 이해할 것이고, 당신의 호의를 충분히 이해한다면 당신 대신 상황을 탓하려 들 것이다. 이 과정은 마치 가까운 친구에게 솔직하지만 비판적인 피드백을 제공하는 것과도 같다. 결코 쉬운 일은 아니지만, 그렇게 한다면 당신은 주변 사람들로부터 더 큰 호감과 찬사를 받게 될 것이다.

다른 대안은 호감을 주되 존경은 못 받는 사람이 되는 것이다. 하지만 그런 식으로는 결코 성공적인 인생을 살 수 없을 것이다.

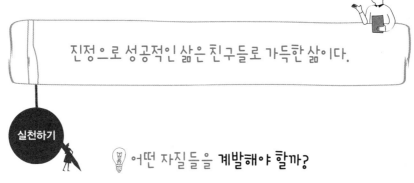

진정으로 성공적인 삶은 친구들로 가득한 삶이다.

**실천하기**

💡 어떤 자질들을 계발해야 할까?

어떻게 해야 좀 더 호감 가는 사람이 될 수 있을까? 당신의 친밀감을 떨어뜨리는 습관과 행동 방식에는 어떤 것들이 있는가?

• 혹시 나이가 들면서 더 고집스럽게 변하지는 않았는가?
• 집이나 사무실에서 사람들의 말을 제대로 경청하지 못하는가?
• 항상 자기 방식만을 고집하는가?

친구나 가족에게 "어떻게 해야 나 자신을 좀 더 접근하기 쉽고 호감 가는 사람으로 만들 수 있을까?"라고 물어보라. 충격적이거나 기분을 상하게 하는 답변에 미리 대비해두는 것이 좋을 것이다. 그런 말을 듣는 건 쉬운 일이 아니겠지만, 새겨들을 필요가 있는 답변임에는 틀림이 없다.

## 💡희생을 감수하라

살다보면 '호감을 사는 것'과 '하고 싶은 대로 하는 것' 사이에서 선택을 해야 할 순간들이 찾아올 것이다. 예컨대, 당신의 장래 배우자가 엄격한 채식주의자여서, 고기를 먹는 사람들과 함께 있는 것을 별로 좋아하지 않는다고 해보자. 이때, 당신은 배우자에게 이해와 사랑, 지지를 보내주기 위해 당신의 신념과 느낌들을 잠시 내려놓을 자신이 있는가?

## 💡'엄한 사랑'을 표현하는 데 익숙해져라

항상 호감 가는 말과 행동만 하는 것은 불가능하다. 관계를 맺다보면 서로의 기분을 상하게 하거나 상대와 의견 충돌을 빚는 상황들이 찾아오기 마련이다. 부모들은 '엄한 사랑'이란 말이 무엇을 뜻하는지 너무나 잘 안다. 당신은 주변 사람들에게 '엄한 사랑'을 제대로 표현해낼 수 있는가? 혹시 '좋은 사람'이란 이미지를 손상시킬까봐 표현을 억누르고 있는 것은 아닌가?

# 14 "오케이(OK), 예스(YES)"라고 말하라

> 모든 것을 긍정하는 표현을 찾아내라…… 'Yes'라는 말은 새로운 것을 하고, 새로운 사람을 만나고, 새로운 변화를 일으키겠다는 뜻이나 다름없다. 'OK, YES'라는 말은 당신을 돋보이게 하고, 낙관론자가 되게 하며, 모든 사람이 가까이하고 싶어 하는 그런 사람이 되도록 도와준다. 긍정은 모든 사람을 더 젊게 만든다.
>
> → 에릭 슈미트Eric Schmidt · 기업인

성공적인 사람들은 다른 사람들이 "NO"라고 말할 때 "OK, YES"라고 말할 줄 안다. 만일 당신이 "승진시켜 줄 테니 해외에서 근무해보라."는 제안을 받는다면 어떻게 답하겠는가? 배우자가 새로운 휴양지, 예컨대 그린란드에서 휴가를 보내자고 제안한다면 당신은 어떻게 답하겠는가? 한번 시도해볼 생각이 있는가?

나는 지금 위험을 무시하고 현실성과 상식도 제쳐둔 채 무조건 뛰어들라고 제안을 하는 것이 아니다. 정면으로 맞서는 대신 회피하며 머뭇거리는 순간들을 분명히 인식하라고 권고하는 것뿐이다.

더 이상은 변변찮은 변명들을 늘어놓지 말아야 한다. 다음과 같은 변명들 말이다.

- "미안하지만, 너무 바빠서 안 되겠어."
- "그러고 싶지만…… 나중에 할게."
- "그런 일은 한 번도 해본 적 없어."
- "흥미롭긴 한데, 난 지금 이대로 괜찮아."
- "이미 다른 결정을 내렸어."
- "그 일을 하기엔 좀 늦었지."

이런 표현들 뒤에는 망설임과 두려움, 주저함, 위험에 대한 거부감 등이 자리 잡고 있다. 이런 태도는 성공하길 바라는 사람이 지녀야 할 자질들과는 거리가 멀다. 당신은 "그럴 줄 알았으면……." 하고 중얼거리면서 기회를 걷어찬 걸 후회해본 경험이 없는가? 어떻게 해야 "OK, YES"라고 말할 수 있는 자신감을 얻을 수 있을까? 컴퓨터 공학자인 랜디 포시Randy Pausch는 "우리가 후회를 하는 건 한 일 때문이 아니라, 시도조차 하지 않은 일들 때문이다."라는 명언을 남긴 바 있다. 그러니 남들이 "확신이 안 서", "잘 모르겠어", "나중에 봐서……"라고 말할 때 "OK, YES"라고 말하는 사람이 한번 되어보라.

> 성공적인 사람들은 다른 사람들이 "No"라고 말할 때
> "OK, YES"라고 말할 줄 안다.

**실천하기**

### 자가 진단 테스트

우리 모두가 후회를 하며, 대부분의 후회는 별다른 해를 끼치지 않는다. 하지만 어떤 후회는 문제가 된다. 우리를 불행하고 우울하게 만들고, 더 이상 앞으로 나아갈 수 없도록 발목을 잡기 때문이다. 중요한 결정에 직면한 리더들을 코칭할 때마다, 나는 그들에게 두 가지 질문을 던지곤 한다. 중요한 기회나 선택의 순간이 다가오면, 다음 질문들을 한번쯤 숙고해보기 바란다.

• "예스"라고 말하는 것이 당신이 진심으로 원하는 것 아닐까?
• 오늘 "노"라고 말하면 나중에 후회하게 되지 않을까?

당신이 가까운 미래에 마주하게 될 중요한 결정에는 과연 어떤 것들이 있을까? 승진 제안에 대한 수용 여부나 집을 파는 문제, 청혼 문제나 후임자를 고용하는 문제 등을 판단하게 되지 않을까?

## 💡 어떻게 해야 "예스"라고 말할 수 있게 될까?

당신을 가로막는 것은 무엇인가? 무엇을 하거나 알아야 "예스"라고 말할 수 있게 될까? 다른 누군가와 대화를 나누어야 하는가? 무슨 일이 일어나야 되는가? 대다수의 경우 당신이 필요로 하는 건, 아마도 약간의 시간과 추가적인 정보, 선택에 관해 다른 사람과 이야기를 나눌 기회 정도가 전부일 것이다.

## 💡 일어날 수 있는 최악의 상황은 무엇인가?

"예스"라고 말하는 것에 대한 불편한 느낌을 줄이고 싶다면, 당신 자신에게, "일어날 수 있는 최악의 상황은 무엇인가? 얻는 것과 잃는 것의 비중은 각각 어떻게 되는가?"라고 자문해보라.

아마도 당신은 선택에 따른 손실을 지나치게 과대평가해왔다는 사실을 알고 놀라게 될 것이다. 이는 그 선택이 새롭고 알려지지 않은 것일 경우 특히 더 그렇다. 전에 한 번도 내려본 적이 없는 결정이거나 다수의 의견에 반해서 내리는 결정이라면, 실행으로 옮기기가 훨씬 더 힘들 것이다.

# 15     "노(NO)"라고 말하라

다른 사람들에게 'YES'라고 말할 때, 혹시 당신 자신에게 'NO'라고 말하고 있는 것은 아닌지 한번 살펴보라.

→ 파울로 코엘료Paulo Coelhow · 작가

좋다, "예스"라고 말하는 것이 훌륭한 태도라 치자. 하지만 진심은 "노"라고 말하는데도 "예스"라고 말한다면 어떻게 될까? 어디를 가고 무엇을 먹을지 선택하는 것 같은 일상적 결정들을 다른 사람에게 위임하는 건 쉽지만, 그러다가 자기 자신의 목소리마저 잃어버린다면, 당신은 주변 사람들에게 끌려 다닐 위험에 처하게 될 것이다. 그러므로 작은 일에 대해서라도 의견을 갖고 약간의 영향력을 행사하는 편이 좋다. '호구'가 되는 것은 건강한 삶의 방식과는 거리가 멀며, 자존감과 자신감에도 좋지 못한 영향만 미친다.

중요한 결정을 내릴 때 내면의 목소리가 "노"라고 울부짖는데도 "예스"라고 말한다면, 더 심각한 결과를 초래하게 될 것이다. 옳다는 느낌이 드는데도 그 반대로 행동한다면, 당신의 꿈과 목적을 성취할 기회를 놓치게 될지도 모른다. 내 코칭을 받으러 오는 사람들 중에는 중요한 결정을 내릴 때 남들 하는 대로 따라 했다가 후회를 하게 된 사람들이 너무나도 많다.

선택은 당신의 몫이다. 당신은 주변 사람들에게 사랑받길 바라겠지만, 모든 사람을 항상 만족시킬 수는 없는 법이다. 욕심을 냈다가는 마찬가지로 소중한 한 사람, 즉 당신 자신을 고통에 빠뜨리게 될 것이다.

> "예스"라고 말하는 것이 훌륭한 태도라 치자. 하지만 진심은 "노"라고 말하는데 "예스"라고 말한다면 어떻게 될까?

## 🔦 무게 중심을 당신 쪽으로 살짝 되돌려놓아라

당신이 기쁘게 할 수 있는 사람은 일부에 불과하다는 사실을 인정하고 받아들일 필요가 있다. 다른 사람의 욕구도 중요하지만 당신 자신의 욕구도 마찬가지로 중요하다. 당신이 할 일은 상사나 동료, 배우자로부터 정말로 하기 싫은 일을 요청받았을 때 그 일을 거절하는 빈도를 서서히 늘려가는 것이다. 다른 사람의 요청을 들어주기 위해 당신 자신이 필요한 것을 포기하는 태도가 당신을 곁에 두기 좋은 사람으로 생각해 줄지는 모르지만, 당신은 그런 조수 노릇을 계속해서 견뎌낼 수 있겠는가?

## 🔦 정중히 거절하라

무안하지 않게 정중히 거절하라.

"노"라고 소리칠 필요는 조금도 없다. 대신 이해받으려 노력하면서 이해하는 모습도 함께 드러내라. 예컨대, 당신의 직속 상사가 당신에게 한 주에 걸쳐 세 번째로 야근을 요구해오면 그 요청을 정중히 거절하라. 가끔씩 늦게까지 일을 하는 것은 괜찮고 실제로도 그렇게 하고 있지만, 이미 이번 주에만 두 번 야근을 했으니 이제부터는 개인적 삶을 챙길 필요가 있다고 설명하라. 이 정도의 단호함과 명료함을 다른 모든 요청에도 마찬가지로 적용해보라.

지나친 요청을 받는 상황에 처했을 때, "지금까지 여러 차례 당신 의견에 동의했으니, 이제는 내가 저녁 먹을 곳/ 휴가 갈 장소/ 벽에 칠할 색깔을 결정하겠다."라는 식으로 표현을 하면 상대를 설득하는 데 큰 도움이 될 것이다.

# 16 남을 돕는 데 시간을 투자하라

남을 돕는 사람이 되어라. 친구를 돕든, 동료를 돕든, 매달 한 번씩 자원봉사를 하든, 도움을 필요로 하는 누군가에게 도움을 베풀고 나면, 더없이 커다란 자기 가치감을 누리게 될 것이다.

→ 질리언 앤더슨Gillian Anderson · 배우

진정한 성공은 다른 사람의 성공을 돕는 것과 긴밀히 연관되어 있다. 문맹률이 증가하는 사회에서 혼자만 훌륭한 교육을 받는 건 진정한 성공이 아니며, 수백만 명이 영양실조로 죽어가는 곳에서 혼자만 잘 먹고 건강한 것 역시 마찬가지이다. 윈스턴 처칠이 "우리는 받은 것으로 생계를 꾸리지만, 주는 것으로는 인생을 만들어나간다."고 말했을 때, 그는 정곡을 찌른 것이다. 당신은 당신 인생을 어떻게 만들어나가고 있는가? 당신은 도움을 필요로 하는 사람들에게 어떤 식으로 시간과 돈, 관심을 제공해주고 있는가? 어쩌면 지역 병원이나 학교에 시간을 투자하고 있는지도 모른다. 자선 단체에 돈을 기부할 수도 있을 것이고, 어린 학생들을 위한 스포츠 클럽의 운영을 돕고 있는지도 모른다. 하지만 그 형태야 어찌 되었든 간에, 당신이 조건 없이 기꺼이, 대가를 기대하지 않고 남에게 베풀 때마다, 당신은 커다란 충족감이란 보상을 누리게 된다.

부유해야만 베풀 수 있는 것은 아니다. 빌과 멀린다 게이츠(Bill and Melinda Gates 빌게이츠 부부 공동재단)처럼 수십억 달러를 기부할 수는 없겠지만, 당신은 언제든 당신의 시간을 기부할 수 있다. 일주일에 한 번씩 지역 동물 보호소에서 봉사를 하거나, 혼자 사는 나이 든 이웃을 방문하는 것은 그 가치를 헤아릴 수 없는 자선 행위이다.

남을 돕는 데 시간을 투자하다보면 마음이 정화되고 겸허해지는 것을 느끼게 될지도 모른다. 봉사는 당신이 지고 다니는 그 모든 신분의 상징(직업, 고급 사무실, 회사 자동차, 영향력, 권력 등)을 당신에게서 벗겨내 버리기 때문이다. 당신은 수

프를 끓이고 침대를 정돈하는 수많은 자원봉사자들 중 한명일 뿐이다. 만일 당신이 지나치게 과장된 자의식으로 인해 고통을 받고 있다면, 봉사 활동은 현실 감각을 되찾도록 돕는 매우 훌륭한 수단이 되어줄 것이다.

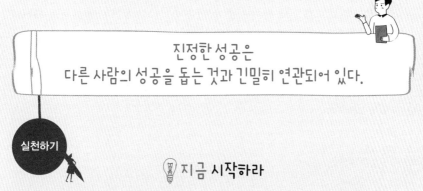

**진정한 성공은
다른 사람의 성공을 돕는 것과 긴밀히 연관되어 있다.**

**실천하기**

## 💡지금 시작하라

부담이 된다면 작은 것부터 시작하되, 오늘부터 당장 무슨 일이든 하라. 다음 주나 다음 달, 심지어는 내년부터 하겠다고 하면서 차일피일 미루면 안 된다. 돈은 항상 충분하지 않으므로 시간을 투자하는 것부터 시작하는 것이 좋다. 함께 나눌 시간이 부족한가? 아마 그렇지는 않을 것이다. 만일 정말로 그렇다면, 주말에 좀 더 일찍 일어나 두세 시간 정도 자원봉사를 하는 데 시간을 투자하는 것이 어떤가? 남을 돕는 일을 시작하도록 당신 자신에게 살짝 압력을 가해보라. 머지않아 새롭고 이타적인 방향으로 기운 자신의 모습을 보고 놀라게 될 것이다.

## 💡당신의 신념을 자극하는 대의를 찾아내라

당신의 시간과 에너지, 재원을 베풀어야만 하는 것은 아니다. 그렇게 하는 건 전적으로 당신의 선택이다. 그러니 일단 베풀기로 결심을 했다면 돕고자 하는 당신의 열망을 자극하는 기관이나 자선 단체에 기부를 하라. 당신의 마음을 끄는 단체에 대해 자세히 알아보고, 그들이 내세우는 대의를 이해하고자 노력하라. 기증받은 물품을 파는 지역 상점에서 봉사를 하고자 한다면 일을 시작하기 전에 수익금을 어디에 쓰는지 먼저 물어보라. 당신의 시간을 투자하기 전에 자선 활동이 제대로 이루어지고 있는지 먼저 확인하라.

## 흐름을 주도하라

베풂을 실천하는 데 앞장서라. 가까운 사람들에게 함께하자고 요청해보라. 어떻게 하면 특정한 대의를 위해 함께 일할 수 있을지 가족이나 친구, 동료들과 아이디어를 공유해보라. 무엇이든 혼자 하는 것보다는 함께하는 것이 더 재미있는 법이다. 침대와 태블릿, 스마트폰을 포기하도록 아이들을 설득하려면 힘이 좀 들겠지만, 봉사할 곳을 아이들 스스로 선택하게 해주면, 아이들이 더 신이 나서 봉사 활동에 임할 것이다.

# 17 통제할 수 있는 것에 초점을 맞추어라

통제할 수 없는 일에 대해 걱정하는 건 쓸데없는 짓이다.
그래봤자 할 수 있는 게 아무것도 없기 때문이다. 그런데 만일 통제할 수 있는 일이라면,
걱정은 대체 왜 하는가? 걱정은 사람을 움직이지 못하도록 마비시킬 뿐이다.

→ 웨인 다이어Wayne Dyer · 작가

통제할 수 없는 일에 대해 걱정하는 것을 중단하라. 그런 걱정은 에너지 낭비일 뿐이다. 그 에너지는 당신이 영향을 미칠 수 있는 영역에 활용하는 것이 마땅하다. 나는 내 코칭 활동의 상당 부분을, 진정한 문제와 걱정거리를 분간하도록 돕는 일(바꿀 수 있는 것과 바꿀 수 없는 것을 구분하도록 돕는 일)에 할당해왔다. 사람들이 바꿀 수 없는 것을 바꾸려 노력하면서 수많은 시간을 보낸다는 사실은 항상 나를 놀라게 했다. 그들은 나중에 가서 그 상황에 대해 불평하면서 더 많은 에너지를 소모하기도 한다. 이에 대한 대안은 훨씬 더 생산적이고 유익한 것인데, 그것은 단순히 통제할 수 있고 영향력을 행사할 수 있는 일에만 초점을 맞추는 것이다.

당신도 통제할 수 없는 일에 대해 불평을 늘어놓아본 경험이 있을 것이다. 그 대상은 짓궂은 날씨일 수도 있고, 당신에 대한 동료의 견해일 수도 있으며, 값비싼 휴양 비용이 될 수도 있을 것이다. 직장을 구할 때 당신은, 당신의 이메일에 답장을 보내주지 않은 회사에 불평을 늘어놓는가, 아니면 서류가 통과될 가능성을 높이기 위한 다른 방법을 모색하는가? 데이팅 웹 사이트에 등록을 했는데 당신의 프로필이 제대로 보이지 않는다면, 당신은 회사에 환불을 요청하는가, 아니면 프로필을 좀 더 매력적으로 만들어달라고 친구에게 부탁을 하는가?

통제 가능한 일과 불가능한 일을 구분하는 이 과정은 결코 쉽지 않다. 현재 벌어지고 있는 일과 관련해 강한 감정을 품고 있는 경우에는 더더욱 그럴 것이다. 하지만 당신이라면 잘못된 곳에 초점을 맞추면서 당신의 소중한 시간을 허비하겠는가?

통제할 수 없는 일에 대해 걱정하는 것을 중단하라.

실천하기

차이를 **알라**

"바꿀 수 없는 것들을 받아들일 힘을 주시고, 바꿀 수 있는 것들을 바꿀 용기를 주시며, 이 둘을 구별할 줄 아는 지혜를 주소서." 아시시의 성 프란체스코Saint Francis of Assisi가 남긴 이 유명한 기도는 오래전에 기록된 것이지만 오늘날까지도 생생한 울림을 준다. 그의 충고를 따른다면, 더 평화롭고 충만한 삶에 이르는 길에 들어서게 될 것이다.

현재 일어나고 있는 일을 이해하고, 통제할 수 없는 일을 현실적으로 받아들이면서, 영향력을 행사할 수 있는 일에만 초점을 맞추려고 노력해보라. 당신에게는 필요한 도구와 기술들이 완비되어 있다. 자유 의지와 사고 능력, 행동, 감정, 마음가짐, 의욕, 믿음 등이 그것이다. 이 도구들을 현명하게 활용한다면, 당신은 어떤 도전이 닥치든 최선의 방식으로 반응할 수 있을 것이다. 즉, 다른 사람들과 적절히 상호 작용하면서 올바른 결정을 내리게 될 것이다.

상식을 동원해 쉽게 바꿀 수 없는 것들을 파악하는 데서부터 시작해보라. 다음과 같은 것들을 예로 들 수 있을 것이다.

- 다른 사람의 선택이나 결심, 감정 반응들
- 주식 시장 붕괴나 정부 정책의 수립 등과 같은 집단적 의사 결정의 효과들
- 악천후 등과 같은 천재지변의 영향력
- 질병이나 사고 등과 같은 예기치 못한 사건들

# 💡 남의 탓 하지 말라

더 이상은 책임을 회피하지 말라. 다음과 같은 식으로 다른 사람을 비난해서는 안된다.

- "내가 흥분한 건 내 잘못이 아니야. 그가 날 화나게 만들었으니까!"
- "그녀도 내 생일을 잊어먹었는데, 내가 왜 그녀의 생일에 신경을 써야 하지?"
- "남들도 다 늦게 오는데, 왜 나만 일찍 오려고 애를 써야 하지?"
- "팀 전체가 의욕이 없는데, 왜 나만 노력해야 하지?"

많은 연습과 훈련이 필요하겠지만, 당신의 행동과 선택을 통제하는 건 결국 당신 자신이다.

# 18 수입 수준에 맞는 생활을 하라

경제적 안정은 직업과는 무관하다. 그것은 당신 자신의 생산력, 즉 생각하고, 배우고, 창조하고, 적응하는 능력과 연관되어 있다. 진정한 경제적 독립이란 부를 소유하는 것이 아니라, 부를 창출할 능력을 지니는 것이다.

→ 스티븐 코비|Stephen Covey · 경영학자

영국 성인의 31퍼센트는 저축을 아예 안 하고, 그보다 조금 많은 32퍼센트는 통장에 든 저축액이 150만 원도 채 안 된다고 한다. 게다가 평균적인 영국 가정은 무담보 대출액(주택이나 자동차 구입 자금 대출금을 제외한 모든 대출액)이 거의 1,300만 원에 달한다고 한다. 연금 · 보험 업체 「스코티시 위도우즈」와 컨설팅 업체 「프라이스워터하우스쿠퍼스(PwC)」의 2012년과 2015년도 조사 자료를 토대로 한 이 통계치는 읽는 사람을 우울하게 만든다.

성공적으로 되거나 성공적이라는 느낌을 받기 위해 백만장자가 되어야 하는 건 아니다. 경제적 부는 성공을 나타내는 수많은 척도들 중 하나일 뿐이다. 하지만 꿈과 삶의 목적을 실현하려면 어쨌든 돈이 있어야 한다. 그리고 그 돈을 벌려면 재정 계획을 세우고 목표를 설정할 필요가 있다. 나는 성공적인 사람들 중 경제 문제로부터 완전히 자유로웠던 사람을 아직까지 본 적이 없다.

사람의 필요와 욕망은 시간이 감에 따라 변한다. 아마도 당신은 자기가 얼마나 많은 돈을 벌거나 저축하길 원하는지 잘 모를 것이다. 지금 당장 말하라고 하면 단순히 "최대한 많이"라고 답할지도 모른다. 쓰는 것보다 더 많이 벌기만 한다면 그 답변도 괜찮다. 그런데 안타까운 점은 대부분의 사람들이 그와 정반대로 행동한다는 것이다. 당신은 대출금이나 빚이 얼마나 되는가? 위에 언급된 1,300만 원보다 더 많은가, 아니면 더 적은가?

빚이 약간 있다는 건 좋은 일일 수도 있다. 예컨대, 아파트나 집을 사기 위해 주택 담보 대출을 받는 것은, 시간이 감에 따라 가치가 증가하거나 임대 수입을 가져다줄지도 모르는 자산에 투자를 하는 투자 행위가 될 수 있다.

하지만 쉽게 갚기 힘든 돈을 빌린다면 경고 신호등이 깜빡이기 시작할 것이다. 단순히 사고 싶은 것을 사거나 휴가를 가기 위해 돈을 빌리는 행위는 훨씬 더 심각한 것이 될 수 있다. 지금 당장 더 많이 소비하기 위해 미래의 수입을 활용하는 것이나 다름없기 때문이다.

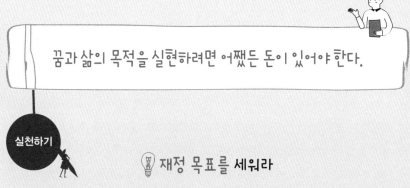

꿈과 삶의 목적을 실현하려면 어쨌든 돈이 있어야 한다.

**실천하기**

### 💡재정 목표를 세워라

자신이 경제적으로 어떤 상황에 처해 있는지 이해하는 것은 매우 큰 도움이 될 수 있다. 당신의 동반자나 배우자와 함께 다음 질문들을 활용해 당신의 현재 재정 상태를 검토해보라.

• 당신의 수입원은 무엇이고 수입 규모는 어느 정도 되는가?
• 당신이 규칙적으로 사용하는 비용과 일시불 지출 비용은 각각 어느 정도 되는가?
• 매달 얼마씩 저축을 하는가?
• 자산과 빚의 규모는 각각 어느 정도 되는가?

이 정보를 출발점 삼아 당신의 재정 목표와 꿈들을 한번 적어 내려가 보라. 새 집을 사고 싶을 수도 있을 것이고, 10년 내로 은퇴하고 싶을지도 모르며, 아이들의 학비를 위해 돈을 저축해두고 싶을 수도 있을 것이다. 당신은 이 목표들을 어떻게 달성하려 하는가? 지금 있는 곳에서 원하는 지점까지 어떻게 갈 생각인가? 임금이 더 높은 직업을 찾거나 지출을 줄일 필요가 있는가?

당신의 재정 계획에 대해 숙고하는 동안, 다른 사람들의 기준에 맞추려고 애쓰지 말라. 당신은 경제적 성공에 관한 다른 누군가의 정의를 모방할 필요가 없다. 당신 자신만의 재정 목표를 세우도록 하라.

## 💡 소비를 뒤로 미루어라

돈을 쓰지 않는 것에 대해 부끄러워하거나 당황스러워하지 말라. 친구나 이웃이 새 옷이나 자동차, 가구 등을 산다고 해서 따라 할 필요는 조금도 없다. 미국 대통령이었던 캘빈 쿨리지Calvin Coolidge는 "수입 수준에 맞게 살아가는 것만큼 품격 있고 독립적인 삶도 없다."고 말한 바 있다. 수입의 일부를 저축하거나 투자하는 것은 재정 목표의 필수적인 한 부분이다. 그러니 월급이 들어오자마자 저축하거나 투자하고자 하는 금액을 정기 예금 계좌로 이체시켜라. 그런 뒤 남은 금액으로 생활하면서 평소보다 소비를 적게 하는 것이 좋다. 신용카드나 할부로 구매를 한 뒤 나중에 금액을 지불하고자 하는 유혹은 피하도록 하라. 현재 가진 것보다 더 많이 소비해서는 안 된다.

# 19 '현실 세계'와의 접촉을 잃지 말라

❝ 이메일을 차단하고, 전화기를 끄고, 인터넷을 끊어라. 필요할 때마다 떨어져 나와 현실에 집중할 수 있도록 전자 기기의 사용을 제한하라. 기술은 훌륭한 하인이지만 결코 좋은 주인은 못 된다. ❞

→ 그레첸 루빈Gretchen Rubin · 작가

온라인상에서 지나치게 많은 시간을 보내면 정신 질환에 걸릴 수도 있다고 한다. 이는 2014년 5월 《미러Mirror》지에 소개된 연구 보고서의 결론이다. 다양한 기사와 연구 결과들이 '온라인'에서 보내는 시간과 온갖 종류의 문제들(우울증, 자살, 고독감, 사교 능력 결여, 낮은 자존감, 운동 결핍, 현실과의 접촉 상실) 사이의 연관성을 드러내주고 있다. 하지만 일상생활의 상당 부분이 '온라인'에서 이루어지고 있는 지금 같은 상황에서 어떻게 '오프라인'에만 머물 수 있겠는가? 매달 새로운 웹 사이트와 온라인 서비스들이 모습을 드러내고 있다. 무엇이든 확인할 거리가 생기면, 아이가 다닐 학교든 의료 진료든 여행지 정보든 요리법이든 간에, 당신은 온라인부터 접속한다. 이런 현실을 잘 알고 있었던 빌 게이츠는 인터넷을 '세계라는 마을 한가운데 있는 미래형 중심 광장'이라고 부른 바 있다. 당신은 이메일이나 소셜 미디어를 사용하지 않고 한 주, 아니 하루라도 제대로 보낼 수 있는가? 최근 누군가는 내게 인터넷 접속이 음식이나 물보다도 더 중요하다고 농담을 던지기까지 했다! 매셔블Mashable 사이트에서 수행된 한 설문조사에 의하면, 조사 대상자의 24퍼센트가 소셜 미디어에 공유하려고 전자 기기를 사용하다 중요한 순간을 놓쳐버린 경험이 있다고 답했다고 한다. 어쩐지 익숙하게 들리지 않는가? 당신도 눈앞에서 벌어지는 일을 직접 경험하기보다 사진으로 찍어서 인스타그램에 올리는 쪽을 선호하지 않는가? 최근 나는 길거리에서 두 사람이 부딪치는 광경을 목격했다. 그 두 사람 모두 스마트폰에 정신이 팔려 있었다. 또한 얼마 전에는 파티에 참석해 주위를 둘러보다가, 스크린을 들여다보는 사람이 옆 사람과 대화를 나누는 사람보다 더 많다는 사실을 목격하기도 했다. 나는 스마트폰 자판을 두드리는 한 참석자에게 말을 걸면서 혹시 방해가 되는 것은 아닌지 걱정을 해야 했다. 파티에서 늘 이루어지는 평범한 대화를 원한 것뿐인데도 말이다!

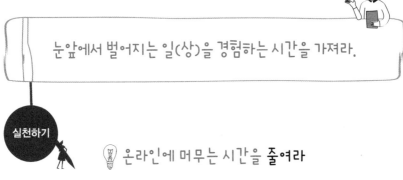

눈앞에서 벌어지는 일(상)을 경험하는 시간을 가져라.

**실천하기**

💡 온라인에 머무는 시간을 **줄여라**

인터넷이나 스마트폰은 물론 훌륭한 도구이다. 하지만 당신은 온라인과 오프라인 사이의 균형을 맞출 줄도 알아야 한다. 당신은 온라인상에서 얼마나 많은 시간을 보내는가? 페이스북이나 인스타그램, 왓츠앱 WhatsApp 등을 활용하고 스마트폰을 검색하는 데 너무 많은 시간을 할애하는 건 아닌가?

- 스마트폰의 인터넷 기능을 차단하고, 집이나 사무실, 커피숍 같은 곳에서 컴퓨터를 통해서만 인터넷에 접속하려고 노력해보라. 이제 알림 벨이 들릴 때마다 스마트폰을 들여다보지 않아도 되는 만큼, 거리를 산책하면서 주변 풍경을 즐길 수 있을 것이다.
- 친구들을 집에 초대할 때는 주머니나 핸드백에서 핸드폰을 꺼내지 못하게 하라.
- 페이스북 메신저나 왓츠앱보다는 전화를 사용해 다른 사람들과 의사소통하라. 짧은 문장과 이모티콘을 사용해 의사소통하는 것보다는 제대로 된 대화를 나누는 편이 좋다.
- 손으로 쓴 편지나 엽서를 보내라. 손 글씨는 매우 개인적이고 따뜻하며, 감정까지도 함께 전달해준다.
- 가끔씩은 구글을 검색하는 대신, 서점이나 도서관을 둘러보면서 시간을 보내라. 책장을 넘기는 데서 오는 기쁨을 재발견하게 될지도 모른다.
- 주말과 휴일에는 스마트폰과 인터넷 접속을 자제하라. 사진을 찍더라도 포스팅은 다음날에 하는 것이 좋다. 자잘한 충동들을 내려놓은 채 주변 환경과 분위기를 마음껏 즐겨라.

# 20 한 가지 일에 집중하라

벌들은 꿀을 만들면서 침을 쏠 수 없다. 반드시 둘 중 하나를 선택해야만 한다.

→ 이매뉴얼 클리버Emanuel Cleaver · 정치인, 목사

성공을 하려면 시간과 에너지를 집중시켜야 한다. 당신이 성취하고자 하는 것이 세상을 바꾸는 것이든, 단순히 아파트를 바꾸는 것이든, 사정은 마찬가지이다. 모든 성공담에는 단 하나의 목표에만 집중하는 사람의 모습이 반드시 등장한다. 그들은 때로는 너무 집중해서 강박적으로 보이기조차 한다.

조앤 롤링J. K. Rowling은 돈이 없어 빈곤에 허덕일 때조차 글을 쓰면서 대부분의 시간을 보냈다. 그녀의 이 같은 엄청난 집중력은 세상에 「해리 포터Harry Potter」를 선사해주었고, 그녀에게는 엄청난 부와 성공을 가져다주었다. 모하메드 패라Mo Farah 올림픽 1만m와 5천m에서 각각 2연패한 영국 육상선수 - 편집자나 스티브 잡스 같은 사람들에 대해서도 같은 말을 할 수 있을 것이다. 이 사람들 중 그 누구도 여러 개의 목표를 동시에 달성하려 애쓰지 않았다. 그들 중 그 누구도 자기 자신을 혹사시키지 않았다. 예컨대, 모하메드 패라는 중거리 달리기 종목에 자신의 역량을 집중시켰다. 스티브 잡스는 자신의 차고에서 시작한 단 하나의 사업에만 초점을 맞추었다. 그는 애플과 다른 여러 사업체들을 동시에 시작한 것이 아니다. 이 모두가 단일한 목적의 중요성을 보여주는 사례들이라 할 수 있을 것이다. 존 록펠러의 말 대로, 집중은, 당신의 궁극적 목적이 무엇이든 간에, 성공을 가져다주는 가장 핵심적인 요인들 중 하나이다.

안타깝게도, 삶은 우리에게 온갖 종류의 활동과 책임들을 동시에 부과하면서, 멀티태스킹을 강요하는 경향이 있다. 하지만 이런 일이 벌어질 때조차, 당신은 지금 하고 있는 단 한 가지 일에만 집중할 수 있다. 성공에 이르는 유일한 길은, 각각의 활동에 온전한 주의를 기울이면서 필요한 기간 동안 집중력을 유지하는 것뿐이다. 멀티태스킹을 통해서도 성공에 다다를 수 있다는 생각은 순전히 착각에 불과하다.

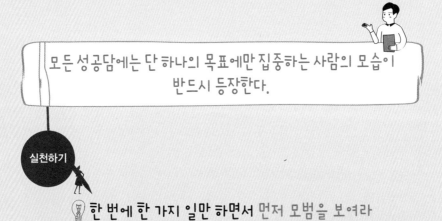

모든 성공담에는 단 하나의 목표에만 집중하는 사람의 모습이 반드시 등장한다.

실천하기

### 💡 한 번에 한 가지 일만 하면서 먼저 모범을 보여라

만능이 되려고 애쓰지 말고 한 분야의 대가가 되어라. 이메일 작성이든, 아이들과 하는 공놀이든, 자동차 운전이든, 혼자서 하는 명상이든 간에, 한 번에 한 가지씩만 하라. 무언가를 하는 그 시간 동안에는 그 일에만 100퍼센트 집중해야 한다. 모든 일을 동시에 하겠다며 달려드는 태도야말로 우리 시대의 새로운 질병이라 할 수 있다.

우리 집 아이들은 자기가 멀티태스킹에 아주 능하다고 생각한다. 내 아들은 친구와 왓츠앱으로 대화를 나누면서 숙제를 하고, 음악까지 함께 감상한다. 그러니 당신부터 주변 사람들의 모범이 되어야 한다. 예컨대, 전화가 오면 다른 모든 일을 중단하고 전화만 받아라. 일을 중단할 수 없는 상황이라면 나중에 전화를 걸겠다고 말하고 끊는 편이 낫다. 수화기에 대고 말을 하면서 컴퓨터에 글을 쓰거나, 텔레비전을 보거나, 차를 운전하는 끔찍한 습관은 들이지 말아야 한다.

# 💡 다른 사람의 요청을 거절하라

모든 사람의 요청을 다 들어주는 사람이 될 필요는 없다. 당신 자신을 혹사시키는 가장 쉬운 방법은 다른 사람들의 요청을 전부 다 들어주는 것이다. 그러지 말고 거절하는 법을 배워라. 가능하다면 점잖고 온건하게. 물론 종종 가족과 친구, 동료, 이웃들을 돕고 싶은 마음이 들기도 할 것이다. 하지만 당신은 균형을 잡는 법도 배워야 한다. 요청을 받아들일 때와 거절할 때를 구분할 줄도 알아야 하는 것이다. 혹시 이 일이 어렵게 느껴지는가? 당신은 "노(No)"라고 말하는 데 어려움을 겪고 있는가? 솔직함을 유지하려고 노력하면서 당신이 얼마나 바쁜지 사람들에게 설명해보라. 돕기 싫은 게 아니라 요청을 감당할 수 없는 것뿐이라고 말한다면, 사람들도 당신을 이해해줄 것이다.

# 21 더 많이 사랑하라

취하는 관점에 따라, 사랑은 멋진 것이 되기도 하고 심리적 장애가 되기도 한다. 하지만 한 가지만은 분명하다. 성공적인 사람들이 사랑을 통해 힘을 공급받는다는 사실이 그것이다.

사람들을 코칭하면서 나는 사랑을 두 종류로, 즉 일시적인 사랑과 지속적인 사랑으로 구분하는 것이 도움이 된다는 사실을 깨닫게 되었다. 일시적인 사랑은 매혹과 열정, 필요, 관능, 소유욕 등과 같은 많은 형태를 취할 수 있다. 당신은 그것을 구매욕, 열정적인 정사, 새 자동차나 장난감에 대한 갈망 속에서 찾아볼 수 있다. 종종 사람이나 사물에 대한 욕망을 토대로 하는 이 일시적인 사랑은 우리에게 기분 좋은 느낌을 선사해주지만, 결코 오래 지속되지는 않는다. 당신은 끊임없이 새로운 신발을 사거나, 관계를 맺음으로써 그런 사랑을 지속시키려 노력할지도 모른다. 하지만 그런 순간을 좇는 것은 당신 내면의 빈 공간을 메우기 위한 하나의 수단에 불과하다. 낮은 자존감이나 자신감 결핍 등에서 비롯되는 그 허전함 말이다. 이 유형의 사랑을 추구하는 것이 당신에게 '성공적인' 순간들을 가져다줄지는 모르지만, 진정으로 성공적인 삶을 위한 기반으로 삼기에는 아무래도 무리가 있다.

지속적인 사랑은 일시적인 사랑에 비해 덜 흥미롭고 덜 강렬해 보이기 쉽다. 하지만 이 유형의 사랑은 결코 겉모습에 현혹되지 않는다. 이것이 바로 진정으로 성공적인 삶을 창조하기 위해 당신이 필요로 하는 것이다. 이 지속적인 사랑은 가족, 동반자, 자녀, 동료, 친구 등과 의미 있는 관계(당신 자신과 다른 사람을 진정으로 받아들이도록 해주는 그런 관계)를 맺을 때 당신이 느끼고 경험하는 것이기도 하다. 그런 관계를 계발하는 것은 결코 쉬운 일이 아닌 만큼, 종종 관계를 그만두고 싶은 유혹이 일어나기도 할 것이다. 하지만 꾸준히 인내하면서 노력한다면 반드시 보상을 받게 될 것이다.

당신은 어떤 유형의 사랑에 당신의 시간과 에너지를 쏟아 붓고 있는가?

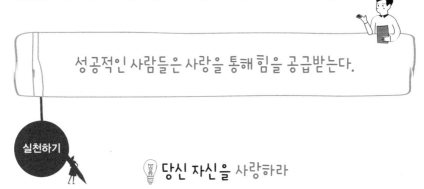

성공적인 사람들은 사랑을 통해 힘을 공급받는다.

**실천하기**

💡 **당신 자신을** 사랑하라

성공의 비밀은 당신 자신을 지속적인 사랑으로 에워싸는 데 있는데, 이 과정은 당신 자신을 사랑하는 것에서부터 시작된다. 이것이 가장 힘든 과제이다. 나는 오랜 기간에 걸쳐 사람들을 코칭하면서 하나의 일반적인 패턴을 발견할 수 있었다. 그것은 우리가 다른 사람들과 소유물, 경험 등에 대해서는 비교적 쉽게 사랑을 표현하지만, 우리 자신을 대상으로 사랑을 표현하는 데는 어려움을 겪는다는 점이다. 당신은 아마도 다음과 같은 말들을 들어보았을 것이다.

- "이 관계를 계속 유지하는 내가 싫어."
- "수익이 높은 직업을 찾지 못하는 나 자신에 대해 화가 나."
- "부모님께 못되게 구는 내 모습이 혐오스러워."
- "더 큰 야심을 품지 못하는 나 자신이 너무나도 싫어."

자기 자신을 사랑하는 태도에는 이해와 수용, 용서, 자신의 본 모습에 대한 인정 등과 같은 요인들이 포함된다. 다음 지침들은 당신 자신과 화해할 수 있도록 당신을 도와줄 것이다.

- 우리들 중 그 누구도 완벽할 수 없다는 사실을 이해하라. 실수와 약점, 문제를 지닌 사람은 당신뿐만이 아니다.
- 자신이 아무리 불완전해 보여도 당신 자신을 있는 그대로 수용하라.
- 자신이 저지른 실수와 잘못을 용서하고 자기 비난을 멈추어라.

## 💡 사랑의 초점을 바꾸어라

오늘부터는 일시적인 사랑의 쾌락과 만족감에 의존하는 대신 지속적인 사랑에 더 많은 시간을 투자해보라. 당신은 그렇게 할 수 있는가? 솔직하게 당신의 삶을 되돌아보라. 혹시 끊임없이 새로운 흥분과 자극, 경험을 추구하지는 않는가?

단기적이고 순간적인 사랑의 경험을 줄여 나가는 동안, 그 빈자리를 지속적인 사랑으로 메우도록 최대한 힘써보라. 중요한 관계에 더 많은 시간과 노력을 투자해라. 하고자 하는 의지만 있다면 그리 힘든 일은 아닐 것이다. 지속적인 사랑을 창조하고 길러내는 당신의 능력에는 한계가 없다.

# 22 당신 자신을 쇄신하라

당신 자신을 쇄신하고 또 쇄신하라…… 당신의 삶을 재창조하라. 그렇게 하는 것이 당신의
의무이므로. 당신 삶의 역사와 현재는 오직 당신 자신에게 달려 있다.

→ 찰스 부코스키|Charles Bukowski · 작가

당신은 변화를 시도할 때가 되었다고 느껴본
적이 있는가? '리부트reboot' 버튼을 누를 때가 되었다고 생각해본 적이 있는가? 그
렇다면 당신은 혼자가 아니다. 우리 모두가 그런 느낌을 갖는다. 과거를 회고하면
서 당신을 현재에 이르게 한 것이 무엇인지 생각해본다면, 당신은 아마도 수많은
쇄신의 순간들을 발견하게 될 것이다. 그 순간들은 물론 엄청난 일로 경험되기도
하지만, 시간이 지나고 나서야 그 본성을 드러내기도 한다.
쇄신은 다음과 같은 다양한 형태로 모습을 드러낸다.

• 새로운 경력을 쌓기 위해 기존의 직업을 그만둔다.
• 새로운 것을 배우기 위해 학교로 되돌아간다.
• 특정한 친구들을 멀리하면서 새로운 사람들과 관계를 맺는다.
• 속 편한 싱글 생활을 그만두고 가정을 꾸린다.
• 인격이나 성격의 특정 측면을 바꾸기로 결심한다.
• 낡은 옷들을 버리고 새 옷을 장만한다.
• 수년 동안 머물러온 장소를 떠나기로 결심한다.
• 가족 구성원들과의 관계에 변화를 준다.

커다란 변화나 혁신을 계획하다보면 죄책감을 느끼게 될 수도 있다. '어쨌든 실
패를 한 것이기 때문에 새로 시작하도록 강요받는 중'이라는 생각이 들지도 모른
다. 하지만 죄책감을 느끼거나 당황할 필요는 없다. 성장하고 번영하길 바란다면

자기 자신을 쇄신하는 과정을 반드시 거쳐야 한다. 나이가 들고 성숙해짐에 따라 많은 것을 배우고 경험하게 되는 만큼, 우리의 목표나 계획, 기대 등이 변하는 건 어찌 보면 자연스런 일이다. 그러니 변화를 수용하되, 그 변화가 현재까지 이룩해 낸 당신의 성공을 토대로 이루어지도록 하라. 가수이자 작가인 올릭 아이스Auliq ice 도 "처음부터 다시 시작하려 하지 말고, 이미 획득된 재능을 기반으로 삼아라."라고 충고한 바 있다.

> 성장하고 번영하길 바란다면
> 자기 자신을 쇄신하는 과정을 반드시 거쳐야 한다.

**실천하기**

## 💡자기 쇄신 과정을 주도하라

때때로 우리는 변화를 강요받는다. 스트레스와 번아웃(소진 증후군)은 직업이나 직장을 바꾸도록 만들고, 분노와 말다툼, 비통함은 우리를 이혼으로 이끌며, 건강 문제들은 생활양식을 바꾸도록 우리를 압박해온다. 하지만 근본적인 변화를 시작하기 위해 극단적인 사건이 일어날 때까지 기다릴 필요는 없다. 그저 정기적으로 자리에 앉아 자신의 현 상태를 점검해보기만 하면 된다. 다음 질문들을 활용해 브레인스토밍을 해보라.

보다 성공적인 삶을 누리려면······

- 나는 어떤 행동과 생각, 태도를 포기해야 하는가?
- 나는 어떤 행동과 생각, 태도를 새롭게 채택해야 하는가?
- 나는 어떤 행동과 생각, 태도를 줄여야 하는가?
- 나는 어떤 행동과 생각, 태도를 늘려야 하는가?
- 그리고 마지막으로 나는 내 행동과 생각, 태도를 어떻게 바꿔야 할까?

낙서를 하거나 생각의 지도mind map 02를 작성하면서, 질문에 대한 답변을 그리거나 적어 내려가 보라. 이 작업을 하다보면 자신의 어떤 측면을 쇄신해야 하는지 눈에 들어오기 시작할 것이다.

## 🔅쇄신은 외롭고 힘든 과정이 될 수 있다

당신이 소중히 여기며 신뢰를 보내는 사람들의 의견과 생각을 물어보되, 그들이 당신 생각에 동의하지 않을 수도 있다는 사실을 미리 염두에 둬라. 만일 상대가 변하고자 하는 당신의 욕구를 이해하지 못한다면, 당신은 심지어 친구를 잃게 될지도 모른다.

또한 당신은 특정한 경력이나 인간관계 등과 같이 시간과 노력을 투자해온 삶의 측면들을 포기할 준비도 되어 있어야 한다.

---

02 자신의 생각을 지도 그리듯 이미지화해서 표현하는 방법 - 역주

# 23           건강을 관리하라

> 당신이 건강하다면 아마도 행복할 것이고, 당신이 건강하고 행복하다면, 당신이 필요로 하는
> 모든 부를 지닌 셈이 될 것이다.
>
> → 앨버트 허버드Elbert Hubbard · 작가

심한 스트레스를 받고 탈진 상태에 빠지면서까지 과로를 하는 게 무슨 소용인가? 그렇게 일 해서 번 돈을 의료비용으로 다 쓰게 될지도 모르는데 말이다. 나는 지금껏 함께 일을 해온 사람들의 삶 속에 이런 일이 벌어지는 걸 너무나도 많이 목격해왔다. 내 코칭을 받은 일부 사람들은 다음과 같은 이상한 말을 늘어놓았다.

- "운동을 하거나 건강식을 섭취할 시간이 없긴 하지만, 그건 이 분야에는 흔한 일입니다."
- "110퍼센트의 능력을 발휘하면서 몇 년간 더 일한 뒤 은퇴할 생각입니다. 휴식은 그때 가서 취하면 되죠."
- "제가 좀 더 여유를 갖고 건강한 생활을 한다면 가족은 어떻게 부양하겠습니까? 가족들의 경제적 필요와 기대를 충족시켜 줘야지요."
- "저도 제가 비만인 건 알지만, 운동을 시작하기에는 나이가 너무 많은 것 같아요."

많은 사람들이 일과 돈벌이부터 끝낸 뒤 건강관리를 시작하려고 계획 중인 것 같다. 하지만 그런 계획은 별 도움이 안 될 것이다. 조사 자료에 의하면, 안타깝게도, 사람의 건강 상태는 은퇴 후부터 매우 빠르게 나빠지기 쉽다고 한다. 영국경제협회IEA의 2013년도 연구 결과 역시 "은퇴 생활이 신체적, 정신적 건강을 위축시킨다."는 결론에 도달한 바 있다. 그러니 여유 시간이 생길 때마다 쉬어가면서 일을 하도록 하라. 안 그러면 애써 번 돈을 의료비로 다 써버리게 될지도 모른다.

당신 자신을 혹사시키는 건 그 누구에게도 도움이 안 된다. 그런 태도는 건강하게

장수할 확률을 줄여놓을 뿐이다. 당신은 정말로 커다란 집과 고급 승용차, 두둑한 은행 계좌를 위해 건강한 삶을 포기하겠는가?

> 심한 스트레스를 받고 탈진 상태에 빠지면서까지
> 과로를 하는 게 무슨 소용인가?

**실천하기**

## 💡 당신의 건강이 주된 자산이 되게 하라

돈은 설령 잃게 된다 해도 다음 해에 얼마든지 다시 만회할 수가 있다. 하지만 한 번 건강을 잃어버리고 나면 만회하기가 그리 쉽지 않을 것이다. 따라서 건강은 평소에 꾸준히 관리를 할 필요가 있다. 당신은 평생에 걸쳐 건강의 다양한 측면들을 돌보는 데 관심을 가져야 한다.

- 스트레칭을 하고, 걷고, 수영을 하고, 달리기를 하라. 자극과 동기 부여가 필요하다면 그렇게 해줄 사람을 찾아라. 개인 트레이너를 고용하거나, 헬스클럽에 등록을 하거나, 함께 수영할 친구를 구하라. 신체적 건강을 유지하는 데 필요한 일이라면 무엇이든 하라. 매일같이 걷는 습관을 들이는 것도 좋다. 최근 영국에서 시행된 한 연구는 하루에 20분씩 빠르게 걷기만 해도 수명이 7년이나 연장되고 심장병 위험까지 크게 줄어든다는 점을 보여주었다.
- 정신 건강을 유지할 수 있도록 과도한 스트레스와 과로, 걱정, 불안 등을 피해라. 해답은 과도한 노력이 아닌 균형을 찾는 데 있는 경우가 많다. 당신의 몸이 뻣뻣한 목이나 등의 통증 등을 통해 정신적 고통을 표현해내기 전에 그 균형점을 찾아보라.
- 당신의 감정을 소진시키는 사람이나 상황들을 멀리하라. 당신의 정서 건강을 소중히 여겨라. 아마도 당신의 감정을 해치는 사람은 질투심 많은 동료나 과잉 통제하는 상사, 당신을 깎아 내리는 가족 구성원 등일 것이다. 감정적으로 취약해지면 신체 건강에도 악영향을 미치기 쉽다.
- 영혼의 건강을 유지할 수 있도록 당신이 하는 일들에서 의미를 찾아보라. 무의미하게 느껴지거나, 지루함과 무관심을 자극하거나, 시간 낭비라는 느낌을 불러일으키는 활동은 피하는 것이 좋다. 정신이나 정서 건강과 마찬가지로, 영혼의 건강에 문제가 생기면 몸까지 병들기 쉽다.

# 24 남을 용서하라

용서란 죄수를 석방시킨 뒤 그 죄수가 자기 자신이었다는 점을 깨닫게 되는 과정이다.
→ 앨버트 허버드Louis B. Smedes · 작가

용서하기를 거부한다고 해서 기분이 더 나아지는 건 절대 아니다. 그런 태도는 기분 상한 느낌과 분노, 질투 같은 기분들에 집착을 하는 것이나 다름없다. 그러니 기분이 좋을 리가 있겠는가? 언젠가 나는 화를 품은 채 누군가를 용서하지 않는 태도가 스스로 독약을 마시면서 다른 누군가의 죽음을 바라는 것이나 다름없다는 글을 읽은 적이 있다.

성공적인 삶을 창조하려면 당신은 당신에게 상처를 입혔거나 해를 끼친 다른 사람들을 용서해야 한다. 그들이 옳아서도 아니고, 당신 스스로 그들이 행한 일을 잊어버릴 수 있어서도 아니다. 용서만이 더 충만하고 긍정적인 삶을 살도록 당신을 해방시켜주기 때문이다. 용서를 통해 당신은 앞으로 나아갈 수 있도록 당신 자신을 놓아주게 된다. 당신은 스스로 부과한 부정적 느낌의 감옥으로부터 당신 자신을 해방시키게 된다. 이 과정을 이해하는 것이 핵심이다. 당신 자신의 행복을 위해서라도 다른 사람들을 용서해야 하는 것이다.

다른 사람을 용서하는 행위는 나약함의 표식이 아니고, 당신이 엄청나게 상처받지 않았다는 증표도 아니며, 당신이 낸 화가 잘못되었다는 증거도 아니다. 당신이 다른 사람을 용서할 때, 당신은 "나는 더 이상 내 감정과 느낌을 당신에게 소모할 필요가 없습니다."라고 말을 하는 것이다. 계속해서 앞으로 나아가는 강인함을 보여주는 것이다. 사람들을 코칭할 때 나는 종종 내 역할이 사람들로 하여금 상처를 내려놓고 앞으로 나아가도록 돕는 것임을 발견하게 된다. 결국 그들이 용서하는 건 그들 자신인 셈이다.

용서는 종종 다시 믿는 법을 배우는 것과 관련된다. 인간관계에 무언가 나쁜 일이 일어났을 때, 당신은 관계를 포기하거나 재구축하는 것 중 선택을 할 수 있다. 용서는 불신이란 부정적 느낌을 제거함으로써 관계를 재구축할 수 있도록 도와준다.

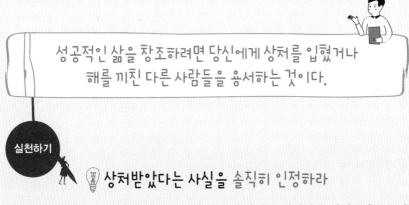

성공적인 삶을 창조하려면 당신에게 상처를 입혔거나 해를 끼친 다른 사람들을 용서하는 것이다.

실천하기

### 💡 상처받았다는 사실을 솔직히 인정하라

우리는 종종 아무런 상처도 받지 않았다고 우리 자신을 기만하곤 한다. 예를 들자면 이런 식이다.

- "승진 대상에서 누락되긴 했지만, 나 화 안 났어."
- "동료가 내 아이디어를 훔치긴 했지만, 뭐 괜찮아."
- "아냐, 배우자가 바람피우긴 했지만, 상처는 조금도 안 받았어."

상처를 받았지만 그 사실을 거부하고 있는 건 아닌지 한번 생각해보라. 당신 자신에게 솔직해져라. 물론, 아무렇지도 않은 것처럼 행동하는 건 괜찮다. 가끔씩 우리는 우리 자신의 진정한 느낌을 드러내고 싶어 하지 않는데, 그런 태도에는 사실 아무런 문제도 없다.

여기서 중요한 건 다른 사람을 용서할 적절한 시점을 찾아내는 것이다. 그 순간이 오기까지 수일이 걸릴 수도, 수주가 걸릴 수도 있으며, 어쩌면 그보다 더 오래 걸릴지도 모른다. 당신이 신뢰하는 누군가에게 속내를 털어놓은 뒤, 용서라는 주제를 놓고 대화를 나누는 것이 도움이 될 수도 있을 것이다.

## 💡 용서를 위한 당신 자신만의 방식을 찾아라

당신은 항상 용서할 준비가 되었다는 사실을 스스로 확인하는 것에서부터 시작해야 한다. 하지만 어떤 식으로 용서할지는 당신의 개인적 선택에 달린 문제이다. 예를 들자면, 당신은 상처를 준 상대방에게 직접 말하기로 결심을 할 수 있을 것이다. 그 사람에게 직접 편지를 쓰는 것도 상처를 치유하는 데 큰 도움이 되는 방법이다. 그 사람이 그런 식의 용서를 원하거나 필요로 하는지는 별로 중요한 문제가 아니다. 아니면, 가족이나 친구들 앞에서 그 사람을 용서했고 상처를 털어냈노라 선언을 할 수도 있을 것이다.

어떤 방식을 택하든 간에 여기서 중요한 건, 용서를 미루는 동안 쌓인 그 모든 부정적 감정들을 놓아 보내고 털어내는 것이다.

# 25 공동체의 일원이 되어라

> 수백만 년 동안 인간은 특정 공동체의 일원이었다.
> 집단은 두 가지 요건만 갖추면 공동체가 될 수 있다. 공동의 관심사와 소통 수단이 그것이다.
>
> → 세스 고딘Seth Godin · 작가

제대로 인식하지는 못하지만, 당신은 온갖 다양한 공동체의 일원으로 생활을 이어가고 있다. 여기서 공동체란 특정한 공통분모(사람들을 하나로 묶어주는 요인)를 지닌 공식적이거나 비공식적인 사람들의 집합을 말한다. 당신은 가족이란 공동체의 구성원으로 삶을 시작한 후, 사는 장소와 직업, 다양한 활동들을 통해 여러 다양한 공동체에 참여하게 된다. 공동체의 예는 도처에서 찾아볼 수 있다. 가족 집단, 사교 모임, 직장 동료들, 종교 집단, 봉사 집단, 스포츠 클럽, 술집 단골들, 대학 동기들, 같은 건물 거주자 및 마을 집단 등이 그것이다. 잠시 자신의 삶을 돌이켜보면서, 당신이 어떤 사람들과 상호 작용하며 관계를 맺는지 생각해보라. 당신이 속한 다양한 사회 집단의 구성원들은 어떤 요인을 공유하고 있는가?

- 가족에 대한 관심과 책임감?
- 축구에 대한 사랑?
- 같은 부서에서 일한다는 사실?
- 같은 술집을 애용한다는 사실?
- 대학 시절의 기억들?
- 같은 운동 장소?
- 같은 아파트 거주자라는 사실?
- 같은 요양원에서 함께 생활한다는 사실?

어쩌면 당신은 공동체에 참여하는 것 자체를 기피하는 사람, 즉 직장이나 학교, 가족 등과 같이 어쩔 수 없이 속하게 된 공동체에만 참여하는 사람일지 모른다. 하지만 그 어떤 공동체에도 속하지 않는다고 선언할 수 있는 사람은 오직 산속의 동굴에 거주하는 은둔자뿐일 것이다.

공동체의 일원이 되면 다른 사람들과 상호 작용을 하면서 친분을 맺을 수 있게 된다. 그와 같은 활동은 소속감을 통해 삶에 의미를 부여해주곤 한다. 당신은 어딘가에 소속되어 있으며, 사실 우리 모두가 그렇다. 이런 소속감은 매우 중요하다. 하지만 당신은 아마도 공동체에 참여하는 시간과 혼자 생각하면서 재충전하는 시간 사이의 균형을 잡아야 할 것이다. 당신이 소극적이거나 내향적인 사람이라면, 아마도 다른 사람들과 함께 있는 것보다 자신만의 공간에 머무는 쪽을 선호할 것이다.

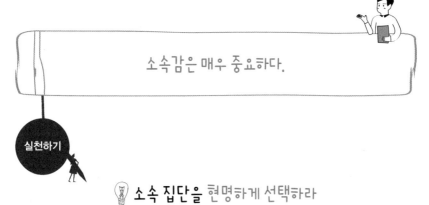

소속감은 매우 중요하다.

실천하기

## 💡 소속 집단을 현명하게 선택하라

시간을 내서 당신이 소속된 '공동체'의 목록을 작성해보라. 그 목록을 훑어보면서 당신 자신에게 다음과 같은 질문을 던져보라.

- "나는 이 공동체에 어떤 기여를 하고 있는가? 이 공동체에 참여하는 것이 내게 도움이 되는가?"
- "이 공동체가 내게 미칠 수 있는 해악에는 어떤 것들이 있을까? 혹시 이 공동체가 내 발목을 잡고 있는 것은 아닌가?"
- "혹시 공동체를 옮겨야 할 때가 된 건 아닐까? 그렇다면 실제로 그렇게 할 수 있을까?"
- "어떤 공동체에 새로 소속되는 것이 좋을까? 내가 그 공동체에 소속될 수 있을까?"

어쩌면 당신 스스로 내린 결론에 놀라게 되었을지도 모르겠다. 다음과 같은 상황을 예로 들 수 있을 것이다.

- '가족'이란 공동체에 참여하는 시간을 줄임으로써, 과도하게 통제하는 부모와 질투심 많은 형제자매의 영향력으로부터 벗어날 때가 되었다는 사실을 알게 됨.
- 자기 스스로 '주민'이란 공동체를 구성하는 이웃들과 관계 맺는 것을 꺼려왔다는 점을 깨닫게 됨.
- 야유회와 집단 행사에 참여하라는 직장 동료들의 제안을 받아들일 때가 되었다는 사실을 깨닫게 됨.
- 직장을 구하는 중이니만큼, 대학 동창회 지부에 가입해 도움을 받기로 결심함.

당신이 이 세상에서 보내는 시간에는 한계가 있다. 그러니 그 시간을 당신이 좋아하거나 관심사를 공유하는 사람들과 함께 보내라. 당신에게 아무런 의미도 없거나 당신을 깎아내리기만 하는 사람들과 함께 지내면서 시간과 에너지를 낭비해서는 안 된다. 당신에게 희망을 불어넣고, 기분을 고양시키고, 행복감을 선사해주는 사람들을 가까이하도록 노력하라.

# 26 자신감을 발산하라

당신 자신을 믿고 자신감을 갖기만 하면, 당신은 무엇이든 할 수 있다.
나는 정말로 그렇게 믿는다.

→ 칼리 클로스 Karlie Kloss · 모델

자기 자신을 편안하고 만족스럽게 받아들일
수 있다면, 당신은 성공적인 삶에 필요한 자신감을 이미 갖추고 있는 것이다. 이런
종류의 자신감은 자신의 존재와 행동, 목적을 진정으로 수용하고 인정하는 태도
와 연관되어 있다. 그것은 자신이 무엇을 알고 무엇을 모르는지 분명히 파악한 뒤,
그 사실을 기꺼이 인정하는 태도와 연관되어 있다. 이런 자신감은 내가 최근에 읽
은 다음 구절에 잘 나타나 있다.

"한때 나는 사람들이 가득한 방으로 걸어 들어가면서 그들이 나를 좋아해줄지 걱
정했다. 하지만 지금은 도리어 그 사람들을 둘러보면서 내가 그들을 좋아하는지
나 자신에게 자문해본다."

이런 종류의 자신감은 요란하거나 외향적인 것과는 거리가 멀며, 사교술이나 화
술하고도 무관하다. 그것은 자기 자신을 완전히 편안하게 느끼는 태도와 연관되
어 있다.

현실에서 당신의 자신감은 아마도 주변에서 일어나는 일에 따라 높아지기도 하고
낮아지기도 할 것이다. 우리 대부분은 다음과 같은 말을 들을 때마다 자신감이 흔
들리는 것을 경험하게 된다.

- "뭐, 아직도 보고서를 완성하지 못했다고? 난 벌써 다 작성해서 보냈는데, 상사가 내 생각을 아주 좋아하더라."
- "와, 너 그 스포츠 팀에 들지 못했구나. 훈련을 제대로 안 했나보다. 다음 시즌에는 잘되겠지."

이런 사소한 자극이 당신의 자신감을 뒤흔들도록 내버려둬서는 안 된다. 다른 사람이 당신의 가치를 깎아내리면서 당신을 위축시키려 할 때마다, 그 사실을 분명히 인식해내라. 이런 언급은 당신 내면에 질투심과 화, 짜증, 서러움 등을 불러일으킬 것이다. 그런 반응은 정상이다. 하지만 당신은 이런 느낌들이 당신 내면의 자신감을 갉아먹도록 내버려두어서는 안 된다. 다른 사람들이 무슨 말을 하든 상관없이, 당신은 당신 자신의 가치를 신뢰할 줄 알아야 한다.

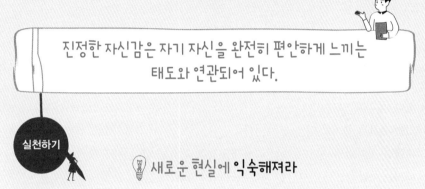

진정한 자신감은 자기 자신을 완전히 편안하게 느끼는 태도와 연관되어 있다.

**실천하기**

## 💡 새로운 현실에 익숙해져라

정말로 자신감 있는 사람들은 자신감을 느끼지 못하는 순간들도 있다는 사실을 잘 알고 있다. 새로운 상황이나 도전에 직면하는 건 힘든 일일 수 있다. 그러니 당신 자신에게 불확실한 느낌과 불분명한 느낌을 허용하라. 그 누구도 완벽하지 않다. 그 누구도 모든 해답을 다 알지 못한다. 이런 상황에서는, "나는 자신감을 못느낀다."라고 말해도 괜찮다. 당신 자신에게 무엇을 해야 할지, 어디로 가야 할지 파악하는 데 필요한 시간을 허용하라. 새로운 현실에 익숙해지다 보면 자신감이 생겨나기 시작할 것이다.

# 💡 자신감 있게 행동하면 자신감이 생긴다

사람들을 코칭할 때 나는 종종, "달라지길 원한다면 될 때까지 행동부터 하라."고 말하곤 한다. 이 말은 필요한 기술을 이미 습득한 것처럼 행동해야 한다는 뜻이다. 이 방법은 자신감을 기르는 데 특히 효과적이다. 다음과 같은 상황이 이미 이루어졌다고 상상하면서 한번 행동해보기 바란다.

- 나는 나 자신을 편안하고 만족스럽게 받아들인다.
- 나는 내가 하는 일에 만족한다.
- 나는 나의 꿈과 목표에 만족한다.

아마도 주변 사람들은 당신이 연극을 하고 있다는 사실을 알아차리지 못할 것이다. 하지만 이렇게 자신감을 겉으로 나타내기만 해도, 주변 사람들은 당신과 관계를 맺으며 함께 일하는 시간을 더 편안하게 느낄 것이다. 자신감은 전염성 또한 강하다. 따라서 당신이 더 자신감 있게 행동한다면, 다른 사람들도 당신처럼 행동 수 있는 권한과 용기를 얻게 될 것이다.

대담한 것처럼 꾸민다고 해서 죄책감을 느낄 필요는 없다. 세상에서 가장 자신감 넘치는 사람들조차 자신감을 계속 유지하기 위해 약간 연기를 하기 때문이다.

# 27 정당하게 평가하라

인정받아 마땅한 사람을 인정하는 태도를 습관으로 들이면 매우 큰 보상을 받을 수 있다. 그 보상의 규모는 측정이 불가능하다.

→ 로레타 영Loretta Young · 배우

직장을 그만두거나 이혼을 하는 주된 이유는 관계 악화나 간통과는 무관하다. 연구 결과에 의하면, 관계가 깨지는 주된 이유는 사람들이 마땅히 받아야 할 인정을 못 받았다고 느끼기 때문이라고 한다. 모든 사람이 인정받기를 갈망한다. 이 갈망은 가치를 평가받고 사랑받고자 하는 인간적 욕구로부터 비롯된다. 따라서 사람들의 노력을 인정하면서 정기적으로 감사를 표하는 행위는 그 무엇보다도 중요하다.

사람을 인정하는 방식은 공적인 것과 사적인 것, 두 종류로 나눌 수 있다. 하지만 당신이 개인적 만남을 선호하든, 이메일을 선호하든, 아니면 지붕 위에서 소리치는 것을 선호하든 간에, 그렇게 하는 것을 잊어버리지만 않으면 된다. 감사와 인정을 나타내는 그 짧은 표현 속에는 실로 엄청난 힘이 담겨 있다.

어떤 사람은 다른 사람들보다 인정에 대한 욕구가 더 강한데, 이는 성격이나 양육 환경과 긴밀히 연관되어 있다. 혹시 당신은 다른 사람들의 인정을 강하게 욕구하는 편인가? 마땅히 받아야 할 인정을 받지 못했을 때 당신은 어떻게 느끼는가?

그런데 사실 인정을 받지 못하는 것보다 더 심각한 경우도 있다. 당신이 받아야 할 인정을 다른 누군가가 대신 받는 경우가 그것이다. 만일 그런 일이 벌어진다면 그 일을 저지른 사람에게 이의를 제기하려고 노력해야 한다. 그 사람이 사과를 하는지 부인을 하는지 한번 지켜보라.

> 감사와 인정을 나타내는 그 짧은 표현 속에는
> 실로 엄청난 힘이 담겨 있다.

## 남을 인정하는 것이 습관이 되게 하라

마음을 열고 주변 사람들을 인정할 준비를 하라. 주변 사람들에게 칭찬과 감사, 인정을 표현하는 것이 습관이 되게 하라. 인정을 나타내기 위해 무언가 대단한 일이 일어날 때까지 기다릴 필요는 없다. 작고 사소한 일들에 당신의 관심을 개방하기만 하면 된다.

말과 행동으로 인정과 감사를 표현해내라. 다음과 같은 태도를 취한 뒤 무슨 일이 벌어지는지 한번 관찰해보기 바란다.

- 동료를 밖으로 불러낸 다음 그에게 지난주에 해준 일에 대한 감사를 표한다.
- 멋진 주말을 마련해줘서 고맙다는 뜻으로 배우자에게 꽃이나 초콜릿을 선물한다.
- 당신의 업무 보조원에게 커피를 사주면서, 급할 때 늦게까지 남아 도와줘서 고마웠다고 말한다.
- 당신 부서에 이메일을 돌려 새로운 아이디어를 제시한 부하 직원들을 치하해준다.

인정은 전염성이 강하다. 그것은 당신 주변 사람들의 기분과 당신에 대한 그들의 태도를 더 긍정적으로 만드는 아주 확실한 방법이다. 당신은 배려심 많고, 세심하며, 남을 인정해줄 줄 아는 사람이라는 평판까지 함께 얻게 될 것이다. 대부분의 사람들이 충분히 누리지 못하는 가치들의 제공자가 되는 것이다.

당신이 인정을 필요로 하지 않는다 해서 다른 사람들까지 그런 건 아니다

대부분의 사람들은 감사나 칭찬, 인정 등을 받는 것을 좋아한다. 그들은 그런 종류의 관심에 의해 의욕이 고취되고 힘이 충전되는 것을 느낀다. 당신 역시 그들 중 한 명이라면, 아마도 남을 인정해주는 것의 혜택을 즉시 이해할 수 있을 것이다. 하지만 만일 당신이 인정 같은 것을 필요로 하지 않는 사람이라면, 주변 사람들을 인정해주는 일을 간과하지 않도록 약간의 추가적인 노력을 기울일 필요가 있을 것이다. 인정을 나타내야 한다는 사실을 잊었다면, 상대에게 사과를 한 뒤 즉시 잘못을 바로잡도록 노력하라. 늦게라도 하는 것이 아예 안 하는 것보다는 나은 법이다.

# 28 소유물에 대한 집착을 줄여라

> 나는 물질적 부가 삶을 즐겁게 만드는 데 큰 기여를 할 수 있다고 믿는다. 하지만 만일 당신에게 좋은 친구나 가깝게 지내는 친척이 없다면, 삶은 공허하고 슬픈 것이 되어버릴 것이고, 물질적 부도 그 가치를 상실하게 될 것이다.
>
> → 데이비드 록펠러David Rockefeller · 기업인

당신은 당신의 물질적 소유물이 아니다. 그 소유물들은 당신이 진정으로 누구인지 말해주지 못한다. 멋진 자동차와 집, 옷가지, 완전 평면 텔레비전, 수제 구두, 은행 계좌 같은 것들은 행복의 원천이 될 수 없다. 모든 증거와 자료들이 이 점을 입증해주고 있다. 물론, 당신은 매끈한 새 차나 고급 화장품을 보면서 흥분과 희열을 느끼기도 할 것이다. 하지만 그 최초의 황홀감이 시들해지고 나면 과연 무엇이 남는가? 그 새로운 소유물이 당신을 전보다 더 행복하게 만들어주었는가? 그 물건들이 당신을 전보다 더 성공적으로 만들어주었는가? 만일 당신이 아주 가난하다면, 물질적 소유물은 당신에게 더 높은 수준의 안락함과 행복감, 만족감을 제공해줄 수 있을 것이다. 사실, 그 소유물들은 당신의 삶을 급격히 뒤바꿔놓을 것이다. 하지만 점점 더 많이 소유하면서 기존의 소유물을 업그레이드해 나가다보면, 그 물건들은 당신의 행복 수준에 아무런 영향도 미치지 못하게 될 것이다.

새로운 차나 커다란 집을 원하는 이유가 무엇인지 당신 자신에게 솔직해져라. 소유물을 통해 자신의 성공을 증명하려는 건 아닌지 주의 깊게 살펴보라. 당신이 원하는 것을 사들이고자 열망하는 건 괜찮지만, 그 동기에 대해서는 완전히 솔직해져야 한다. 성공적인 사람들에게는 성공을 증명하기 위한 소유물이 필요치 않다.

당신은 당신의 물질적 소유물이 아니다.

## 💡 당신의 소유물을 검토해보라

옷장과 찬장, 차고, 창고에 어떤 물건들이 들어 있는지 한번 확인해보라. 셔츠와 책, 신발 등을 얼마나 가지고 있는지 그 수를 세어보라. 집이나 사무실이 너무 어질러져 있어 어디서부터 시작해야 할지 감이 안 잡힌다면, 극단적인 조치를 취할 필요가 있을 것이다. 당신의 물건들이 얼마나 유용한 것인지 생각해보라. 사놓고 한두 번 사용한 뒤 잊어버리고 있던 물건은 없는가? 아직 포장도 채 뜯지 않은 물건은 없는가?

## 💡 삶을 단순화하고 남는 물품은 기부해라

정말로 필요한 것이 무엇인지 스스로에게 자문해보라. 요즘 삶을 단순화하고 좀 더 간소한 생활 방식을 영위하는 것에 대해 말들이 많은데, 이 질문을 시작할 기회로 삼아보라. 삶에 필수적인 것은 무엇이고 없어도 되는 것은 무엇인가? 여분의 신발과 장난감, 옷가지, 가구 등은 기부를 하는 것이 어떨까?

새로운 물건을 산 뒤 기존의 물품을 기부하거나 판매하는 생활 방식을 채택해보라. 난민이나 노숙자들이 입을 수 있도록 오래된 옷들을 재활용해 보라. 다 읽은 책을 지역 커피숍이나 자선 단체에 기부하는 것도 좋다.

## 💡 과거의 잘못을 되풀이하지 말라

왜 그토록 많은 물건들을 사들인 건지 스스로에게 자문해보라. 물건을 구매하는 이유나 방식에서 어떤 패턴을 발견해낼 수 있는가? 당신은 수집가인가, 아니면 그저 쇼핑하길 좋아하는 사람인가? 혹시 개선해야 할 구매 습관은 없는지 한번 생각해보라. 아마도 비용과 공간을 엄청나게 절감하게 될 것이다.

# 29 라포르<sup>rapport</sup>를 구축하라

라포르를 구축하지 않고 성공하기란 불가능하다. '라포르rapport'란 서로를 이해하면서 상대방을 편안하게 대하는 일종의 신뢰관계 즉 우호적인 관계를 뜻한다. 성공은 사람들로 하여금 당신을 따르고, 당신과 함께 일하며, 당신을 지지하도록 만드는 데서 온다. 이렇게 되려면, 사람들이 당신을 이해하고 믿어야 하며, 당신과 공감할 줄도 알아야 한다. 즉, 사람들이 당신과 함께하는 것을 편안하게 느껴야 한다. 그런데 이런 일은 라포르를 구축하기만 하면 자동적으로 일어난다. 이 라포르라는 것은 일상적인 상호 작용 과정에서 알아차리지도 못하는 새에 일어나기도 하지만, 좀 더 관심을 쏟아야만 일어날 때도 있다. 내 느낌상으로는 여성들이 남성들보다 라포르를 구축하는 데 더 능한 것 같다. 여성들은 서로 의사소통을 할 때 좀 더 느리게 말하고, 상대의 말에 좀 더 귀를 기울이면서, 서로에게 공감을 표현하곤 하는데, 이 모두는 전통적인 라포르 구축 기술에 해당된다. 나는 이 문제에 대해 언어학자 데보라 타넨Deborah Tannen이 쓴 사랑스런 글귀를 읽은 적이 있다. 그 글에는 이런 구절이 포함되어 있었다. "대다수의 여성들이 대화 할 때 사용하는 언어는 기본적으로 라포르의 언어입니다. 언어를 통해 유대감을 형성하고 관계를 구축하는 것이지요." 당신이 남성이라면, 이 말을 새겨듣고, 좀 더 노력을 기울일 필요가 있을 것이다.

물론 모든 사람을 대상으로 라포르를 구축할 수는 없을 것이고, 아마 그렇게 하고 싶지도 않을 것이다. 가까이하기 싫을 정도로 이기적이고 자기중심적이며, 지루하고 재미없는 사람들은 어디에나 있기 마련이기 때문이다. 하지만 정기적으로 길에서 마주치는 사람이라면 약간의 라포르를 구축해두는 것이 좋을 것이다.

그래야 상대가 당신을 차갑거나 무례하거나 남을 무시하는 사람으로 간주하지 않을 것이기 때문이다.

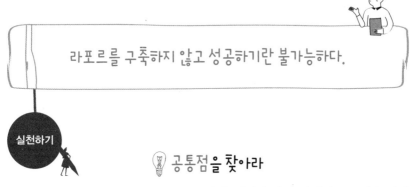

라포르를 구축하지 않고 성공하기란 불가능하다.

실천하기

## 🔆 공통점을 찾아라

영속적인 라포르를 위한 토대를 마련하려면, 상대와 당신 사이의 공통점을 찾아낼 필요가 있다. 그러니 상대가 생각하고 기대하고 믿는 것이 무엇인지 이해하는 데 시간을 좀 투자해보라. 아마도 상대와 어떤 점이 비슷하고 어떤 점에서 일치하는지 눈에 들어오기 시작할 것이다. 그 공통점은 친구나 동료에 대한 의견과 취미, 직업상의 목표 등과 같은 간단한 것일 수도 있다. 하지만 어느 경우든 진실성을 잃지 않도록 주의해야 한다. 상대를 기쁘게 하기 위해 상대의 의견에 섣불리 동의하거나, 좋아하지도 않는 것을 좋아한다고 말하는 일이 있어서는 안 된다.

## 🔆 상대와 보조를 맞추어라

상대와 같은 방식으로 행동함으로써 상대가 당신을 편안하게 느끼도록 해주어라. 이 미러링mirroring 무의식적으로 모방하는 행위·편집자은 라포르를 구축하는 아주 강력한 방법이다. 상대가 일어서면 같이 일어서고, 상대가 팔과 다리를 꼬고 앉으면 당신도 똑같이 따라 해보라. '자세의 일치postural congruence'라 불리는 이 기법은 상대가 잠재의식 수준에서 당신을 편안하게 느낄 수 있도록 돕는 아주 훌륭한 방법이다. 대부분의 경우 상대는 당신이 자신을 따라 하고 있다는 사실을 인식조차 못할 것이다. 주변 사람들에게 이 기법을 한번 적용해보라.

## 💡 귀 기울여 듣고 공감을 표현하라

사람들이 가까이하고 싶어 하는 사람이 돼라. 이기적인 행동과 당신 자신에 대해 말하는 것을 피하고, 상대에 대해 배우려고 노력해라. 조용히 머물면서 천천히 말해라. 이런 태도를 취하면 상대에게 따뜻한 느낌을 전하게 될 것이고, 사람들도 당신을 알고 싶어 할 것이다.

# 30 의식적인 삶을 살라

알아차림이란 지금 현재 일어나는 일을 거부감이나 욕망 없이 단순히 바라보기만 하는 태도를 말한다.
→ 제임스 바라즈James Baraz · 명상교사

현재 영국에서는 위험한 죄수들의 공격 성향을 누그러뜨리기 위해, 그들에게 알아차림에 기반을 둔 기술들을 가르치는 프로젝트가 진행 중에 있다. 비즈니스 세계에서도 의식적으로 살면서 일하는 태도를 장려하기 위해 고용자들에게 알아차림 강좌나 훈련 등을 제공하기 시작했다.

여기서 말하는 알아차림이란 단순히 현재 순간에만 머묾으로써, 즉 지금 이 순간에만 완전히 집중함으로써, 과거에 대한 걱정이나 미래에 대한 스트레스를 떨쳐내는 태도를 뜻한다. 이 알아차림은 지금 일어나는 일에 고요히 주의를 기울이는 과정을 통해 유지된다. 좀 상투적인 표현을 사용하자면, 그것은 '정신을 차리고 현실을 직시'하는 태도에 다름 아니다.

이 기법의 핵심은 과거나 미래가 아닌 현재 일어나는 일만을 차분히 받아들이라는 요청이다. 우리 모두는 지금 이 순간 일어나는 일로부터 관심을 돌리는 데 전문가이다. 정신이 산만한 상태에서 시동을 건 뒤, 어떻게 운전을 했는지에 대한 기억도 없이 목적지에 도달해본 경험이 있다면, 그 느낌이 어떤지 대략 감이 잡힐 것이다.

알아차림은 과거는 과거에, 미래는 아직 일어나지 않은 미래에 머물도록 내버려두는 태도와 연관되어 있다. 알아차림에서 가장 중요한 건 과거에 대한 기억이나 미래에 대한 걱정 없이 지금 이 순간 깨어 있는 상태로 머무는 것이다.

알아차림은 다음과 같은 습관들을 놓아 보내는 과정이다.

- 과거를 돌아보면서 소홀히 한 일에 대해 죄책감을 느끼는 태도
- 내일이나 다음 주에 일어날지도 모를 일에 대해 걱정을 하는 태도
- 오늘 하는 일이 내일 어떤 영향을 미칠지 걱정을 하면서 그 일을 하길 주저하는 태도

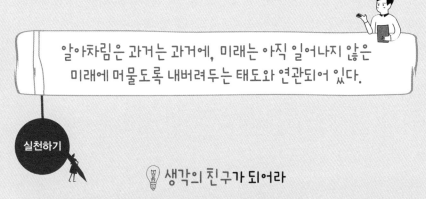

알아차림은 과거는 과거에, 미래는 아직 일어나지 않은
미래에 머물도록 내버려두는 태도와 연관되어 있다.

**실천하기**

## 💡 생각의 친구가 되어라

매일같이 머릿속을 지나다니는 오만 가지 생각들을 잠재우는 건 불가능한 일이
겠지만, 과도한 산만함을 누그러뜨리고 약간의 평화를 불러일으키는 건 얼마든지
가능하다. 당신의 목표는 다음과 같다.

- 모든 생각에 관심을 갖는 태도 중단하기
- 마음속을 지나다니는 생각의 속도 늦추기

명상을 하면서 마음을 고요하고 느리게 만드는 법을 배워보라. 생각의 주변부로
내적 대화가 번져나가지 않도록 주의하면서, 생각이 마음을 통과해 지나가도록
해보라. 생각과 생각 사이에 일어나는 침묵의 순간들을 허용하라. 침묵의 순간에
머무는 것을 즐기면서 호흡과 몸에 집중하는 법을 배워보라. 규칙적인 명상을 통
해, 당신은 서서히 현재 순간에 머무는 능력을 키워나가게 될 것이고, 마음의 평정
을 유지하게 될 것이며, 과거나 미래의 일에 대해서도 관심을 덜 갖게 될 것이다.

## 🔅 속도를 늦추고 사소한 순간들을 즐겨라

멈춰 서서 주변을 둘러보라. 지금 일어나는 일을 관찰하는 법을 배워보라. 현재 일어나는 일과 지금 일어나는 느낌에만 관심을 집중하도록 마음을 훈련시켜보라. 어제나 내일에 대한 걱정으로 되돌아갈 시간과 공간을 당신의 마음에게 허용하지 말라. 그칠 줄 모르는 걱정으로부터 해방된 휴식의 순간들을 당신의 마음에게 최대한 많이 제공해주어라. 식당이나 집에서 식사를 할 때는 음식과 친밀한 느낌, 주변의 분위기를 즐기는 데만 전념해보라. 비용이 얼마나 나올지 계산하거나, 요리 과정이 얼마나 힘들었는지 생각하거나, 설거지하는 데 걸릴 시간을 걱정하느라 관심을 분산시켜서는 안 된다.

# 31 타협안을 받아들여라

사람들은 윈윈 전략win-win에 대해 이야기하길 좋아한다. 하지만 그런 전략들은 실제로는 양측이 조금씩 양보를 해야 하는 일종의 타협인 경우가 많다. 당신도 상대방도 원하는 바를 모두 이루지는 못하기 때문이다. 우리는 이런 타협을 하면서 살아가며, 사실 타협만이 앞으로 나아가기 위한 최선책인 경우도 많다. 이 같은 타협안들 중 일부는 달성하는 데 별 어려움이 없다. 어디서 저녁을 먹을지, 무슨 영화를 볼지, 어떤 경기장에서 경기를 치를지 결정하는 건 그다지 힘든 일이 아니다. 하지만 삶의 중요한 문제들과 관련된 타협은 달성하기가 훨씬 더 힘들다. 직업을 바꾸는 문제나 결혼 문제, 집을 사는 문제, 아이를 갖는 문제 등과 관련된 결정이 여기 해당된다.

이런 유형의 결정들은 우리 자신의 정체성과 연관된 핵심 요인들(우리의 꿈과 야망, 삶의 목표 등)에 직접 영향을 미친다. 따라서 이런 문제들에 대해 융통성을 발휘하거나 타협을 하는 건 결코 쉬운 일이 아니다. 하지만 가깝거나 중요한 사람들을 위해서는 타협이 필수적이다. 당신의 목표나 야심이 당신의 삶에서 큰 비중을 차지하는 사람들과 같을 가능성은 거의 없기 때문이다. 욕구나 목적이 충돌하는 순간들은 반드시 찾아오기 마련이다. 최근 나는 한 리더를 코칭한 적이 있는데, 그는 싱가포르 지부로 즉시 자리를 옮긴다는 조건 하에 승진 제안을 받은 상태였다. 그는 그 제안을 받아들이고 싶어 했지만, 그의 아내는 런던에 있는 자신의 직장을 사랑했고, 그의 아이들은 런던에 있는 새 학교에 이제 막 자리를 잡은 상태였다. 이 같은 상황에서는 성숙한 토론과 타협의 과정을 거치는 것이 필수적이다.

당신은 가장 가까운 사람들과 관계된 중요한 결정의 순간들을 얼마나 겪어보았는가?

가깝거나 중요한 사람들을 위해서는 타협이 필수적이다.

## 💡 집착을 버려라

타협의 이점들을 기억하라. 양보는 당신과 당신의 관계를 위한 좋은 결정이 될 때가 많다. 하지만 안타깝게도 감정과 긴장이 고조된 상태에서는 느긋하게 시간을 갖고 생각하기가 결코 쉽지 않다. 그러니 다음 사항들을 기억해두라.

- 꼭 당신이 이겨야 하는 건 아니다. 당신 태도의 배후에 깔린 동기에 관해 당신 자신에게 솔직해져라. 이기고자 하는 욕망 때문에 고집스럽게 자신의 입장을 고수해서는 안 된다.
- 타협의 결과가 당신에게 얼마나 중요한지, 그리고 타협 과정에서 어느 정도까지 융통성을 발휘할 수 있는지 한번 생각해보라.
- 기꺼이 배우고 변하고자 하는 의지를 품어라. 창의성을 발휘해 이해 당사자 모두에게 도움이 되는 해답을 찾아보라. 새로운 무언가를 시도할 준비를 하라. 당신의 느낌과 생각을 터놓고 이야기하는 것에서부터 시작하는 것도 좋은 방법이다.

## 💡 타협하지 말아야 할 때를 알라

비밀은 타협을 할 때와 기존 의견을 고수할 때를 아는 것이다. 상황에 대해 충분히 생각을 해본 뒤, 당신의 결정이 미치게 될 영향에 대한 이해를 토대로 행동을 하라. 다음과 같은 질문에 대해 숙고해보라. "관계의 가치와 비교해봤을 때 이기고자 하는 당신의 욕구는 얼마나 중요한가?" 만일 이기고자 하는 욕구의 가치가 의심스럽다면 타협점을 찾는 것이 좋다. 하지만 타협이 불가능한 상황이라면, 즉 당신의 가치관과 윤리, 진실성이 도전을 받는 상황이라면, 기존의 의견을 확고하게 지켜내야 한다. 당신의 핵심 신념을 대상으로 타협을 하는 것은 결코 좋은 생각이 아니다.

# 32 직업 정체성을 뛰어넘어라

> 당신은 살기 위해 일하는가 아니면 일하기 위해 사는가? 만일 당신이 당신의 일을 사랑한다면 이 질문은 별문제가 안 될 것이다.
>
> → 메리 프랜시스 윈터즈Mary-Frances Winters · 작가, 기업가

우리는 새로운 사람들을 만날 때마다 "직업이 뭔가요?"라는 질문을 수도 없이 받아왔다. 하지만 이 질문은 당신의 정체성을 직업이나 일과 관련된 영역으로 국한시키도록 강요하는 질문이다. 당신 자신을 상자 속에 가둔 뒤, 당신을 당신이게 하는 다른 모든 것들을 무시하도록 만드는 질문인 것이다. 그래서 나는 한동안 이 질문을 받을 때마다 "저는 미소 짓는 사람이에요."라고 답하곤 했지만, 별다른 효과는 보지 못했다.

당신이 자신의 경력과 화려한 직업에 대해 이야기하는 사람들과 함께 있다면, 현재 은퇴를 한 상태이거나 늦깎이 대학생이거나 구직 중이라고 자신을 소개하기가 불편할 것이다. 어쩌면 당신은 당신 자신을 무가치하게 느낄지도 모른다.

하지만 당신 직업과 관련된 이야기가 정말로 당신의 진정한 모습을 반영해주는가? 만일 당신이 일하기 위해 사는 사람이라면, 뭐 그럴지도 모른다. 당신은 '이러저러한 조직에서 이러저러한 역할을 맡은 사람'이라고 자신을 소개하며 만족감을 느낄 것이다. 하지만 대부분의 사람은 그렇지 않다. 그들은 그와는 정반대이다. 대부분의 사람은 살기 위해 일을 한다. 그들은 자신이 하는 일에 열정을 못 느끼며, 어쩌면 그 일을 지루하거나 가벼운 것으로 여길지도 모른다.

여기서 기억해야 할 점은 일이란 것이 진정한 당신의 모습을 이루는 단 하나의 측면에 불과하다는 사실이다. 일은 당신이 선택한 삶의 방식을 구성하는 하나의 부품일 뿐이다. 설령 당신이 '직업만이 삶의 전부'라고 주장하면서 그 일을 아주 성공적으로 해낸다 하더라도, 다른 것들을 전부 배제한 채 일만 한다면, 그것을 과연 성공적인 삶이라 부를 수 있을까?

일은 진정한 당신의 모습을 이루는 단 하나의 측면에 불과하다.

**실천하기**

### 💡 어떤 사람이 되고 싶은지 결정하라

어떤 사람으로 알려지길 바라는지 당신 스스로 결정하라. 다른 사람들의 판단은 잠시 잊고 당신 자신의 우선순위에 대해 생각해보라. 다른 사람들이 중요시하는 거창한 직업 타이틀들을 한편으로 치워둔다면, 당신에게는 무엇이 가장 중요한가? 당신 자신의 우선순위를 적어 내려가 보라. 그 우선순위에 대해 솔직해져라. 이 목록은 다른 사람들이 아닌 당신 자신이 소중히 하는 것들을 반영해야 한다. 목록을 다 작성했다면 그 목록을 하나의 이야기로 바꿔보라. 다음번에 하는 일이 뭔지 질문을 받았을 때 그 이야기를 들려주면 된다. 인간은 천성적으로 이야기를 좋아하므로, 당신의 이야기는 직업 타이틀이나 근사한 회사 명칭보다 훨씬 흥미롭게 들릴 것이다.

### 💡 성공의 가치는 다 같다

일과 직업 영역에서의 성공을 삶의 다른 영역에서의 성공보다 지위나 명예 면에서 더 중요한 것으로 간주하는 일반적인 통념을 내던져버려라. 성공은 가족을 부양하고, 자선 행위를 하고, 집을 개조하고, 학위를 위해 야간 대학원에 다니고, 아이들의 스포츠 팀을 코칭하는 것하고도 연관된다. 성공은 다 똑같은 성공이다. 그러니 그 성공이 어떤 것이든 간에 당신의 성공을 자랑스럽게 여겨라. 다른 사람이 그 성공을 인정하는지 여부는 별문제가 안 된다. 사람들이 자신의 일과 직업에만 모든 관심을 쏟는다면, 세상은 한없이 따분하고 지루한 곳이 되어버릴 것이다.

## 💡 당신에게 효과적인 삶의 방식을 택해라

비밀은 의식적으로 균형을 달성해내는 것이다. 일의 중요성과 삶의 다른 측면들 과의 중요성 에 대한 균형 말이다. 다음 질문들을 활용하여 시간과 노력을 어떻게 쓸지 의식적으로 선택해보라.

• 시간제로 일을 하는 것이 첫 번째 소설을 쓰는 데 도움이 될까?

• 당분간 투잡two job을 뛰는 것이 꿈에 그리던 직업을 위한 훈련비용을 마련하는 데 도움이 될까?

# 33

## 당신 자신을 알라

> ❝ 인간의 주된 과업은 자기 자신을 낳는 것, 즉 자기 자신의 잠재력을 구현해내는 것이다. 이 같은 노력의 가장 중요한 결실은 그 자신의 인격이다. ❞
>
> → 에리히 프롬Erich Fromm · 정신분석학자, 심리학자

차를 운전할 때는 사이드 미러에 잡히지 않는 사각 지대를 조심해야 한다. 이는 당신의 인격에 대해서도 마찬가지이다. 당신 자신의 인격의 측면들을 제대로 인식해내지 못한다면, 그 부분들이 아무리 불편하게 느껴진다 하더라도, 성공적인 삶을 사는 것은 불가능해질 것이다. 사람들을 코칭할 때마다 나는 항상, "다른 사람들이 당신에 대해 이미 알고 있는 사실들을 당신도 알아두는 편이 좋지 않을까요? 왜 남들도 다 아는 자신의 모습에 눈을 가리려 하십니까?"라고 묻는다.

사람들에게 의견을 묻고 피드백을 받아가면서, 당신의 인격에 대해 더 많이 배우도록 노력해보라. MBTIMyers-Briggs Type Indicato나 DISC 즉 인간의 행동을 주도형Dominance, 사교형Influence, 안정형Steadiness, 신중형Conscientiousness의 네 가지로 분류한 심리유형검사를 받을 수도 있을 것이고, 해리슨 평가Harrison Assessment 같은 심리 측정 도구들을 활용할 수도 있을 것이다. 설문지 작성을 토대로 하는 이 방법들은 매우 인상적인 결과를 나타내주는 경우가 많다.

일단 자기 자신을 더 잘 이해했다면, 당신은 자신의 강점을 극대화하고 약점을 관리하면서 당신 자신의 인격을 최적화해 나갈 수 있을 것이다. 우리 모두는 타고났거나 발달시켜온 강점들을 지니고 있다. 그 강점들을 최대한 활용하면서 그것이 약점이 되지 않도록 주의해야 한다. 예컨대, 자신감은 엄청난 장점이 될 수 있지만, 오만함 쪽으로 기울기 시작하면 문제가 심각해질 수 있다.

인격의 취약한 측면들은 완전히 제거하는 것이 불가능할지도 모른다. 사람은 참을성 없거나, 지나치게 민감하거나, 감정적으로 되기 쉬운데, 이런 인격적 특질들

을 바꾸는 건 결코 쉬운 일이 아니다. 비밀은 약점이 영향력을 행사하는 상황들에 미리 대비하고 경계를 하는 것이다. 인내심을 발휘하거나 둔감해지기 위해 추가적인 노력을 기울여야 할 때가 언제인지 미리 파악해둔다면 큰 도움이 될 것이다.

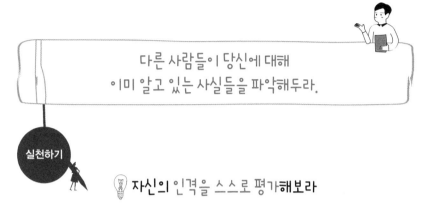

다른 사람들이 당신에 대해
이미 알고 있는 사실들을 파악해두라.

**실천하기**

💡 **자신의 인격을 스스로 평가해보라**

당신 자신의 인격을 마지막으로 검토해본 때가 언제인가? 잠시 멈춰 서서, 당신의 행동과 특성, 정신 상태, 스타일, 마음가짐 등이 어떻게 조합되어 있는지 검토하는 데 시간을 좀 할애해보라. 당신의 주변 사람들은 당신과 상호 작용을 할 때마다 이런 요인들을 목격하고 경험하게 된다. 이제 그 사람들의 눈에 비친 당신의 모습이 어떤지 당신 스스로 숙고해볼 시간이다.

당신의 가족과 친구, 동료들은 당신을 과연 어떻게 묘사할까?

- 당신은 사교적이고 외향적인가, 아니면 조용하고 생각이 많은가?
- 당신은 충동적인 성격인가, 아니면 침착한 성격인가?
- 당신은 감정적인가, 아니면 이성적인가?
- 당신은 남의 말에 귀를 잘 기울이는가, 아니면 자기 이야기만 늘어놓길 좋아하는가?
- 당신은 긍정적이고 행복한가, 아니면 주변에서 벌어지는 부정적 일들에 쉽게 우울해하는가?

당신은 아마도 처한 환경에 따라 각기 다른 인격적 특성들을 나타내 보일 것이다. 집에서 나타내 보이는 성격과 일터에서 나타내 보이는 성격이 서로 다른 사람은 아주 많다. 다양한 환경 하에서 사람들의 눈에 당신이 어떻게 보일지 이해하도록 애써보라.

이와 동시에, 당신이 다른 사람 및 자신의 감정과 연관된 무언가를 할 때마다, 서로 다른 인격적 요인들을 표출해낸다는 점을 인식하도록 애써보라. 예컨대, 다음과 같은 상황들은 인격의 서로 다른 측면들을 자극할 것이다.

- 상사 때문에 스트레스를 받는 상황
- 교통 체증에 갇혀 있는 상황
- 어려운 회의를 이끌어달라고 요청을 받은 상황
- 누군가에게 나쁜 소식을 전해야 하는 상황
- 많은 사람들 앞에서 공개적으로 발표를 해야 하는 상황

다른 사람들은 우리를 아주 탁월하게 묘사해낼 수 있다. 당신과 가장 가까운 사람들은 겁이 날 정도로 당신을 잘 알고 있을지도 모른다. 하지만 가장 중요한 질문은, "나는 나 자신을 얼마나 잘 아는가?"이다.

# 34 나이 듦을 받아들여라

우리 사회가 행복을 젊음과 동일시하는 만큼, 우리는 종종 슬픔과 조용한 좌절감, 무상함이
나이 듦에 수반될 것이라고 가정하곤 한다. 하지만 그렇지 않다. 감정적 고통이나 무감각한
느낌은 잘못된 생활의 증후일 뿐, 나이 듦과는 아무 상관도 없다.

→ 마사 베크Martha Beck · 작가

잃어버린 것에 대해 슬퍼하지 말고 새롭게
얻은 것을 즐기기 시작하라. 우리는 젊음이 숭배되는 사회에 살고 있다. 그래서인
지 성공은 10대나 20대, 또는 30대 정도의 젊은 사람들에게만 찾아오는 것처럼 보
인다. 기록을 깨고, 수백억을 벌어들이고, 베스트셀러를 집필하고, 급속도로 성장
하는 신생 기업을 이끄는 사람들은 주로 젊은 사람들인 것만 같다.

우리 모두는 뒤를 돌아보면서 너무 많은 시간을 허비한다. 20대 청년들은 속편하
게 지낼 수 있는 학생 시절을 그리워하고, 40대에 접어든 사람들은 비교적 단순하
고 책임감에서 자유로운 30대 시절을 그리워한다. 그리고 60대가 된 사람들은 새
로운 경력을 시작하고 꿈을 성취할 기회를 놓친 것을 후회하곤 한다.

이제 동경 어린 눈빛으로 좋았던 옛 시절을 되돌아보는 짓을 중단할 때이다. 나이
가 드는 것은 사실 좋은 일이다. 그러니 나이 듦을 수용하고 나이 듦이 가져다주는
놀라운 기회들에 눈을 떠라. 50대가 다 된 나는 해가 감에 따라 당신이 마주하는
그 느낌들을 충분히 이해할 수 있다. 이제부터 나이가 들수록 잃게 되는 것에 집중
하는 대신, 더 많이 얻게 되는 것들에 초점을 맞춰보라. 경험과 통찰, 지혜, 그리고
전에는 시간이 없어 엄두도 못 내던 새로운 기회와 모험 등이 여기 해당된다.

나이를 부정하면서 살거나, 젊음의 환상을 심어주는 자극에 탐닉하며 나이를 회
피하려 해서는 안 된다. 나이 듦을 기꺼이 받아들여보라.

> 잃어버린 것에 대해 슬퍼하지 말고
> 새롭게 얻은 것을 즐기기 시작하라.

### 💡 과거에 집착하지 말라

젊게 행동하는 것은 좋다. 아니, 부탁인데 제발 젊게 행동하라. 젊게 생각하고, 젊었을 때 했던 활동들을 다시 체험해보라. 하지만 젊었을 때의 당신 자신으로 되돌아가는 일이 불가능하다는 사실을 잊어서는 안 된다. 당신은 당신 삶의 그 기간을 이미 지나왔다. 당신은 그 이후 많은 경험들을 해왔고, 그 뒤에 무슨 일이 벌어지는지 이미 목격한 상태다. 어떤 면에서는 그때보다 더 유리한 지위에 있는 것이다.

### 💡 현재의 자신을 포용해라

비밀은 과거의 자신과 연결을 유지하면서 현재의 자신을 포용하는 것이다. 삶의 모든 시기를 편안하게 받아들여라. 젊은 시절을 다시 방문하는 것은 좋지만 현재의 자신으로 살아가야 한다.

이제 과거의 경험들로부터 얻게 된 엄청난 양의 경험들에 대해 생각해보라. 당신보다 젊은 사람들은 아직 경험해보지 못한 그 무수한 사건과 순간들을 이미 거쳐왔다는 사실에 만족할 줄 알아야 한다.

삶의 부침을 겪으며 기쁨과 고통을 경험하는 동안 얻게 된 지혜에 대해서도 생각해보라. 그 지혜가 제공해주는 인간과 세상에 대한 놀라운 이해를 결코 과소평가해서는 안 된다.

### 💡 지금도 결코 늦지 않았다

무언가를 열망하기에는 너무 늦었다고 생각하는 사람을 볼 때마다 나는 정말로 슬퍼진다. 나는 자신의 나이를 변명거리로 삼는 사람들을 너무나도 많이 만나봐서 이제는 그 수를 헤아릴 수가 없을 정도가 되어버렸다. 하지만 당신을 방해하는 건 당신의 나이가 절대 아니다. 그것은, 실패에 대한 두려움과 눈에 띄는 것에 대한 공포, 정말로 성공하는 것에 대한 불안감 등으로 가득 찬 당신의 마음이다.

# 35 외향성과 내향성을 모두 포용하라

외향적인 사람은 책 꾸러미를 종이 무더기로 인식하는 반면, 내향적인 사람은 책 꾸러미를 편안한 도피처 정도로 인식한다.

→ 에릭 새뮤얼 팀Eric Samuel Timm · 작가

당신은 외향형인가 내향형인가? 일반적인 통념은 외향형이 자신감 있고 시끄럽고 대화를 좋아하는 반면, 내향형은 수줍음 많고 조용하며 배경에 머물기를 좋아한다는 것이다. 하지만 이것은 사실이 아니다. 진정한 외향형은 자신의 생각을 말하기를 좋아하고, 다른 사람들과 함께 시간 보내는 것을 좋아하며, 행동을 통해 배우는 경향이 있다. 반면, 진정한 내향형은 말하기 전에 생각부터 하는 것을 좋아하고, 남의 말을 경청하며, 자신만의 공간에서 행복감을 느끼고, 행동하기 전에 숙고부터 하는 경향이 있다. 외향형도 내향형처럼 수줍어 보일 수 있고, 내향형도 외향형처럼 자신감을 나타내 보일 수 있는 것이다. 칼 융Carl Jung의 정신분석 작업으로까지 거슬러 올라가는 잘 연구된 심리 이론에 의하면 우리는 이 두 성향, 즉 내향형과 외향형 중 하나를 타고난다고 한다. 어쩌면 당신은 널리 알려진 마이어스 브릭스 심리유형 검사(MBTI)를 통해 당신의 성격 유형을 이미 알고 있을지도 모른다. 우리 모두는 이 두 성향을 어느 정도씩 지니고 있지만, 그중 한쪽 성향이 다른 성향을 압도하는 것이 보통이다. 이 우세한 성향이 바로 다른 사람들의 눈에 비친 우리의 성격이다.

성공에 이르는 열쇠는 상황에 적합한 성향을 의식적으로 채택하는 것이다. 필요할 때마다 도구 상자에서 외향형이나 내향형 중 하나를 끄집어내서 쓸 줄 알아야 하는 것이다. 이렇게 하는 이유는 자연스런 성향을 거스르기 위해서가 아니라, 자동적이고 본능적인 태도로부터 가끔씩 떨어져 나오기 위해서이다. 조용한 사람이 좀 더 목소리를 내야 할 때도 있고, 모임을 주도하던 사람이 뒤로 물러나 다른 사람의 의견 개진을 도와야 할 때도 있는 것이다.

성공에 이르는 열쇠는 상황에 적합한 성향을
의식적으로 채택하는 것이다.

실천하기

## 어떻게 하면 좀 더 내향적으로 될 수 있을까?

당신이 외향형이라면 다음 기법들을 활용해 내향적 성향을 훈련할 수 있을 것이다.

- 사려 깊고 사색적인 성향에 당신 자신을 내맡겨보라. 매일같이 일기를 쓰다보면 좀 더 내성적으로 될 것이고, 자신의 생각에 몰두한 채 시간을 보낼 수도 있게 될 것이다. 물론 외향형인 사람들이 하기 쉬운 일은 아니다.
- 혼자서 하는 취미를 가져보라. 그림 그리기와 독서, 산책 같은 취미는 혼자만의 시간을 즐길 수 있도록 도와줄 것이다.
- 멈춰 서서 좀 더 인내하는 법을 배워보라. 행동으로 바로 뛰어들거나, 최신 아이디어를 공유하기 위해 서두르는 태도를 중단해보라.
- 주의 깊은 청취자가 되어보라. 먼저 상대의 말에 귀를 기울이고, 말하기 전에 생각부터 하라. 토론이나 모임에서 첫 번째로 말하는 사람이 되지 않도록 신경을 써보라.

## 💡 어떻게 하면 좀 더 외향적으로 될 수 있을까?

당신이 내향형이라면 다음 기법들을 활용해보라. 집과 일터에서 외향적 성향을 나타내는 데 도움이 될 것이다.

- 혼자서 숨지 말고, 다른 사람들과 보내는 시간을 더 늘려보라. 사람들과 함께할 때는 말을 좀 더 하도록 자기 자신에게 압력을 가해보라. 사무실이나 공부방 문은 항상 열어두어라. 동료 나 이웃들을 초대해 인간관계 횟수를 늘려보라.
- 회의나 토론에서 첫 번째로 말하는 사람이 되어보라. 생각을 품고 숙고하는 대신 떠오르는 생각들을 즉시 발설하도록 노력해보라.
- 혼자만의 안전지대에서 벗어나라. 자기표현 훈련에 도움이 되는 사교 모임들을 찾아보라. 공개 석상에서 발언하는 것을 요구해오는 토론 클럽에 과감하게 가입을 할 수도 있을 것이다.

# 36 열린 마음을 유지하라

> 열린 마음을 유지하는 것은 매우 중요하다. 뇌는 우리를 보호하도록 프로그램 되어 있기 때문에, 우리가 할 수 있거나 해야 하는 일에 대해 끊임없이 한계를 부여한다. 그 한계를 끊임없이 밀어내야 한다. 뇌는 지나칠 정도로 신중해지기 쉽기 때문이다.
>
> → 크리시 웰링턴Chrissie Wellington · 철인3종 챔피언

당신은 진정으로 개방적인 사람인가, 아니면 이미 본 것만 보고 이미 들은 것만 듣는 사람인가? 인간은 습관의 동물인 만큼, 변화를 그다지 달가워하지 않는다.

하지만 자신의 견해나 결론에 고집스럽게 집착을 하면, 새로운 정보와 아이디어를 받아들이는 일이 불가능해진다. 신선한 관점과 시각을 무시하고 마음에 안 드는 아이디어를 카펫 밑으로 밀어 넣는 태도는 우리 자신의 잠재력을 완전히 실현하지 못하도록 우리를 방해할 뿐이다.

우리는 종종 자기 스스로 당면한 도전거리나 문제에 대한 해답을 분명히 안다고 생각한다. 다음에 무엇을 해야 하는지, 어디로 가야 하는지, 누구와 연락을 해야 하는지, 무슨 말을 해야 하는지, 지금 하는 일을 왜 하는지 확실히 안다고 착각을 한다. 가끔씩 우리는 스스로 듣고 싶은 해답을 이미 떠올려놓고, 자신에게 질문을 던짐으로써 우리 자신을 기만하기도 한다. 하지만 성공적인 사람들은 항상 열린 마음 상태를 유지한다. 서로 다른 의견과 생각, 결정들을 편견 없이 검토할 수 있어야만, 올바른 선택을 내리게 된다는 점을 잘 알기 때문이다.

그러니 열린 마음을 유지하는 훈련을 해보라. 새로운 아이디어와 정보, 의견을 듣고 받아들이는 과정을 즐기는 법을 배워보라. 항상 지녀왔지만 한 번도 의문을 품어보지 않은 관점에 의문을 제기해보라. 자동 조종 장치를 작동시키거나, 낡은 습관과 사고방식에 고집스럽게 집착을 하는 일이 있어서는 안 된다. 어떤 선택을 하든, 어떤 판단을 내리든, 항상 열린 마음을 유지하도록 애써보라.

> 자신의 견해나 결론에 고집스럽게 집착을 하면,
> 새로운 정보와 아이디어를 받아들이는 일이 불가능해진다.

**실천하기**

## 💡 고집을 내려놓아라

가까운 사람들에게 당신이 새로운 아이디어나 견해에 대해 개방적인 사람인지 한 번 물어보라. 당신은 다음과 같은 자질들을 갖추고 있는가?

- 다른 사람들의 생각에 귀를 기울인다.
- 대안이 되는 의견이나 견해를 잘 받아들인다.
- 자신의 생각을 그에 맞게 조율한다.
- 강하게 고수해온 의견을 놓아버릴 줄도 안다.

우리 모두는 어느 정도씩 고집을 지니고 있다. 그러니 마음이 좀 닫혀 있다는 소리를 듣는다고 해서 걱정할 필요는 없다. 이 훈련의 목적은 자기 자신에 대해 좀 더 의식적으로 되는 것이다. 자신이 언제 마음을 걸어 잠그는지, 언제 성공에 별 도움이 안 되는 생각들에 집착을 하는지 한번 관찰해보라.

다음번에 당신의 입장을 정당화하기 위해 다른 누군가와 논쟁을 벌이는 자신의 모습을 발견하게 되면, 논쟁을 중단하고 상대의 다른 관점을 이해하려고 노력해보라.

자신의 마음이 얼마나 닫혀 있는지 알고 싶다면, 당신이 평소에 '그러나'라는 단어를 얼마나 자주 사용하는지 세어보면 된다. 이 단어를 입에 담을 때마다 당신은 아마도 다른 대안이나 유용한 의견에 마음을 걸어 잠그고 있을 것이다. 지금 이 순간부터 스스로 '그러나'라고 말하는 것을 들으면, 즉시 말을 중단하고 상대의 말에 귀를 기울여보라.

## 💡 다른 사람의 의견을 환영하라

닫힌 마음은 사람들을 당신에게서 멀어지도록 만들 수 있다. 자신이 하는 말을 당신이 제대로 듣지 않는 사실이 명백해지면, 사람들은 당신과 의견 나누는 것을 중단하고 자신의 아이디어와 견해를 마음속에만 담아두기 시작할 것이다.

열린 마음을 유지하는 데 도움이 되는 강력한 도구는, 상대에게 다음과 같은 질문들을 던지는 것이다.

- "당신 생각은 어떻습니까?"
- "생각나는 다른 대안은 없나요?"
- "제 생각이 틀릴 수도 있을까요?"
- "제가 고집이 너무 세다고 생각하시나요?"

# 37 최고의 부모가 되어라

> 나는 가끔씩 부모로서의 내 역할이, 내가 원하는 대로 되길 바라는 그런 부모가 되는 건 아니라는 사실을 깨닫곤 한다. 내 역할은 아이가 필요로 하는 부모, 아이의 고유한 삶과 본성을 존중할 줄 아는 부모가 되는 것이다.
>
> → 에일렛 월드먼Ayelet Waldman · 작가

안타깝게도, 내 코칭을 받는 대부분의 사람들은 아이를 잘못 키웠다며 스스로를 자책하곤 한다. 그들은 자신의 아이들이 너무 부족하다고 느낀다. 행복감과 감정 발달, 운동 능력, 사교술, 명민함, 존경심, 지적 능력, 친근함, 야심 등과 같은 특성들을 제대로 갖추지 못했다는 것이다. 하지만 아이들은 개인적 성향과 경험, 이해의 고유한 복합체이다. 우리는 아이들이 프로그램 되거나 수리를 받는 기계가 아니라는 점을 잊어버린 것 같다.

양육은 아이를 갖는 것에서 오는 기쁨과 경이가 다른 모든 어려움을 압도하도록 만드는 과정이다. 그런데 나는 아이의 탄생이 그들의 삶에 미친 충격에서 헤어 나오지 못하는 부모들을 너무 자주 만난다. 분명, 둘만의 오붓한 세계에서 나와, 갑자기 가족이란 책임을 떠안고 경제력과 수면 부족에 시달리게 되는 과정은 하나의 충격일 것이다. 부모가 되는 데서 오는 변화에 불만족감을 느끼기란 너무나도 쉬운 일이다.

부모가 되어본 사람만이 자신의 부모님을 진정으로 이해할 수 있다는 말이 있다. 하지만 당신 부모님과의 관계가 어떠했든 간에, 당신은 배우자와 함께 새로운 규칙들을 확립하면서 자신만의 고유한 길을 창조해나가야 한다. 양육에 관한 책만 수백 권에 달하는 것을 보면, 따라야 할 단 하나의 황금률 같은 건 없다는 사실을 알 수 있을 것이다. 물론 아이를 최적의 방식으로 양육하는 것을 돕기 위한 지침과 사례들은 많이 있다. 하지만 결국에는 당신 스스로 자신만의 방식으로 아이를 길러낼 자신감과 인내심을 지녀야 한다. 아이가 자신의 삶을 성공적으로 창조해나갈 능력이 있는 어른으로 성장하도록 돕는 건 결국 당신 자신이다.

당신은 자신만의 방식으로 아이를 길러낼 자신감과 인내심을 지녀야 한다. 아이가 자신의 삶을 성공적으로 창조해나갈 능력이 있는 어른으로 성장하도록 돕는 건 결국 당신 자신이다.

**실천하기**

## 💡 먼저 모범을 보여라

아이들은 주변에 있는 모든 것을 보고, 기억하고, 배우고, 따라 한다. 부모로서 당신이 선택하는 생활 태도는 아이들에게 아주 커다란 영향을 미친다. 그러니 수년 후에 가서 아이들이 하는 행동을 보고 놀라서는 안 된다. 그 행동의 상당 부분은 당신을 따라 한 것에 불과하기 때문이다. 당신은 항상 말한 대로 행동하고, 먼저 모범을 보이려고 의식적으로 노력해야 한다. 다음과 같은 태도는 전혀 이치에 맞지 않는다.

• 이기적으로 행동하면서 아이들에게 베풂을 권유하는 것
• 배우자에게 항상 심술궂게 굴면서 아이들이 사랑할 줄 아는 사람으로 자라길 바라는 것

아이들에게 해줄 만한 좋은 말이 없다면, 차라리 말을 하지 마라. 아이들 앞에서 다른 사람을 나쁘게 말하지 않도록 주의해야 한다. 당신이 별거 중이거나 이혼을 한 상태라면, 아이들 앞에서 상대방을 비난해서는 절대 안 된다. 그 상대는 아이들에게 여전히 부모님이기 때문이다.

내가 건넬 수 있는 최상의 조언은, 아이들이 배우고 모방하는 것을 자랑스럽게 여겨도 좋은 그런 '당신 자신'이 되라는 것이다.

## 💡아이들 스스로 발견하도록 내버려두라

아이들 스스로 그들 자신의 열정과 야심, 꿈, 신념을 발견하도록 내버려두라. 아이들에게 동화를 읽어준 뒤, 마음껏 상상하고 꿈꾸고 창조할 수 있도록 용기를 북돋아주어라. 당신 아이의 호기심과 가능성이 싹트도록 허용하고, 그의 고유한 개성이 모습을 드러내도록 내버려두어라.

특정한 활동과 취미를 권유할 때는 특히 조심해야 한다. 그들에게 보여주고 권장하되, 강요하지는 마라. 당신이 어릴 적에 했거나 하기를 원했던 활동이라는 이유만으로 아이에게 그 활동을 억지로 강요해서는 안 된다. 삶이 자기 자신만의 길과 해답을 찾아나가는 과정이란 점을 기억하라.

접시 위에 놓인 물고기를 건네기보다 물고기 잡는 법을 가르쳐주면서, 아이들 스스로 문제를 해결하고 자신만의 해답을 찾을 수 있도록 격려해주어라. 아이들만의 선택을 이해하고 받아들일 수 있도록 마음을 가다듬는 것도 중요하다.

# 38 오염에서 벗어나라

오염된 환경은 건강에 해롭고, 스트레스를 촉발시키며, 사람을 불쾌하게 만든다. 인공적인 것이든 자연스런 것이든, 오염은 멀리하는 것이 좋다.

한때 나는 뉴욕으로 이사를 갈 생각을 한 적이 있다. 아내와 나는 뉴욕에 있는 학교를 방문하고 집들을 구경하면서 그곳에서 며칠을 보냈다. 하지만 대기 상태가 너무 나빠 눈이 따끔거렸고, 입에서는 먼지 같은 맛이 났다. 당연하게도, 우리는 이사 계획을 포기했다.

사람을 불편하게 만드는 오염은 세계 모든 곳에서 찾아볼 수 있다. 최근 내 친구들은 도싯Dorset에 있는 작은 마을에서 런던으로 이사를 갔다. 그들은 도시 전역을 뒤덮은 끊임없는 소음과 더러운 공기 때문에 큰 충격을 받았다.

하지만 물론 오염은 공기의 질하고만 연관된 것이 아니다. 환경오염은 여러 형태를 취할 수 있으며, 심각해질 때까지 인식조차 안 되는 경우도 많다. 다음과 같은 경험들을 떠올려보기 바란다.

- 자연광이나 신선한 공기가 들어오지 않는 사무실에서 일해본 경험
- 시끄러운 도로나 기찻길 옆에서 살아본 경험
- 어두운 커튼을 쳐야만 잠을 잘 수 있을 정도로 빛이 많이 들어오는 도심 한복판에서 살아본 경험
- 냄새 나는 하수도나 쓰레기 더미 근처에서 정원을 가꾸어야 했던 경험
- 아름답긴 하지만 환경적으로 꽃가루 알레르기를 일으키는 마을에서 살아본 경험
- 듣기 싫은 음악소리가 울려 퍼지는 시끄러운 사무실에서 하루 종일 있어본 경험

주변 환경이 어떤 식으로 오염되어 있는지 파악하고, 그 환경이 당신의 건강과 스트레스 수준에 어떤 영향을 미치고 있는지 알아차려라. 그리고 필요하다면 그곳을 떠나라.

> 주변 환경이 어떤 식으로 오염되어 있는지 파악하고, 그 환경이 당신의 건강과 스트레스 수준에 어떤 영향을 미치고 있는지 알아차려라.

**실천하기**

### 💡 당신을 불편하게 만드는 요인이 무엇인지 분명히 파악하라

사람들은 어느 정도 불평하는 것을 즐기는 경향이 있다. "내 탓 아냐, 쟤 탓이야." 와 같은 형태의 정신 상태 속으로 빠져드는 건 어려운 일이 아니다. 당신에게 필요한 건 당신 자신에게, "내가 불편함이나 불쾌함을 느끼는 대상은 정확히 무엇인가?"라고 자문해보는 것이다.

- 당신이 스트레스를 느끼는 건 소음 공해가 심한 환경 때문인가, 아니면 새로운 도시로 이사를 간 지 얼마 안 되었기 때문인가?
- 혼탁하고 질 나쁜 공기가 당신을 불쾌하게 만드는 건 집값을 떨어뜨려서인가, 아니면 당신의 건강을 해치기 때문인가?
- 당신이 불쾌감을 느끼는 건 나쁜 공기 때문인가, 아니면 나쁜 공기에 대해 끊임없이 불평을 늘어놓는 당신의 배우자 때문인가?

## 💡 가능한 조치를 취하라

오염을 피하는 것은 가능하다. 집을 옮기거나 직업을 바꿀 수도 있고, 필요하다면 다른 나라로 이민을 갈 수도 있다. 바꿀 수 있는 것은 바꾸고 바꿀 수 없는 것은 받아들여라. 당신이 런던이나 뉴욕, 베이징, 자카르타 같은 도시에서 살기로 결심을 했다면, 대기의 질을 개선하기 위해 당신이 할 수 있는 일이 아무것도 없다는 사실을 받아들여야 할 것이다. 어쩌면 야외 활동을 줄이고 마스크를 사용하기 시작해야 할지도 모른다. 대신, 사무실에 공기 청정기를 들여놓고 집에서는 정수기를 사용하라. 자동으로 분사되는 방향제를 설치하고, 침실에는 이중 유리창을 설치하라. 개선의 여지는 어디에나 있는 법이다.

오염으로 인한 피해를 목록으로 만든 뒤, 각 항목 옆에 오염의 효과를 줄이기 위해 취할 수 있는 크거나 작은 조치들을 나열해보라.

# 39 안전지대에서 벗어나라

> 나는 안전지대 밖으로 나 자신을 끌어내기 위해 끊임없이 노력한다. 당신이 불편함을 느낀다면, 그것은 당신이 성장하고 있다는 증거다.
>
> → 애쉬튼 커쳐Ashton Kutcher · 기업가

만일 당신이 성공과 풍요가 모두 갖추어진 완벽한 삶을 살고 있다면, 안전지대 안에 계속 머물러라. 당신을 그 밖으로 끌어내고자 하는 유혹에 말려들지 마라. 하지만 그렇지 않다면, 지금 당장 안전지대에서 벗어날 준비를 해라. 성공은 당신에게 다가오는 것이 아니라, 당신 스스로 찾아나서야 하는 것이기 때문이다.

우리 모두는 안전지대 안에서 살아간다. 자신이 어디에서 무엇을 하는지 분명히 아는 만큼, 안심이 되기 때문이다. 게다가 실패할 걱정도 없으니 이보다 더 편할 수가 없다. 당신의 안전지대는 어떤 모습인가?

- 어려운 승진 시험에 도전하는 대신 기존 직급에 만족하는 상태?
- 겉보기에는 별문제가 없지만 내심 끝내고 싶어 하는 관계를 유지하는 상황?
- 새로운 사업을 시작하길 주저하는 상태?
- 대학으로 돌아가거나 댄스 강좌를 듣는 것을 미루고 있는 상태?

우리는 왜 안전지대 안에 갇히는 것일까? 우리는 왜 진심으로 원하는 일에 뛰어들길 주저하는 것일까? 그것은, 한마디로, 실패에 대한 두려움 때문이다. 우리는 일이 계획대로 풀리지 않거나, 거절을 당하거나, 당혹감에 압도당하는 상황들을 매우 두려워한다.

그렇다면 안전지대를 떠나는 사람들은 대체 왜 그런 행동을 하는 것일까? 가장 일반적인 이유는 변화를 거부하는 데서 오는 고통이 참기 힘들 정도로 강력해졌기 때문이다. 변화를 거부한 대가가 현상을 유지하는 데서 얻는 이득을 능가해버린 것이다.

때로는 우리가 놓치고 있는 것, 즉 소위 말하는 '기회비용opportunity cost'이 변화를 시도하도록 동기를 부여하기도 한다. 무언가를 간절히 원할 때, 우리는 그것을 얻기 위해 미지의 세계 속에 기꺼이 발을 들여놓는다.

> 성공은 당신에게 다가오는 것이 아니라,
> 당신 스스로 찾아나서야 하는 것이다.

**실천하기**

### 💡 자신의 불안과 걱정을 이해하라

당신 자신의 불안과 근심, 걱정을 이해하면 안전지대에서 벗어나기가 한결 수월해질 것이다. 지금 당신 자신에게 자문해보라. 두려움은 당신의 삶에 어떤 식으로 해를 끼치고 있는가? 변화의 상황에서 당신을 가장 괴롭히는 것은 무엇인가?

- 돈과 명예 등을 잃는 것에 대한 불안?
- 다른 사람들이 어떻게 생각할지에 대한 걱정?
- 실패와 체면이 손상되는 것에 대한 두려움?
- 예측 불가능한 것들에 대해 느끼는 불편함?
- 유익한 것이든 해로운 것이든, 익숙한 것을 잃는 것에 대한 두려움?

## 변화의 고통은 감내할 만한 가치가 있다

안전지대를 떠나야 할 필요성이 있고 '변화가 절실해', '이 기회를 붙잡아야 해'와 같은 생각이 들기 시작하면, 당신 자신에게 아래와 같은 두 부류의 질문을 던진 뒤, 이점과 단점을 서로 비교해보라.

- "변화를 통해 내가 얻게 되는 것은 무엇인가?"
- "현 상태를 유지함으로써 내가 잃게 되는 것은 무엇인가?"

변화의 이점은 일반적으로 명백하며 설명하기도 쉽다. 일과 삶의 균형이나 출퇴근의 용이성, 관계 향상 등이 여기 해당된다.

- "변화를 시도할 경우 내가 감내해야 할 고통이나 손실은 무엇인가?"
- "현재 상태를 바꾸는 과정에서 치러야 할 대가는 무엇인가?"

이 질문들은 던지기가 좀 더 힘들고, 두려움과 걱정 대상들의 목록으로 귀결되는 경우가 많다. 이 안전지대란 주제를 놓고 사람들을 코칭할 때마다, 나는 다음과 같은 질문들이 도움이 된다는 사실을 깨닫게 된다. "일어날 수 있는 최악의 상황은 무엇인가?", "그런 최악의 상황에 대한 두려움 때문에 진심으로 원하는 변화를 시도하는 일을 방해받아서야 되겠는가?"

# 40 가장 가까운 사람들에게 감사하라

사람들에게 '감사하다'고 말하는 습관을 들여라. 진지하게, 대가에 대한 기대 없이 감사를 표하는 습관을 들여 보라. 주변 사람들에게 진정으로 감사하는 마음을 품으면, 머지않아 수많은 사람들에게 둘러싸이게 될 것이다.

→ 랄프 마스턴Ralph Marston · 미식 축구선수

당신은 오늘 누군가에게 감사하는 마음을 표현했는가? 당신이 상대를 얼마나 고맙게 생각하는지 보여줄 기회는 무수히 많다. 그 기회를 포착하라. 사람들의 작은 행동들에 주의를 기울여보라. 탁자 위에 음식을 마련해주고, 위기에 처한 당신을 돕기 위해 시간을 포기하고, 휴식이 필요할 때 당신의 일을 대신해주는 사람들의 친절함을.

이런 행위를 당연시하기는 쉬운 일이고, 그 행동이 평범하고 반복적인 것이 될 때는 더더욱 그렇다. 안타깝게도, 함께 일하고 살아가는 주변 사람들을 당연시하고 무시하는 일이 너무 흔하게 벌어지고 있다. 하지만 그들의 말과 행위를 무시하다 보면, 그들의 느낌까지 무시하게 될지 모른다.

이 덫에 빠지지 않도록 주의해라. 당신은 "그렇지만 내 부모님은 내게 감사와 칭찬, 사랑을 표현한 적이 없어."라고 말하며 자신의 과거를 탓하고 싶어 할지도 모른다. 하지만 자신의 마음을 전하는 다양한 방법은 누구나 다 배울 수 있다. 때로는 몇 마디 말만으로도 충분할 수 있지만, 카드나 선물을 준비해 상대를 놀라게 한다면 더없이 사랑스러울 것이다.

> 당신은 오늘 누군가에게 감사하는 마음을 표현했는가?

## 💡 기억하는 것이 핵심이다

당신의 과제는 감사와 고마움을 표현하는 것을 잊지 않는 것이다. 사람들은 잊히거나 평가절하 되는 것을 싫어한다. 매일 스스로에게 "오늘 누구에게 고마움을 표해야 하지?"라고 물어보라. 기억을 도울 수 있도록 노트를 활용하는 것도 좋은 방법이다.

생일이나 결혼기념일을 제대로 준비하지 못했다 하더라도, 그날을 완전히 잊는 것보다는 기억하는 편이 훨씬 낫다. 그러니 아무것도 안 하는 것보다는 무엇이든 하는 쪽을 택하라.

누군가에게 감사를 전하고 싶다는 마음만 확고하다면, 감사를 나타내는 방법과 관련된 문제는 별 어려움 없이 해결되는 것이 보통이다.

## 💡 감사하다는 말만으로는 충분치 않다

감사하다고 말하는 것은 물론 중요하지만, 항상 충분한 것은 아니다. 감사하다는 말을 감정도 싣지 않고 반복하면, 그 말은 힘을 잃게 된다. 따라서 때로는 감사하다는 단순한 표현을 다음과 같은 식으로 확장할 줄도 알아야 한다. "제 부서 변경을 돕기 위해 상사와 상의하는 수고까지 해주신 점 다시 한 번 감사드립니다. 그런 이야기를 상사 앞에서 하면 편애하는 걸로 비칠까봐 걱정을 하셨다는 점 잘 압니다. 그런데도 기꺼이 물어봐주셔서 정말로 감사드립니다."

진심이 담긴 감사를 전혀 예상치 못했던 순간에 상대가 기울인 노력에 대한 인정과 함께 표현해낸다면, 상대에게 더없이 큰 감동을 전해줄 수 있을 것이다.

# 지혜를 추구하라

지혜를 습득하는 방법에는 세 가지가 있다. 첫째는 사색에 의한 것으로 가장 고귀한 방법이다. 둘째는 모방에 의한 것으로 가장 쉬운 방법이다. 셋째는 경험에 의한 것으로 가장 쓰라린 방법이다.

→ 공자Confucius

내면의 스승을 발견하는 일은 나이가 드는 것과도, 동굴 속에 앉아 있는 것과도 무관하다. 당신이 관찰력이 좋고 사색적인 사람이라면, 이미 절반쯤은 목적을 달성한 것이다.

당신은 아마도 자신이 주변 세상에 대한 경험과 지식을 얼마나 많이 보유하고 있는지 제대로 인식하지 못할 것이다. 그런 경험들을 당연시하기란 쉬운 일이다. 하지만 그 경험들은, 당신이 제대로 활용하기만 한다면, 당신에게 수많은 혜택을 가져다줄 수 있다. 예컨대 그것은 당신의 욕구와 열망, 장점 등을 깨닫게 해주고, 당신이 무엇을 어떻게 할 수 있는지 알게 해주며, 당신이 두려워하는 것이 무엇인지도 파악하게 해준다. 자신의 경험을 발굴해 활용하는 기술은 성공적인 삶을 위해 필수적이다.

지혜는 도처에 널려 있다. 그러니 당신 자신의 경험을 활용하는 데서만 그치지 말고, 다른 사람들로부터 지혜를 구하는 일에도 힘써야 한다. 당신은 '이미 겪어봐서 아는been there and done that' 수많은 연장자들에게 둘러싸여 있을 것이다. 하지만 그렇다고 해서 자식이나 조카, 손자 등과 같은 지혜의 원천을 무시해서는 안 된다. 전혀 뜻밖의 일이긴 하지만, 그들의 생각과 통찰 역시 정신을 크게 일깨워줄 수 있기 때문이다.

지혜의 가장 주된 효용 가운데 하나는, 자기 인식을 심화시키고 자기 자신을 계발하도록 함으로써 인간적인 성장을 촉진시켜준다는 것이다. 진정한 지혜의 표식은 자기 삶의 책임을 스스로 짊어지면서 남의 탓을 하고자 하는 유혹에 저항하는 태도 속에서 찾아볼 수 있다.

당신은 당신의 삶에 대해 책임이 있다. 이 사실을 받아들이는 것이 바로 진정한 지혜의 표식이며, 이 수용 과정에는 스스로에게 자신의 어떤 측면을 바꾸어야 할 것인지 그 질문들을 던지는 것도 포함된다.

신비주의 시인 루미Rumi는 이렇게 말한 바 있다. "영리했던 과거의 당신은 세상을 바꾸고 싶어 했다. 하지만 현명해진 오늘날의 당신은 자기 자신을 바꾸고 싶어 한다."

> 진정한 지혜의 표식은 자기 삶의 책임을 스스로 짊어지는 태도 속에서 찾아볼 수 있다.

**실천하기**

## 💡지혜를 계발할 수 있도록 경험을 추구하라

당신이 똑같은 한 가지 일에만 모든 관심과 시간을 투자한다면, 당신은 결국 전문가가 되긴 하겠지만, 당신의 전문성은 그 하나의 일로만 국한될 것이다. 일단 그일에 완전히 통달하고 나면, 당신은 더 이상 새로운 통찰이나 교훈을 얻지 못하게될 것이다. 그러므로 지금까지 해오던 일에서 벗어나 새로운 경험과 통찰을 추구해야 할 순간이 언제인지 파악할 수 있어야 한다.

다음과 같은 방법들을 활용하면 새로운 것을 배우는 습관을 들이는 데 도움이 될 것이다.

- 헬스장에서 운동을 할 때 다른 기구를 사용하거나 운동 주기를 바꿔본다.
- 직장에서 일을 할 때 새로운 과제나 업무를 떠맡아본다. 이렇게 하면 사업을 바라보는 시각이나 일에 대한 접근법 등이 쇄신될 수 있다.
- 주말이나 휴일을 보내는 기존의 방법을 바꿔본다. 예컨대, 자동차 여행에 뛰어들 수도 있을 것이고, 새로운 취미를 가질 수도 있을 것이다.
- 차를 마시는 것 같은 사소한 행위에서조차 기존의 틀을 깸으로써, 다른 시도를 하는 습관을 들인다.

● 다른 사람들에게 배움을 얻는 데 더 많은 시간을 투자한다. 상대는 은퇴한 이웃이나 나이 든 조부모님, 당신의 자식들, 전 회사의 상사 등이 될 수 있을 것이다. 지혜는 당신의 꿈과 문제, 걱정거리 등에 대해 다양한 사람들과 토론을 벌이는 과정에서 자라난다.

## 💡 문제 해결 능력을 길러라

매일같이 당면하는 문제들에 대해 당신 자신만의 해답을 떠올리는 습관을 들여라. 다음번에 문제가 생기면 남들 하는 대로 따라 하거나, "이를 어쩌지?"라고 말하며 당황하지도 말라. 대신, 문제와 그 문제에 대한 당신의 해결책을 다른 사람들과 공유하면서, 그들에게 당신의 의견과 이해, 결론에 이의를 제기해달라고 요청하라. 그들이 하는 말을 귀 기울여 들으면서 주의 깊게 숙고하다보면, 당신의 지혜가 심화되는 것을 느낄 수 있을 것이다.

# 42 최고를 모델로 삼아라

목적을 달성하려면 당신은 승자의 특성을 몸에 익혀야 한다. 자신감 있는 사람들은 특정한 방식으로 그들 자신을 나타내 보인다. 자신감 있고 성공적인 사람들을 주의 깊게 관찰한 뒤, 당신의 삶 속에서 그들을 모방해보라.

→ 아닐 신하Dr. Anil Kr Sinha · 인도 경찰

당신에게 남을 흉내 내는 재능이 있다면, 그 재능을 성공의 문을 여는 열쇠로 삼을 수도 있을 것이다. 성공적인 사람들을 관찰하고 배우는 과정을 거치다 보면 학습에 가속도가 붙어 좀 더 수월하게 목적을 달성할 수 있게 된다.

신경언어프로그래밍(NLP)은 "특정 과업을 이미 성공적으로 수행하는 사람의 행동과 사고 패턴을 모방함으로써, 빠르게 목표를 달성할 수 있다."는 생각에 기반을 둔다. 이 기법에서 말하는 '모델링modelling'이란 다른 사람이 이미 잘하는 행동(직장에서든, 학교에서든, 스포츠 영역에서든)을 복제하거나 재현해낸다는 뜻이다. 당신의 목표가 무엇이든 간에, 모범으로 삼을 만한 누군가는 분명히 있을 것이다. 이 기법의 가장 큰 장점은 사용 범위가 거의 무제한적이라는 점이다. 그것은 체중 감량과 승진 준비, 연설 훈련, 시험 준비, 관계 유지 등과 같은 다양한 목적에 활용될 수 있다.

신경언어프로그래밍은 상대를 관찰하고 이해한 뒤 그 사람의 행동과 활동, 생각, 의사소통 방식 등을 모방하는 식으로 진행된다.

이 기법은 우리의 생각과 행동에 의식적인 측면과 무의식적인 측면이 있다는 이해를 토대로 한다. 성공의 비밀은 특정 과제나 과업의 모든 측면에 의식적, 무의식적으로 능숙해짐과 동시에, 성공이 당신이 선택한 행동뿐만 아니라 당신 자신 및 다른 사람들과의 언어적, 비언어적 의사소통에도 의존한다는 점을 이해하는 것이다. 내면에서 자기 자신에게 "그들만큼 성공하는 것은 불가능하다."라고 말하고 있다면, 훌륭한 뱃사공이나 목수, 회계사, 교사 등을 모방하는 것만으로는 충분치 않을 것이다.

모델링은 나름의 한계가 있는 기법이다. 그것은 당신 자신의 성공을 위한 주춧돌에 불과하다. 하지만 모델링이 당신의 무기고에 저장해둘 가치가 충분한 강력한 기법인 것만은 분명하다.

어쨌든 당신은 당신 자신의 개성과 경험, 꿈이 빛을 발하도록 함으로써, 당신이 모방해온 그 사람들을 능가할 필요가 있다.

> 성공적인 사람들을 관찰하고 배우는 과정을 거치다보면 학습에 가속도가 붙어 좀 더 수월하게 목적을 달성할 수 있게 된다.

**실천하기**

## 💡 성공한 사람들을 관찰하라

본보기로 삼고 싶은 사람이 누구인지 결정하고, 모방하고자 하는 그의 특성이 무엇인지 분명히 하라.

당신 자신을 그들의 입장에 위치시킨 뒤, 스스로에게, 그들이 실제로 하는 행동이 무엇이고, 그들이 목적을 달성하는 방법은 무엇이며, 그들에게 동기를 부여하는 것은 무엇인지 자문해보라.

성공이 의미하는 바가 무엇이고 평범함과는 어떻게 다른지, 당신 자신의 생각을 명확히 하라.

본보기로 삼은 사람과 함께 시간을 보내면서 그들이 무엇을 어떻게 하는지 관찰하다보면, '무엇'과 '어떻게'에 대한 해답을 얻을 수 있을 것이다. 모델링 대상으로 삼은 상대와 직접 만나는 것이 항상 가능한 건 아니고, 심지어는 반드시 필요한 것도 아니긴 하지만, 기회가 된다면 그들에게 다음과 같은 질문을 한번 던져보라.

- "일을 시작하기 전에 계획을 어떤 식으로 세우는가?"
- "일을 할 때 지키는 원칙 같은 것이 있는가?"
- "성공하기 전에 어떤 난관들을 겪었는가?"
- "당신처럼 되려면 나는 무엇을 기억하고 실천해야 할까?"
- "당신이 하는 남다른 행동에는 어떤 것들이 있는가?"

여기서 어려운 건 상대의 내적인 마음가짐과 동기, 태도, 의사소통 방식 등을 이해하는 것이다. 상대와 마주보고 대화를 하는 동안 이런 측면들을 이해하게 될 수도 있지만, 관찰한 사실을 토대로 추론을 해야 할 때도 있을 것이다. 예컨대, 당신은 그 상대가 쉽게 동요하지 않고, 끈질기며, 일을 시작하기 전에 철저히 숙고부터 하고, 항상 다른 사람에게 피드백을 구한다는 사실을 발견하게 될지 모른다.

이런 관찰 결과로부터 당신은 상대의 마음가짐을 서서히 감지해나가게 될 것이고, 일단 상대의 마음가짐을 파악하고 나면, 그들의 성공을 본받기 위해 반드시 모방해야 할 행동이 무엇인지 훨씬 쉽게 식별해낼 수 있을 것이다.

### 💡 관찰한 것을 모방하라

일단 다른 사람이 성공을 어떻게 달성해내는지 이해했다면, 이제 할 일은 그들의 행동과 태도를 모방하는 것이다. 이 과업을 수행하는 방법은 당신이 성취하고자 하는 것이 무엇인지에 따라 크게 달라진다.

눈에 보이는 상대의 행동을 모방하는 일은 별로 어렵지 않으며, 힘든 경우라 하더라도 시간을 들이고 시행착오를 거치면 결국 달성해낼 수 있다. 훨씬 어려운 건, 상대의 이상적인 마음가짐과 사고방식을 받아들이는 일, 즉 당신의 발전을 저해하는 불필요한 생각과 부정적 태도들을 제거하는 일이다.

# 43 실패를 두려워하지 마라

실패하지 않고 살아가는 것은 불가능하다. 차라리 살지 않는 게 나을 정도로 조심스럽게 살아간다면 가능할지도 모르지만, 그런 삶은 이미 실패한 삶이나 다름없다.

→ 조앤 롤링 J. K. Rowling · 작가

마지막으로 실패를 해본 때가 언제인가? 아니, 좀 더 효과적으로 말하자면, 실패에 대한 두려움 때문에 새로운 시도를 포기한 마지막 순간이 언제인가? 실패에 대한 염려는 아마도 우리의 꿈을 가로막는 원인들의 목록에서 1순위를 차지할 것이다. 나는 자신의 삶을 변화시키는 것을 두려워하는 사람들을 코칭하는 데 진력났다. 나는 종종 그들에게 직업을 바꾸거나 해로운 관계를 멀리하는 과정에서 벌어질 수 있는 최악의 상황을 떠올려보라고 요청한다. 하지만 그들의 대답은 그들의 머뭇거리는 태도를 조금도 정당화해주지 못한다.

머릿속에서 너무 많은 삶을 허비하지 않도록 조심해야 한다. 실패에 대한 우리의 두려움이 현실적 가능성을 훨씬 초과할 때가 너무나도 많기 때문이다.

체면이 손상될지도 모른다는 두려움은 가장 야심에 찬 사람조차 마비시킬 수 있다. 우리는 다른 사람들의 시선에 너무 신경을 쓰느라 자신의 꿈을 좇는 것마저 포기하고 만다.

여기 놀랄 만한 사실이 하나 있다. 사람들은 당신이 생각하는 것만큼 당신에게 많은 관심을 기울이지 않는다는 것이다. 그러니 당신 자신의 선택을 신뢰하는 법을 배우고, 실제적이거나 상상적인 타인의 의견이 당신의 시도를 가로막도록 내버려두지 말라.

앞으로 나아가야 할 때가 언제인지 파악해내라. 당신의 삶에서 그 목적이 얼마나 중요한 위치를 차지하는지 숙고해보라. 그 일을 성취하는 데서 오는 혜택이 실패하는 데서 오는 손실을 훨씬 능가한다는 사실을 알아차려라. "시도했다가 실패를 하는 것이 시도조차 하지 않는 것보다 훨씬 낫다."는 말을 한 유명인사가 한둘이 아니다. 시도하지 않고서는 결코 성공도 할 수 없는 것이다. 삶을 되돌아볼 나이가 되었을 때, 당신은 한 일보다 하지 않은 일에 더 후회하게 될 것이다.

> 머릿속에서 너무 많은 삶을 허비하지 않도록 조심하라.

**실천하기**

### 💡 위험을 감수하는 훈련을 하라

무언가를 하지 않을 이유는 어디에나 있는 법이다. 위험은 도처에 널려 있고, 당신이 시도하는 모든 일은 실패로 끝날 가능성을 안고 있다. 아마도 당신은 당신 자신에게는 쉬워 보이는 일들을 누군가는 회피한다는 사실을 알고 있을 것이다. 사고가 두려워 비행기를 못 타거나 조롱받는 것이 두려워 연설하길 꺼려하는 그런 사람들 말이다. 우리 모두는 자신만의 위험 한계선risk threshold을 지니고 있다.

새로운 것을 성취하고 삶을 변화시키려면, 당신은 위험의 허용 한도를 늘려가면서 의도적으로 위험을 감수할 필요가 있다. 예전 같았더라면 피했을 위험이나 미개척 영역으로 나아감에 따라 새로이 모습을 드러내는 위험과 정면으로 마주해야 하는 것이다. 이제 내면의 경계선을 밖으로 좀 더 밀어붙일 시간이다.

### 💡 롤 모델을 찾아라

장애와 두려움을 극복하고 성공을 이뤄낸 사람들의 목록을 만들어보라. 이 사람들이 당신이 따라야 할 '용기 있는 멘토'들이다. 그들은 현재 당신 앞에 놓인 선택지를 확인하고 각각의 장단점을 검토하도록 도와줄 것이고, 필요한 위험을 감수할 자신감도 선사해줄 것이다. 어쩌면 당신은 실패를 한 뒤 다른 방식으로 다시 시도해야 될지도 모른다. 하지만 그것이 바로 성공에 이르기 위해 당신이 지불해야 할 대가이다.

# 당신 자신을 수용하라

당신 자신을 사랑하고, 수용하고, 용서하라. 그리고 당신 자신에게 친절함을 베풀어라. 당신이 없다면 우리는 수많은 탁월한 것들의 원천을 잃어버리게 될 것이기 때문이다.

→ 레오 버스카글리아Leo F. Buscaglia · 교수, 작가

만일 당신이 "난 내가 싫어!"라고 말해본 적이 있다면, 혼자 만 그런 것이 아니다. 당신 말고도 동일한 대답을 한 사람은 많을 것이다. 우리 모두는 했어야 할 일이나 하지 말았어야 할 일에 대해, 또는 했어야 할 말이나 하지 말았어야 할 말에 대해, 자기 자신을 비난하거나 안쓰럽게 여기는 데 삶의 일부를 허비하는 것 같다.

현대적인 생활은 사정을 더 어렵게 만든다. 꿈을 이룬 것처럼 보이는 다른 사람들과 자기 자신을 비교하기가 훨씬 더 쉬워졌기 때문이다.

- 미용이나 건강과 관련된 광고나 '이상적인 사람들'을 다룬 잡지의 사진과 기사들로 인해, 우리는 자신의 몸무게나 신체에 대해 열등감을 느끼게 되었다.
- 쏟아져 나오는 온갖 종류의 조언과 충고들로 인해, 인간관계 문제를 지나치게 과장해서 인식하게 되었다.
- 소셜 미디어는 다른 사람들의 삶을 우리의 삶보다 훨씬 나아 보이도록 만듦으로써, 우리의 불안이나 불만족감을 증폭시켜놓았다.

'무지는 축복'이라는 말에는 엄청난 진실이 내포되어 있다. 지난주에 나는, 온라인을 통해 급여를 비교하다가 자신의 급여가 형편없다는 사실을 깨닫게 된 어떤 사람을 코칭한 적이 있다. 그는 낮은 급여를 받으며 5년을 낭비한 자신에게 엄청나게 화가 나 있었다. 나는 그에게, 그 스스로 자신의 일을 즐겼고, 경제적으로 힘들었던 적도 없으며, 원한다면 이제라도 급여가 높은 직장으로 옮길 수 있다는 사실을 상기시켜주어야 했다.

당신도 자신을 다른 사람과 비교하는 일을 멈추어보라. 그러면 아무런 문제도 없다는 사실을 곧 깨닫게 될 것이다.

안타깝게도, 당신 자신을 대하는 당신의 태도는 당신 주변 사람들에게도 영향을 미친다. 우리는 우리 자신의 부정적 느낌을 다른 사람들에게 투사하거나 전가하는 경향이 있다. 이 투사된 느낌은 질투와 냉소, 비판, 분노, 등과 같은 형태로 모습을 드러낸다. 성공적인 사람들에게서는 이런 태도를 결코 찾아볼 수 없다.

> 당신도 자신을 다른 사람과 비교하는 일을 멈추어보라.
> 그러면 아무런 문제도 없다는 사실을 곧 깨닫게 될 것이다.

**실천하기**

## 💡 당신의 독특함을 받아들여라

당신은 유일한 존재이므로 다른 누군가를 똑같이 따라 하려고 해서는 안 된다. 기존의 틀에 맞지 않는다고 해서 걱정할 필요는 없다. 다른 사람들과 마찬가지로, 당신은 강점과 약점을 모두 지니고 있다. 그러니 당신의 '잘못된 점'에 대해 자책하는 것을 중단하라.

대신 당신이 지닌 조건과 특성에 감사하기 시작하라.

오늘 당장 비교 모드에서 빠져나와라. 자신을 다른 사람과 비교하는 동안에는 결코 자기 자신에 대해 만족감을 느끼지 못할 것이다. 더 부유하고, 더 행복하고, 더 건강하고, 더 아름답고, 더 인간관계가 좋아 보이는 누군가는 항상 있기 마련이기 때문이다.

## 긍정성을 투영하라

당신은 가끔씩 힘든 하루를 경험한다. 우리 모두가 그렇다. 우리는 냉장고 문을 열어놓기도 하고, 차에 연료 넣는 것을 잊어버리기도 하며, 슈퍼마켓에서 미끄러지기도 하고, 택시 안에 가방을 놓고 내리기도 한다.

당신이 자기 자신을 아무리 안 좋게 느낀다 하더라도, 그 느낌을 다른 사람들에게 투영하지 말라. 물론 그들에게 당신의 느낌과 걱정거리를 털어놓고 화와 좌절감 등을 표현하는 것은 좋지만, 주변 사람들에게 해를 끼쳐서는 안 된다. 그러니 신랄하고, 차갑고, 경멸하는 듯한 태도는 버리는 것이 좋다.

당신이 긍정성을 투영할 때, 당신 자신의 부정적 느낌들은 누그러지게 될 것이다. 긍정성의 투영은 부정적 느낌을 자라게 하는 연료를 끊어놓는다. 그 부정적 느낌이 가라앉도록 내버려두라. 그러면 당신은 일어난 일들에 별다른 영향을 받지 않는 자신을 발견하게 될 것이다. 이것이 진정한 자기 수용과 자기 사랑의 의미이다.

# 45 자신의 생각을 관찰하고 관리하라

> 한 발짝 내딛는 걸음이 길이 되지 못하듯, 하나의 생각만으로는 마음속에 길을 만들지 못한다. 잘 닦인 길을 만들기 위해 같은 길을 걷고 또 걷듯이, 잘 닦인 마음의 길을 만들기 위해서도 우리는 자신의 삶을 지배하길 바라는 생각들을 생각하고 또 생각해야 한다.
>
> → 헨리 데이비드 소로Henry David Thoreau · 시인, 철학자

자신을 성공적이라고 생각하든 그렇지 못하다고 생각하든, 당신이 결국(은 다) 옳다. 당신의 생각은 당신의 삶에 심오한 영향을 미치기 때문이다. 앞서 다룬 한 장에서는 생각을 가라앉힐 수 있도록 알아차림을 훈련하라고 제안한 바 있다. 생각은 어디선가 불쑥 나타나서 우리의 정신을 사로잡은 채 놓아주지 않으려 하는 경향이 있다.

불안하거나 근심 어린 생각들이 특히 그렇다. 간단한 예를 들어보기로 하자. 당신은 직장을 옮기면서, 동료들이 당신을 어떻게 생각할지, 당신을 좋아해주기는 할지 걱정하기 시작한다. 당신은 그들에게 무슨 말을 할지 곰곰이 생각하고 첫 만남에 무슨 옷을 입고 나갈지 고민한다. 당신은 온갖 예측을 늘어놓으며 이미 긴장을 자초한 상태이기 때문에, 마침내 동료들을 만났을 때 너무 불안해서 평상시 자신의 모습을 보여주지 못한다. 그 결과 당신의 새로운 동료들은 당신을 약간 차갑고 말 없는 사람으로 간주하게 된다. 당신의 생각이 애초에 당신이 두려워했던 바로 그 결과를 초래하도록 일정한 영향력을 행사한 것이다.

당신의 생각들은 정말로 당신의 현실을 바꿔놓을 수 있다. 그 생각들은 당신을 다양한 방향으로 나아가게 하는 원동력 같은 역할을 할 수 있다. 당신의 마음은 너무나도 강력해서, 당신을 다양한 상태와 조건 속으로 밀어 넣기도 한다. 만일 당신이 행복하거나, 슬프거나, 자신감이 있다고 생각하면 실제로도 그런 기분을 느끼기 시작할 것이고, 특정한 사람을 좋아한다고 생각하면 정말로 그 사람을 좋아하게 될지도 모른다.

> 자신을 성공적이라고 생각하든 그렇지 못하다고 생각하든,
> 당신이 결국 옳다.

**실천하기**

## 💡 의식적으로 긍정적인 생각을 품어라

매일같이 머릿속을 지나다니는 생각들의 힘과 영향력을 고려해보면, 긍정적이고 도움이 되는 생각들을 불러일으키고 그 생각들에 초점을 맞추는 일이 왜 중요한지 이해할 수 있을 것이다.

여기에는 떠오르는 생각들을 좀 더 의식적으로 알아차리는 과정도 포함된다. 자신이 무슨 생각을 하는지 잘 파악이 안 된다면 잠시 멈춰 서서 스스로에게, "지금 내가 무슨 생각을 하고 있지? 도움이 되거나 유용한 생각들인가?"라고 자문해보라. 부정적인 생각(걱정, 근심, 불안과 관련된 생각들)이 떠오르면 그 생각을 알아차린 뒤, 그 경험으로부터 배움을 얻어내라. 스스로에게 왜 그런 문제들을 놓고 끊임없이 걱정을 하는지 자문해보라. 가끔씩 행동으로 옮겨야 할 때도 있긴 하지만, 그런 생각들은 사실 마음속에서 일어난 소음에 불과한 경우가 많다. 이런 순간이 찾아오면 당신 자신에게 "그래, 불안의 목소리가 들리긴 하지만, 나는 나 자신의 신념대로 밀고나가겠어."라고 말해보라.

부정적인 생각을 몰아내고자 시도할 때는, 생각의 빈자리를 채워줄 긍정적인 생각을 떠올리는 것이 큰 도움이 된다. 긍정적인 생각은 마음을 어지럽히는 그 모든 소음들을 가라앉혀주는 일종의 만트라mantra 참된 말, 진리의 말 - 편집자가 될 수 있다. 예컨대 직장 상사나 선생님, 장인 장모 등과 부담되는 대화를 나눠야 하는 상황이라면, 바람직한 대화의 방향이나 대화를 통해 얻고자 하는 목표에 대해 당신의 관심을 집중시켜보라.

# 46 　사람들을 기억하라

당신은 사람들의 세부적인 특징을 얼마나 잘 기억하는가? 조지 오스본George osborne과 빌 클린턴 같은 정치가들은 수년 후까지 아주 작은 세부적 특징들을 기억하는 능력으로 명성이 높다. 오래도록 만나지 못했던 누군가가 우리를 기억한다는 사실을 보여준다면, 우리는 놀라움과 기쁨을 느끼게 될 것이다. 사소한 것처럼 보일지 모르지만, 이런 기억 능력은 성공의 필수 요건이다. 당신이 사람들을 기억해줄 때, 그들 역시 당신을 기억해줄 것이기 때문이다.

그렇다, 일부 사람들은 생생한 기억 능력을 타고난 덕에 좋은 인간관계를 맺을 수 있다. 하지만 약간의 노력을 기울이기만 하면 우리도 그렇게 할 수 있다. 노트를 가지고 다니면서 만나는 사람들의 이름과 세부적인 특징 몇 가지를 기록해두면 되는 것이다. 만일 다음번에 파티나 회의에 참석할 때 누가 올지 미리 알고 있다면, 그곳에 도착하기 전에 노트를 보면서 빠르게 기억을 환기시킬 수 있을 것이다.

오늘날에는 소셜 미디어를 통해 전보다 더 많은 사람들과 접촉을 할 수 있게 되었다. 당신도 페이스북이나 링크드인LinkedIn 상에 수천에 달하는 친구를 보유하고 있을지 모른다. 하지만 그중 정말로 아는 사람은 과연 몇이나 되는가? 심리학자인 로빈 던바Robin Dunbar에 의하면, 인간은 최대 150명까지 친구를 사귈 수 있다고 한다. 그러니 나머지 사람들과 만날 때는 노트를 준비하는 것이 좋을 것이다.

> 당신이 사람들을 기억해줄 때,
> 그들 역시 당신을 기억해줄 것이다.

실천하기

### 💡 더 많이 들어라

당신이 오늘 할 일은 다음번 대화에서 상대의 말을 귀담아 듣는 것이다. 아무 말도 하지 말아야 한다는 게 아니라, 상대 스스로 자신의 이야기를 털어놓도록 상대를 격려하고 질문을 던지는 역할을 해보라는 것이다. 그들에게 진정으로 중요한 것이 무엇인지 한번 찾아보라. 이런 태도를 취할 때 당신은 사람들에 대해 훨씬 많은 것을 배우게 될 것이고, 아마 당신 자신에 대해서도 더 잘 알게 될 것이다.

### 💡 기억을 관리하라

세부 사항을 기록한 노트가 정말로 유용한 것이 되려면, 매일 하루가 끝날 무렵에 그 기록을 관리할 필요가 있을 것이다. 그러니 당신이 맺은 관계와 기억하고자 하는 중요한 세부 사항들, 아이들 이름이나 생일 등과 같은 간단한 내용일지라도, 데이터베이스 형식으로 정리해보라. 업무를 위해 만난 사람이라면, 명함을 받아서 그 뒷면에 메모를 하면 좋을 것이다. 상대를 언제 다시 보게 될지 예측할 수 있는 경우가 많으므로, 만나기 전에 미리 데이터베이스부터 확인하면 기억을 떠올리는 데 도움이 될 것이다.

# 47 자신의 동기를 파악하라

> 인정받아 마땅한 사람을 인정하는 태도를 습관으로 들이면 매우 큰 보상을 받을 수 있다. 그 보상의 규모는 측정이 불가능하다.
>
> → 에릭 토마스Eric Thomas · 작가

우리 행동의 상당 부분은 무언가를 증명하고자 하는 욕구, 때때로 어린 시절로까지 거슬러가는 그런 욕구에 의해 동력을 공급받는다. 그 욕구는 눈에 안 보이게 숨겨져 있을 수도 있지만, 표면 바로 아래 묻혀 있는 경우가 대부분이다.

그런 욕구들의 유래는 어느 정도 예측이 가능하다. 다음과 같은 상황을 예로 들 수 있을 것이다.

- 형제자매 중 첫째이거나 혼자인 아이들은 종종 탁월해지고자 하는 강한 욕구를 나타내 보인다. 그들은 무슨 수를 써서라도 이기려 하며, 사람들의 관심을 독차지하고 싶어 한다.
- 동생으로 자란 아이들은 부모의 인정과 지지를 더 필요로 하는 경우가 많다. 그들은 야심이 적어 보이며, 독립성도 덜 나타내 보인다.
- 어떤 아이들은 부모나 교사로부터 계속 압력을 받기 때문에, 끊임없이 완벽을 추구하면서 결코 가만히 있지를 못한다.
- 어린 시절을 가난하게 보낸 사람들은 낭비를 경계하면서 돈을 아껴 쓰는 성향을 나타내 보인다.

당신은 아마도 이기는 데만 모든 관심을 쏟은 나머지 차갑고 돈만 아는 성격을 지니게 된 사람들을 알고 있을 것이다. 또한 항상 희생자 역할을 떠맡으면서, 위험을 감수하고 변화를 시도하는 대신, 해로운 관계나 싫어하는 직장에 머무는 쪽을 선택하는 사람들을 본 적도 있을 것이다.

어린 시절의 경험들은 오늘날의 당신에게 어떤 영향을 미치고 있는 것일까? 대답하기 쉬운 질문은 아니지만, 생각해볼 가치가 충분한 질문임에는 틀림없다. 어린 시절의 욕구들은 진정한 자신의 재능을 꺾어버림으로써, 최상의 잠재력을 이끌어낼 여지를 없애버리기 쉽기 때문이다.

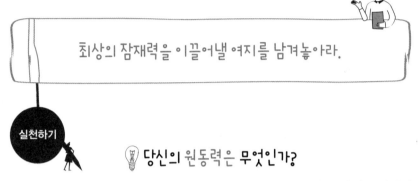

최상의 잠재력을 이끌어낼 여지를 남겨놓아라.

실천하기

## 💡 당신의 원동력은 무엇인가?

이제 지금과 같은 삶을 살게 된 이유를 고백하고 인정할 시간이다. 당신을 야심이 넘치거나 느긋한 사람으로 만든 것이 무엇인지 생각해보라. 가족 내에서 차지하는 지위(첫째, 둘째, 막내 등)와 연관이 있는가? 혹시 아직도 부모의 손길을 바라고 있는 건 아닌가?

당신이 눈을 감지 않는 한, 당신의 동기가 무엇인지는 별문제가 안 된다. 당신의 현재 처지를 한탄하며 과거를 비난하는 대신, 당신의 행동 패턴과 그런 패턴을 취하게 된 이유를 이해하도록 애써보라.

## 💡 도움이 안 되는 동기를 내려놓아라

지금 가고 있는 방향으로 가도록 동기를 자극받은 것이 만족스럽다면, 문제 될 것이 아무것도 없다. 하지만 그렇지 못하다면, 오늘부터 문제가 무엇인지 탐색하면서 당신의 동기를 바꿀 준비를 해야 할 것이다. 탐색 과정은 다음과 같은 식으로 진행될 수 있다.

- 당신은 항상 필요한 것보다 더 오래 일을 하는 완벽주의자이다. 자신의 이런 성향은 대부분 부모님에게서 비롯되었다고 생각한다. 이제 부모가 되었지만, 당신은 당신의 부모와 똑같은 태도를 취하면서 숙제를 건성으로 하는 아이에게 화를 내는 자신의 모습을 발견한다. 이제 그 악순환의 고리를 끊고, 당신 자신과 주변 사람들에게 완벽을 강요하는 행위를 중단할 시간이다.

- 당신은 "노(NO)"라는 말을 못하는 그런 유형의 사람이다. 당신은 다른 사람의 요구를 다 들어주느라 자기 자신을 혹사시킨다. 당신은 자신의 이런 성향이, 성취욕 강한 외동으로 자라면서 항상 부모를 만족시키기 위해 애써온 것과 연관되어 있다고 생각한다. 이제 당신은 그 압박감을 느끼기 시작했고, 이런 식으로는 얼마 못 버틴다는 점도 잘 안다.

# 48 가진 것에 감사하라

> 가진 것에 감사하고 불평을 멈춰라. 불평하는 태도는 다른 사람을 짜증나게 하고, 당신에게 아무런 도움도 안 되며, 그 어떤 문제도 해결해주지 못한다.
> → 지그 지글러Zig Zigla · 작가

남의 잔디는 항상 내 잔디보다 더 푸르게 보인다. 이미 가진 것에 감사하기 시작하기 전까지는 그렇다. 계속해서 다른 욕망을 좇는 태도는, 그것이 지위이든 소유물이든 간에, 당신을 불행하고 안절부절못하게 만들 뿐이다.

비밀의 열쇠는 이미 가진 것에 감사하는 것이다. 잠시 멈춰 서서 당신이 가진 것의 가치를 진정으로 음미해보라. 아마도 당신은 당신에게 그 외의 다른 것이 필요치 않다는 사실을 깨닫게 될 것이다. 필요한 것이 자신에게 이미 다 갖추어져 있다는 사실을 깨닫는 건 얼마나 기분 좋은 일인가?

그렇다고 해서 자기 자신을 개선하기 위한 노력을 하지 말아야 한다는 건 아니다. 하지만 당신은 어쨌든 자신의 현재 위치와 지금 가지고 있는 것들에 감사하는 법을 배워야 한다. 만일 오늘 가진 것에 감사할 수 없다면, 앞으로 가지게 될 것들에 대해서도 만족감을 느낄 수 없을 것이기 때문이다.

당신 자신을 다른 사람들과 비교하지 말라. 이웃집 아이의 성적이나 그 집의 텔레비전 크기는 당신 자신과 아무런 상관도 없다. 비교는 군비 경쟁과도 같다. 당신이 자동차를 업그레이드하면 다른 누군가는 더 좋은 차를 장만한다. 이 악순환의 고리를 끊으려면, 당신부터 먼저 비교하는 태도를 내려놓아야 한다.

**자신을 다른 사람들과 비교하지 말라.**

## 💡 다른 사람들의 기쁨에 동참하라

"남의 잔디가 더 푸르다."는 태도의 배후에 놓인 시기심을 없애는 훌륭한 방법은, 다른 사람의 성공을 함께 기뻐하는 것이다. 회사에서 크게 승진한 친구에게 전화를 걸어 함께 기쁨을 나누어보라. 당신이 상대의 성공을 진심으로 기뻐할 때, 당신의 전 존재가 긍정적으로 반응해올 것이다. 오늘 당장 소셜 미디어를 활용해 이 태도를 취해보라. 다른 사람의 좋은 소식을 무시하거나 마지못해 '좋아요'를 누르는 대신, 진심과 성의가 담긴 축하의 메시지를 한번 남겨보라. 아마도 당신은 이와 같은 태도 변화의 혜택이 당신에게 즉시 되돌아오는 것을 느낄 수 있을 것이다.

## 💡 당신 자신의 유리잔을 채워라

최근 나는 누군가가 "유리잔은 절반이 차 있는 것도, 절반이 비어 있는 것도 아니다. 물은 언제든 더 채워 넣을 수 있기 때문이다."라고 말하는 것을 들었다. 이 얼마나 훌륭한 관점인가?

지금 자리에 앉아, 당신이 가진 것과 성취하고 경험한 것들의 목록을 적어 내려가보라. 유리잔의 빈 공간보다는 물이 차 있는 부분에 초점을 맞추어라. 유리잔의 크기를 다른 사람과 비교해서는 안 된다. 당신보다 더 많이 가진 사람들도 있지만, 더 적게 가진 사람은 수백만에 달한다. 세상은 당신의 잔디를 부러워할 만한 사람들로 가득 차 있다.

이제 작성한 목록을 검토해보라. 일단 자신이 가진 것의 가치를 음미했다면, 당신은 자신에게 중요한 다른 것을 추구하기 시작해도 좋을 것이다. 시기심에 떠밀리는 대신, 삶을 완성하고자 하는 긍정적 목적의식에 의해 동기를 부여받게 될 것이기 때문이다.

# 당신의 부모님과 화해하라

부모와 좋지 못한 관계를 유지한다면, 당신은 건강하고 성공적인 삶을 살 수 없을 것이다. 그렇다, "친구는 선택할 수 있지만 부모는 선택할 수 없다."는 말은 진실이다. 하지만 당신이 부모라면, 부모 역할이 결코 쉽지 않다는 사실을 이미 절감했을 것이다. 아이를 양육하는 뚜렷한 규칙이나 완벽한 방법 같은 건 없기 때문이다. 만일 당신이 부모가 아니라면, 나와 당신 주변 사람들이 하는 말을 새겨듣기 바란다. 어쨌든, 일단 당신 부모님이 한 행동들을 이해할 수 있다면, 당신은 여전히 품고 있을지 모를 부모에 대한 부정적 감정들을 놓아 보내게 될 것이다.

"부모는 자식을 누구보다도 잘 알며, 자식이 무슨 일을 하든 무조건적으로 자식을 사랑해준다."는 사실을 받아들이는 건 매우 건강한 태도이다. 실제로, 당신의 부모님은 당신에게 최고의 멘토가 되어줄 수 있다. 당신을 위하는 마음으로 당신의 문제와 두려움, 희망, 걱정 등에 대해 조언을 해줄 수 있기 때문이다. 게다가 부모들은 당신 삶의 패턴을 파악하고 아주 어렸을 때부터 계속 되풀이되는 문제를 인식하도록 돕는 데 아주 뛰어난 능력을 발휘한다.

당신이 적절한 질문을 던지고 귀를 기울이기만 하면, 그들은 아마도 당신의 인간관계와 직업, 금전 문제 등에서 반복되는 패턴을 파악할 수 있도록 당신을 도와줄 것이다.

> 부모는 당신 삶의 패턴을 파악하고 아주 어렸을 때부터 계속 되풀이 되는 문제를 인식하도록 돕는 데 아주 뛰어난 능력을 발휘한다.

**실천하기**

### 💡 오해를 **풀어라**

이제 그만 불평불만을 내려놓고 부모님께도 숨 쉴 틈을 좀 드려라. 하지만 부모가 당신에게 가혹하게 굴었거나 중요한 거짓말을 했다고 느낀다면 어떻게 해야 할까? 간단하다, 용서하면 된다.

부모님과 진정으로 의미 있는 관계를 맺고자 한다면, 먼저 오해부터 풀어라. 오늘 당장 마음에만 담고 있던 그 말들을 부모님께 털어놓아라.

부모와의 관계에서는 사소한 일에 신경 쓰지 않는 태도가 필수적이다. 가까운 사람들과 관계를 맺을 때는 작은 문제를 크게 부풀리지 않도록 주의해야 한다.

### 💡 부모님께 시간을 **할애하라**

당신 부모님의 관점에서 한번 생각해보라. 부모님은 당신이 더 자주 방문하거나 좀 더 오래 머물기를 바랄까? 당신 목소리를 더 자주 듣고 싶어 하실까? 나는 다 자란 아이들의 부모가 되면서, 모든 부모들이 자식들의 관심을 더 많이 받고 싶어 한다는 사실을 깨닫게 되었다. 부모에 대한 관심은 많으면 많을수록 좋다.

당신 부모님에게 "제가 얼마나 머물길 바라시나요? 얼마나 자주 대화를 하는 게 좋을까요?" 같은 질문은 던지지 마라. 대신 부모님께 얼마나 많은 시간과 관심을 쏟을 의향이 있는지 스스로에게 자문해보라. 정해진 규칙 같은 건 없다. 어떤 사람들은 부모와 매일 대화를 나누고 싶어 하지만, 다른 사람들은 한 달에 한 번이면 충분하다고 생각한다. 아마 가끔씩이라도 좀 더 의미 있는 대화를 나누는 것이 "잘 지내셨죠?"와 같은 간단한 안부 전화를 규칙적으로 하는 것보다 더 나을 것이다. 당신에게 맞는 방법을 찾아보라.

# 50

# 더 많이 웃어라

웃음은 사람들을 이어준다. 웃음이 휘몰아치는 상황에서는 사회적 거리나 위계질서를 유지하는 일이 거의 불가능하다. 웃음은 민주주의의 씨앗인 것이다.

→ 존 클리스John Cleese · 영국 배우

웃음과 미소는 생명을 구할 수 있다. 좀 과장된 것처럼 들릴지도 모르지만, 웃음에 대한 연구 결과들은 웃음이 건강에 미치는 온갖 종류의 효과들을 밝혀주었다. 여기에는 혈압 완화, 스트레스 호르몬인 코르티솔 수치 감소, 행복감을 자극하는 엔도르핀 분비, 감염 균과 싸우는 항체 수 증가 등이 포함된다. 반복적인 웃음과 미소로 칼로리를 소진시킬 수 있다는 사실을 입증해낸 연구 결과도 있다.

웃음은 전염성도 강하다. 유튜브 상에는 런던의 지하철에서 쉴 새 없이 웃음을 터뜨리는 한 실험자의 영상이 올라와 있다. 그 영상에는 주변 사람들이 영문도 모른 채 그 낯선 사람의 행복에 동참하는 모습이 잘 포착되어 있다. 사람들은 다른 사람보다 더 행복하고 긍정적인 사람에게 자연스럽게 이끌리는 것 같다.

결론은 웃음이 당신에게 좋고, 당신을 유명하게 만들어줄 수도 있다는 것이다. 진지하게, 최소한 당신의 건강을 위해서라도, 기운을 내서 밝은 태도를 취해보라.

웃음은 당신에게 좋고,
그리고 당신을 유명하게 만들어줄 수도 있다.

## 💡 웃음을 훈련하라

당신은 더 많이 웃는 법을 배울 필요가 있다. 당신이 미소 짓는 데 인색한 사람이라면, 이제부터라도 변화를 시도해보라.

• 상대를 편안하고 긍정적으로 대하는 법을 배워보라. 다른 사람의 말을 들을 때 미소를 지어보라.
• 긍정적인 기분이 안 들더라도 일단 긍정적으로 행동해보라.
• 웃음과 즐거움을 가져다주는 휴식을 통해 가끔씩 평범한 일상생활에서 벗어나라.
• 영화관에서 코미디 영화를 보고, 유머가 담긴 책을 읽고, 즐거운 경험과 순간들을 추구하라.

당신의 행복을 소진시키는 요인들을 식별해내는 일도 중요하다. 당신 자신을 위해 불행하고 우울한 기분을 불러일으키는 사람들과 보내는 시간을 줄여보라. 그들의 에너지와 태도가 당신을 끌어내리도록 내버려두지 말라.

## 💡 당신부터 먼저 긍정적 태도를 취하라

주변 사람들을 위한 긍정성의 원천이 되어라. 누군가가 침울해하고 있다면, 웃음이나 미소로 분위기를 띄우는 사람이 되어보라.
행복을 표현하지 못하도록 방해하는 관습들에 굴복하지 마라. 엄숙하거나 형식적인 상황에서, 사람들은 딱딱한 분위기를 깨줄 누군가를 필요로 할 때가 많다. 그래야 다 같이 긴장을 풀고, 미소를 짓고, 웃음을 터뜨릴 수 있기 때문이다.

# 51 독특함을 유지하라

경고 : 우리는 시기심이 설정한 목표를 결코 달성해낼 수 없다. 친구들을 바라보며 그들처럼 되길 바라는 태도는 순전히 에너지 낭비에 불과하다. 우리 모두는 고유하기 때문이다. 다른 사람을 행복하게 하는 것이 당신에게는 정반대되는 영향을 미칠지도 모른다.

→ 마커스 버킹엄Marcus Buckingham · 작가

완전히 똑같은 사람은 그 어디에도 없다. 일란성 쌍둥이조차 자신만의 고유한 인격과 욕구, 야심들을 지닌 채 태어난다. 나는 미국 배우 제이슨 메이슨Jason Mason의 "당신은 원본으로 태어났다. 복제품으로 죽지 마라."는 말을 사랑한다.

남들과 어울리려고 노력하는 건 필요하고 유용하며 도움이 되는 태도이다. 우리는 학교나 가정에서 처음으로 그 태도를 익힌 뒤, 어른이 될 때까지 계속해서 훈련을 해나간다. 이 태도는 우리의 삶의 많은 측면들에서 찾아볼 수 있다. 회의나 토론에서 다른 사람들에게 동조하고, 친구들과 비슷한 옷을 입으며, 동료들과 유사한 의견을 품는 것 등이 여기 해당된다.

하지만 가끔씩 튀는 행동을 하는 것도 중요하다. 특히 단지 도전받거나 공격받는 것을 피하기 위한 목적으로 주변 의견에 동조하는 경우에는 더더욱. 당신이 자기 자신에게 진실한 삶을 살기로 결심했다면, 남들이 뭐라 하든, 자기 소신대로 밀고 나가야 할 순간들과 수없이 마주하게 될 것이다. 성공적인 사람들은 항상 그렇게 행동한다. 여기서 중요한 건 당신만의 고유한 야심과 성격, 특질, 욕구, 강점 등을 내세울 순간과 주변 분위기에 순응할 순간 사이의 균형을 잡는 것이다.

남들이 뭐라 하든, 자기 소신대로 밀고 나가라.

## 💡 당신만의 독특한 개성은 무엇인가?

만일 내가 당신의 코치라면, 나는 당신과 당신이 관계를 맺는 주변 사람들을 관찰하는 데 시간을 투자할 것이다. 당신은 내가 무엇을 관찰할 거라고 생각하는가? 아마도 나는 당신의 야심과 욕구, 경험, 배경, 인격적 특색 같은 요인들이 어떻게 조합되어 있는지 이해하려 노력할 것이다.

지금 당장 자신의 특성들을 목록으로 작성한 뒤, 그 옆에 두 칸의 빈 공간을 마련해보라. 그 특성대로 살아가고 있다면 앞 칸에 체크를 하고, 그 특성을 감춘 채 살아가고 있다면 뒤 칸에 체크를 해보라. 당신은 대체 무엇을 감추고 있는가?

- 당신은 동물을 사랑하지만, 부모나 배우자가 집에 동물을 들여놓는 걸 싫어해서 그 사실을 숨기고 있는가? ☐ ☐
- 자연을 가까이할 수 있는 시골에 살고 싶지만, 출퇴근을 더 편하게 하기 위해 교외 지역에서 살고 있는가? ☐ ☐
- 세상의 오지와 미개척지를 탐험하고 싶지만, 패키지여행을 선호하는 친구들의 의견을 따랐는가? ☐ ☐

작성한 목록을 보면서 당시 자신에게 이렇게 자문해보라. "나는 어떤 식으로 나 자신의 진심을 무시하고 있나? 나는 어떤 행동을 중단해야 하나? 나는 누구를 따라 하고 있나?"

## 💡 다른 사람의 독특함을 좇지 말라

당신은 왜 다른 누군가의 꿈을 추구하는가? 당신 자신의 꿈에 무슨 문제가 있는가? 우리 모두는 자신만의 고유한 필요와 욕구, 야심들을 지니고 있지만, 이상하게도 다른 사람들의 꿈에 사로잡힐 때가 많다.

좋은 소식은 다른 사람들이 이뤄낸 것을 못 이뤄도 아무 상관이 없다는 것이다. 당신은 오직 당신 자신의 열망을 추구하는 데만 전념하면 된다.

# 52 숙면을 취하라

생활 방식이 수면의 질을 결정짓고, 수면의 질이 다시 생활 방식을 결정짓는다.

→ 라파엘 펠라요Dr Rafael Pelayo · 의사

미국수면재단National Sleep Foundation에 의하면, 의도적으로 잠을 미루는 동물은 오직 인간뿐이라고 한다. 당신이 돌고래나 사자였다면 피곤함을 느끼자마자 바로 곯아떨어졌을 것이다. 하지만 인간은 책을 읽거나 일을 하거나 놀이를 하면서 밤을 지새우는 쪽을 택할 때가 많다.

하지만 수면 박탈은 온갖 종류의 문제를 초래한다. 둔중한 정신 상태와 집중력 감퇴, 짜증, 부정적 행동 등이 여기 해당된다. 게다가 수면 부족 상태가 오래도록 지속되면 건강에도 매우 해로울 수 있다. 그것은 면역 기능을 약화시키고, 심장 질환을 일으키며, 성욕을 저하시키고, 비만 위험도까지 높여놓는다.

주말에 늦잠을 자는 건 아무런 도움도 안 된다. 한 연구에 의하면, 월요병은 몸이 일종의 시차 증후군jet lag을 극복하기 위해 분투를 벌이는 과정에서 유발되는 것이라고 한다. 주말과 다른 수면 패턴에 갑자기 적응을 하다 보니 부작용이 생기는 것이다. 그러므로 주말에 잠을 몰아서 자겠다는 생각은 하지 않는 편이 좋을 것이다. 그렇다면 우리는 무엇을 할 수 있을까?

수면 박탈은 온갖 종류의 문제를 초래한다.

## 💡 침대에서는 걱정을 중단하라

"하룻밤 자며 생각해 보겠다."는 말은 잠에 빠지는 순간까지 그 문제에 대해 생각을 하겠다는 뜻이 절대 아니다. 그 말은 수면으로 정신이 맑아졌을 때 다시 그 문제로 되돌아오겠다는 뜻이다. 당신이 이메일과 걱정거리, 회의 내용 등을 침대로 가져가는 행위는 수면의 질을 떨어뜨릴 뿐이다. 당신의 오늘 할 일은 침대에 눕기 최소 한 시간 전에 모든 일과를 내려놓는 것이다. 잠들기 전 한 시간 동안 스트레스를 일으키는 일체의 행동을 하지 않겠다고 선언하라. 대신 그 시간에 책을 읽거나, 음악을 듣거나, 스트레칭을 하거나, 발코니에 앉아 밤하늘을 바라보라.

## 💡 잠을 푹 잘 수 있도록 환경을 조성하라

숙면은 상쾌하고 완전히 재충전된 상태로 하루를 맞이할 수 있도록 해준다. 그러니 핸드폰을 무음 모드에 두고, 교통 소음과 불빛을 최소화하기 위한 모든 조치를 취하라. 블라인드를 치거나 창문을 닫을 수도 있을 것이고, 필요하다면 방을 바꿀 수도 있을 것이다.

아침에는 스스로 일어날 수 있도록 필요한 시간을 마련해줘라. 알람을 몇 분 일찍 설정해 여분의 시간을 확보하면, 그 시간 동안 물을 마시고 기지개를 펴면서 천천히 일어날 수 있을 것이다.

# 자신만의 길을 가라

침착하게 준비된 태도를 유지한다면, 실망 속에서조차 보상을 발견하게 될 것이다.

→ 헨리 데이비드 소로Henry David Thoreau · 시인, 수필가, 철학자

당신 자신만의 길을 가다보면 때때로 사람들을 실망시키게 될 것이다. 좋은 의도로 기꺼이 조언을 해주면서 당신의 행동에 기대를 품는 사람들이 많이 있기 때문이다. 그들은 이렇게 말한다.

- "저곳에서 공부를 해봐. 너를 위한 최고의 강좌들이 마련되어 있어."
- "저쪽 지역에서는 집을 사지 않는 것이 좋아요."
- "바보같이 굴지 말고 지금 당장 회사를 그만둬. 너는 앞길이 창창해."

조언을 받아들이는 것이 좋을 때도 분명 있다. 하지만 좋은 의도로 건넨 조언이 당신과는 무관한 그들 자신의 경험과 열망만을 반영하는 경우가 너무나도 많다. 그러니 상대의 조언을 정면으로 거스르는 것이 최선의 선택으로 판단된다고 해서 놀라울 일은 아니다.

조언을 무시하는 태도는 상대의 기분을 상하게 하기 쉬울 것이다. 하지만 당신 자신에게 진실한 삶을 살다보면 반드시 외부에 있는 다른 누군가를 실망시키게 되어 있다. 당신을 진정으로 사랑하고 생각해주는 사람들이라면 마음속에 그런 실망감을 오래 품지 않을 것이다. 그들에게 양해를 구하고 당신의 결정과 선택을 수용하도록 설득해보라.

미국 작가 닥터 수스Dr. Seuss의 다음과 같은 말을 듣고 용기를 내보라. "그냥 당신 자신이 돼라. 그리고 당신이 느끼는 것을 말하라. 언짢아하는 사람은 중요치 않고, 중요한 사람은 언짢아하지 않기 때문이다."

자신에게 진실한 삶을 살다보면 반드시 외부에 있는
다른 누군가를 실망시키게 되어 있다.

실천하기

## 죄책감을 극복하라

가까운 사람의 제안을 거스른 것에 대해 죄책감을 느끼는 건 자연스런 일이다. 우리들 대부분은 다른 사람을 기쁘게 하고 싶어 하는 만큼, "A를 골라라."라고 강하게 주장하는 친척 앞에서 B를 선택하는 것을 매우 힘들어한다. 그 죄책감을 인정하라. 필요하다면 당신이 실망시켰다고 생각하는 사람과 그 문제를 놓고 대화를 나눠보라. 당신이 왜 그런 선택을 해야 했는지 해명하라.

일단 누군가를 실망시켰다면, 그 상황으로부터 무엇을 배울 수 있는지 숙고해보라. 어쩌면 당신의 인식이 잘못되었거나 과장되었는지도 모른다. 상대가 당신이 생각하는 것만큼 실망하지 않았을 수도 있고, 대세를 거스르며 자신만의 길을 선택한 당신을 대견스러워할 수도 있는 것이다.

만일 다른 사람의 조언이 당신 자신의 판단보다 나은 것으로 판명이 난다면, 미리 비난에 대비하라. "내가 뭐랬어!"라는 식의 말을 들을 준비를 하라. 사람은 누구나 실수를 한다. 그 경험으로부터 배움을 얻은 뒤, 계속 앞으로 나아가라.

## 비위를 맞추기 힘든 사람들도 있다

어떤 사람들은 기쁘게 하는 것이 거의 불가능하다. 그들은 당신이 하는 모든 일이 자신들을 실망시키는 것처럼 행동할 것이다. 당신이 할 수 있는 일이라고는 그들과 함께 사는 법을 배우는 것 정도가 전부이다. 그들의 태도를 더 이상 견딜 수 없다면, 거리를 두거나 함께 보내는 시간을 줄이고, 당신의 꿈과 계획 등을 공유하는 일도 중단하라.

# 54 간소함을 추구하라

> 일을 더 크고 복잡하고 거칠게 만드는 건 지적인 바보라면 누구든 할 수 있다. 하지만 그 반대로 만들려면…… 천재성과 엄청난 용기가 필요하다.
> → 에른스트 슈마허E. F. Schumacher · 경제학자

우리는 쉴 새 없이 무슨 일이든 해야 하는 것이 정상으로 간주되는 세상에서 살고 있다. 이 세상은 우리에게 항상 모든 것에 대해 생각을 하고, 논쟁을 하고, 의견을 품으라고 요구한다. 그래서인지 우리는 삶을 실제보다 더 복잡하게 만들 필요가 있다는 생각을 자연스럽게 품게 된다.

공자는 이런 현실을 다음과 같이 묘사한 바 있다. "삶은 정말로 간단하다. 하지만 사람들은 삶을 더 복잡하게 만들려고 애를 쓴다."

세상 시류대로 살아가는 것에 거부감을 느끼지 않거나, 바쁘게 살아가지 않는 것은 다소 죄책감을 가져야 될 것처럼 느낄 때가 있다. 그래서인지 사람들은 하루하루를 해야 할 일과 달성할 목표들로 가득 채운다. 그 빈 공간을 메울 분주함과 복잡성을 스스로 만들어내는 것이다. 바쁘냐는 질문을 던졌을 때 "아니, 전혀"라고 답할 수 있는 사람은 아마도 극소수에 불과할 것이다.

이와 동시에 우리는 걱정에서 벗어나 쉴 수 있는 여름휴가 기간을 애타게 기다린다. 간소한 삶을 실천하는 기간이 1년에 고작 2주 정도밖에 안 되다니 이 얼마나 안타까운 일인가?

간소함은 성공적인 삶을 위한 현명한 선택이지만, 결코 쉬운 선택은 아니다. 간소함은 단도직입적인 해결책을 추구하는 용기와 헝클어진 일상을 정리하는 노력 모두를 필요로 한다.

## 간소함은 성공적인 삶을 위한 현명한 선택이다.

## 💡 당신의 업무를 간소화하라

KISS, 즉 "단순하게 해, 바보야(Keep It Simple, Stupid)."라는 조언에는 실로 놀라운 지혜가 담겨 있다. 당신이 무언가를 하거나 말할 때마다 스스로에게, "나는 이 일을 최대한 간단명료하게 유지하고 있는가? 이 일은 충분히 투명하고 정직한가?"라고 자문해보라.

업무상의 대화나 약속을 간소화하는 가장 쉬운 방법은 100퍼센트 솔직한 태도로 실제로 실행에 옮길 일만 약속하는 것이다. 이 간단한 기법 하나만 실천해도 약속 불이행 및 지연, 오해, 논쟁 등이 일시에 제거될 것이다.

## 💡 당신의 생활을 정돈하라

새 물건을 들여놓을 때는 먼저 심사숙고부터 하라. 그리고 무언가를 사기로 결심했다면, 다른 무언가를 밖에 내놓아라. 서서히 비우는 일에 익숙해져라. 처음에는 방 하나를 정리하는 일부터 시작하는 것이 좋다. 목표는 빈 상태로 남겨둘 공간을 확보하는 것이다. 종잇조각 없는 서랍과 잡동사니 없는 선반의 말끔함을 즐겨보라.

# 55 일을 미루지 마라

> ❝ 안일함은 시간을 좀먹는다. 무언가를 하고자 한다면 지금 당장 하라. 내일은 이미 너무 늦다. ❞
> → 피트 고스Pete Goss · 탐험가

게으름피우며 미루는 태도야말로 가장 흔한 성공의 걸림돌이다. 만일 당신이 어떤 영역에서든 실패하길 바란다면, 오늘 해야 할 일을 미루는 것에서부터 시작해보라.

내 코칭을 받는 리더들 중 상당수는 미적거리는 태도로 인해 고통을 받는다. 우리 역시 "지금 시작하는 게 좋지 않을까?", "지금 이 일을 하지 않으면 어떤 대가를 치르게 될까?"와 같은 질문들을 던지며 시간을 보낸다. 문제 해결의 열쇠는 일을 미루는 것의 대가를 묻는 두 번째 질문에 담겨 있다.

만일 당신이 지금 중요한 일에 시간을 투자하지 않는다면, 당신은 분명 나중에 가서 넘어야 할 산을 하나 더 떠안게 될 것이다. 그때가 되면 당신은 아마도 지금 미룬 일과 새로 들어온 긴박한 과제를 동시에 해결하느라 정신이 없을 것이다. 이 원칙은 직장뿐만 아니라 가정과 학교, 사회생활에도 똑같이 적용된다.

- 중요한 대화를 미루는 태도는 관계를 해칠 수 있다. 당신은 자신이 저지른 실수에 대해 용서를 구하는 일을 뒤로 미루고 있는가?
- 운동이나 다이어트를 하루 미루는 태도는 아무런 영향도 못 미치는 것처럼 보인다. 하지만 내일이나 그 다음날에 가서도 계속 하루를 미룬다면 어떻게 되겠는가?

배우 크리스토퍼 파커는 일을 미루는 태도를 신용 카드 사용에 빗댄 바 있다. 적어도 청구서를 받기 전까지는 마음껏 즐길 수 있기 때문이다.

만일 당신이 어떤 영역에서든 성공하길 바란다면,
오늘 해야 할 일을 미루지 말아야 한다.

실천하기

## 💡 당신 자신에게 솔직해져라

일을 미루도록 만드는 요인이 무엇인지 숙고해보라.

- 당신 자신의 게으름 때문인가 아니면, 당신은 항상 마감이 임박해서야 일을 시작하는가?
- 일이 별로 중요해 보이지 않아서 일을 시작하고 싶은 생각도 안 드는가?
- 일을 어디서부터 시작해서 어떻게 마무리 지어야 할지 감이 잘 잡히질 않는가?
- 혹시 실패와 거기에서 비롯되는 당혹감이 두려운가?

## 💡 작은 것부터 시작하라

- 오늘 당장 당신이 미뤄온 일을 시작하도록 스스로에게 압력을 가해보라.
- 큰일을 작게 쪼갬으로써 정신적 부담감을 덜어내라. 엄청나게 거대한 일조차 작은 과제들의 연쇄에 불과하다.
- 오늘 얼마나 많은 과제를 완수할 수 있을지 생각해보라.
- 내일과 모레 달성할 목표 분량을 설정하라.
- 그리고 시작하라.

## 확신이 안 선다면……

미적거리는 이유가 무엇이든 간에, 당신 자신에게 다음 두 가지 선택지 중 어느 쪽이 더 나쁜지 자문해보라.

1. 이를 악물고 일에 뛰어드는 데서 오는 일시적인 불편함과 불안, 스트레스에 대처하기.
2. 일을 미루는 태도가 당신의 명성과 신용, 신뢰성 등에 미치는 부정적 효과에 대처하기.
   (당신의 일을 기다리는 다른 사람들에게 미치는 부정적 효과도 포함)

한마디로, 오늘 할 수 있는 일을 내일로 미루는 태도가 과연 가치 있는 것일까? 그 가치에 대해 확신이 안 선다면, 지금 당장 시작하라.

# 56 경험을 추구하라

> 물건이 아닌 경험을 사라. 경험을 소비하는 사람이 물건을 소비하는 사람보다 더 행복하다.
> 물건은 부서지거나 곧 낡은 것이 되어버리지만, 경험은 그 경험에 대해 이야기할 때마다 더
> 좋은 것이 된다.
>
> → 진 차츠키Jean Chatzky · 재무저널리스트

당신은 원하던 휴가를 다녀온 경험과 갖고
싶어 하던 전자 기기를 구매한 경험 중 어느 쪽을 더 잘 기억하는가? 아마도 여행
에 대한 기억이 더 강력할 것이다. 코넬 대학 교수 토머스 길로비치Thomas Gilovich에
의해 수행된 한 혁신적 연구는, 경험이 물질적 소유보다 더 지속적인 행복과 만족
감을 가져다준다는 점을 입증해주었다.

휴가를 가거나, 박물관을 방문하거나, 강연을 듣는 활동은 삶에 대한 만족감과 충
족감, 행복도 등에 강력한 영향을 미칠 수 있다. 놀랍게도, 기분 나쁜 경험들조차
우리에게 긍정적인 기억과 느낌들을 선사해준다고 한다. 그리스에서 가방을 잃어
버리든, 프랑스에서 복통에 시달리든, 실망스런 브로드웨이 뮤지컬을 관람하든,
전부 추억으로 남을 수 있는 것이다. 이 모든 기억들은 우리 곁에서 늘 우리와 함
께 살아간다.

물건을 사는 행위는 비교에서 비롯되는 단기적 만족감을 제공해준다. 하지만 구
매한 물건에 무슨 문제라도 생기면, 그걸 좋게 느낄 사람이 어디 있겠는가? 게다
가 물건들은 머지않아 구식으로 전락하며, 몇 주에서 몇 달 정도만 지나도 상점에
는 더 좋은 스타일이나 브랜드의 상품들이 진열되기 시작한다.

최근 나는 경험을 사는 것의 가치를 훌륭히 요약해낸 작자 미상의 인용구를 접한
적이 있다. 그 사랑스런 인용구에는 다음과 같이 적혀 있었다. "나는 그 장대하고
삶을 뒤바꾸는 여행에 돈을 낭비한 것을 후회 한다……'라고 말한 사람은 지금껏
단 한 명도 없다."

## 경험은 지속적인 행복과 만족감을 가져다준다.

**실천하기**

### 💡 광범위한 경험을 추구하라

경험에는 두 종류가 있다.

1. 자선 활동, 스포츠 게임, 예술 및 연극 공연, 오지 여행, 요리나 글쓰기 강좌 수강 등과 같이 직접 참여하는 경험.
2. 극장 관람, 궁전이나 박물관 방문 등과 같이 보면서 즐기는 경험.

가능하다면 두 종류의 경험을 골고루 추구하도록 노력해보라. 어느 때든 간에 돈이 경험에 대한 추구를 방해하도록 내버려둬서는 안 된다. 새로운 도시나 시골 길과 마찬가지로, 많은 박물관과 전시 공간이 무료라는 점을 잊지 말라.
다음 휴일에는 지역 봉사 활동이나 외국어 강좌 수강처럼 정말로 보람된 경험을 해보는 것이 어떤가?

### 💡 카메라를 치워라

카메라는 현재 경험하는 것을 짧게 포착하는 데만 사용하라. 디지털 카메라의 액정을 통해 세상을 대리 체험해서는 안 된다. 당신이 아크로폴리스 옆에 있는 언덕에 앉아 있다면, 그저 그 순간에만 충실해라. 생생한 풍경을 있는 그대로 체험하라. 사진은 그 경험을 다시 되살리는 데 도움이 되고, 다른 사람과 공유하는 즐거움도 누리게 해준다.
하지만 그 순간을 직접 경험하지 않는다면, 사진을 아무리 들여다봐도 경험이 되살아나지 않을 것이다. 그러니 사진을 몇 장 찍은 뒤 카메라를 즉시 치워라.

# 57 명백한 목표를 글로 적어라

목표가 있다면 글로 적어라. 글로 적지 않는다면, 목표가 아닌 바람만 지니게 될 것이다.

→ 스티브 마라볼리Steve Maraboli · 작가

글로 적은 명백한 목표만 있다면, 외관상 불가능해 보이는 꿈조차 실현시킬 수 있다. 1961년 미국의 대통령이었던 존 케네디는 10년 내로 인간을 달에 보내고 싶다는 소망을 표현한 바 있다. 나사의 직원들은 이 소망을 기록해 목표로 삼았고, 이후 벌어진 일은 역사가 되었다. 10년이 되기 5개월 전인 1969년 7월, 닐 암스트롱Neil Armstrong은 달에 안전하게 첫발을 내디뎠다.

당신은 자신의 목표와 계획에 대해 숙고한 뒤 그 내용을 글로 적음으로써, 자신만의 꿈을 실현 가능한 행동으로 변화시켜본 적이 있는가? 목표를 적어 내려가는 행위는 그 목표를 달성할 가능성을 엄청나게 증폭시켜준다. 수많은 연구들이 이 점을 입증해왔다. 예컨대, 도미니칸 대학에서 수행된 한 연구는 목표를 글로 적을 경우 성공 확률이 42퍼센트나 증가한다는 점을 보여주었다.

하지만 단순히 자신의 꿈을 글로 적은 뒤 그것을 '목표'라고 부르는 것만으로는 충분치 않다. 목표는 최대한 상세하게 기록해야 한다. 다음과 같은 이점들 때문이다.

- 상세히 기록하다보면 자신이 정말로 성취하고자 하는 것이 무엇인지 분명히 알게 된다.
- 상세한 기록은 목표를 기억에 각인시켜준다.
- 상세히 기록된 목표는 그 목표를 달성하기 위해 필요한 행동 지침이 무엇인지 알 수 있게 해준다.

"우선 18개월 내로 시험에 통과해 회계사가 될 조건을 마련한 뒤, 3년 내로 우리 회사의 재무 담당자가 되겠다."고 적는 것이, 단순히 "언젠가는 재무 담당자가 되었으면 한다."고 말하는 것보다 훨씬 도움이 된다.

글로 적은 명백한 목표만 있다면, 꿈을 실현시킬 수 있다.

**실천하기**

## 💡 매일같이 목표를 적어라

괴짜 기업인으로 알려진 리처드 브랜슨 경Sir Richard Branson은 목표 정하는 일을 매우 좋아한다. 「2016년 새해 결심」이란 제목의 블로그 포스트에서, 그는 독자들에게 항상 노트를 가지고 다니면서 떠오르는 아이디어와 목표들을 전부 기록하라고 조언했다. 만일 목표를 적는 일의 효용에 대한 엄청난 믿음이 없었더라면, 그는 그토록 많은 성공을 이뤄내지 못했을 것이다.

그러니 당신의 목표들을 종이에 기록해보라. 오늘부터 시작해서 성취하고자 하는 다양한 종류의 목표들을 타이핑하거나 글로 적어 내려가 보라. 일기장에 쓰든, 휴대폰에 쓰든, 색인 카드에 쓰든, 아무런 상관도 없다. 단지 그 목표를 기록하는 노력만 기울이면 된다.

당신의 목표 목록은 두리뭉실한 꿈들("대저택에 살고 싶어", "일찍 은퇴하고 싶어", "건강을 유지했으면 좋겠어")에서 시작될지도 모른다. 하지만 괜찮다. 그것이 첫 번째 초안이다. 이제 스스로에게 다음과 같은 질문들을 던지면서 각각의 목표를 부연해나가면 된다.

- 충분히 구체적이고 명료한가?
- 언제쯤 목표를 달성하게 될지 알 수 있는가?
- 실현 가능한가? 만일 아니라면, 어떻게 해야 실현 가능성을 높일 수 있을까?
- 현재 처한 환경을 반영하는 현실적인 목표인가?
- 각 단계별 달성 기한이 다양하게 표시되어 있는가?

대다수의 사람들은 목표를 이 정도로 체계적으로 세우지 못한다. 그러니 대부분의 사람들이 목표 달성에 실패한다고 해서 놀랄 필요 있겠는가!

나중에 참조할 수 있도록 목표 목록의 복사본을 만들어두는 것도 잊지 말라. 이 복사본이 닻, 또는 나침반의 역할을 해줄 것이다. 목표 목록은 언제든 변경하고 업데이트해도 좋지만, 그전에 먼저 더 오래된 목록을 놓고 숙고하는 과정을 거치는 것이 좋다. 당신은 아마도 처음 작성한 목표들이 구체화한 목표들만큼이나 현실성 있다는 점을 깨닫고 놀라게 될 것이다.

배우자나 자식, 동료 같은 사람들과 함께 목표를 세우는 것도 좋은 방법이다. 당신은 그들과 함께 목표를 적고 토론을 하면서, 그 목표 달성을 위한 계획을 세우는 일을 서로 도울 수 있다. 글로 적은 목표는 당신이 신뢰하는 사람이나 조언과 지지를 얻고자 하는 사람하고만 공유하는 것이 좋다.

# 58 독서에 몰두하라

종이에 인쇄된 단어들에 불과한 것이 얼마나 많은 사람들을 미지의 대륙으로 이끌었는가?…… 어떻게 560쪽이 넘는 책 중 단 3쪽만으로도 독자의 삶이 바뀔 수 있는 걸까?

→ 이모크 라츠Emoke B. Racz · 서점, 경영자

퓨 리서치 센터Pew Research Center와 영국 정부의 통계 자료에 의하면, 미국인의 55퍼센트와 영국인의 65퍼센트만이 재미를 위해 독서를 한다고 한다. 하지만 독서를 하지 않는 사람이 진정으로 성공적인 삶을 살아간다는 건 상상조차 하기 힘든 일이다. 독서는 삶과 당신 자신에 대한 이해의 폭을 크게 넓혀주기 때문이다. 오스카 와일드는 "당신이 무엇이 될지 결정하는 것은 바로 평소 읽어둔 책이다."라는 말로 책의 중요성을 잘 요약해냈다.

소설을 읽느냐 비소설을 읽느냐 하는 건 사실 아무런 문제도 안 된다. 가끔씩은 두꺼운 책을 읽는 것이 좋을지도 모르지만, 나는 작은 책과 뉴스, 잡지, 블로그 등도 괜찮다고 생각한다.

중요한 것은 당신의 마음과 영혼을 살찌우고, 희망적인 생각과 통찰, 정보를 제공해주는 글들을 읽으려고 노력하는 것이다. 독서는 다른 사람들의 실제적이거나 가상적인 경험을 통해 더 큰 세상을 볼 수 있도록 해주며, 당신 자신의 삶을 바라보는 새로운 안목도 제공해준다.

학술 및 업무 영역에서 이루어지는 독서는 다른 사람과의 대화나 토론을 더 풍부하게 해주며, 최근의 사상과 아이디어를 습득할 수 있도록 도와주기도 한다. 일단 이렇게 되면, 당신은 의사 결정 및 창의적 브레인스토밍 과정에 더 깊숙이 참여할 수 있게 된다.

간단히 말해, 독서는 당신에게 사물에 대한 더 넓고 깊은 이해를 제공해준다.

독서는 당신에게 사물에 대한
더 넓고 깊은 이해를 제공해준다.

실천하기

### 💡 더 깊이 읽어라

글을 빠른 속도로 대강 훑어보지 마라. 이런 일은 인터넷 기사나 뉴스를 보기 위해 스마트폰을 사용할 때 매우 흔하게 발생한다. 그러지 말고 스스로에게 잡지나 책 전체를 읽을 시간을 허용하라. 글을 정독하는 태도는 당신 마음에게 읽은 내용을 흡수하고 그 내용에 대해 숙고할 시간을 마련해준다.

### 💡 맞춤형 독서를 하라

당신의 개인적 취향과 흥미, 열망에 부합하는 글들을 읽어라. 안일한 태도로 서점에 진열된 베스트셀러만 사서 읽으면 안 된다. 진정으로 탁월해지고 성공하고 싶다면 다른 길을 걸을 준비를 하라. 당신이 오늘 할 일은 목적 없이 서점을 돌아다니면서 눈길이 가는 책들에 관심을 가져보는 것이다. 작가 무라카미 하루키는 "누구나 다 읽는 책만 읽는다면 누구나 다 하는 생각만 하게 될 것이다."라고 말한 바 있다.

### 💡 독서 토론 클럽에 가입하라

마음이 맞는 사람들을 찾아서 함께 책을 읽어보라. 최근 나온 소설을 읽는 모임이든, 자연 환경, 비즈니스, 천문학 등과 같은 비소설 분야의 책을 읽는 모임이든 다 좋다.

## 🔖 독서에서 집필로 나아가라

마침내 하고 싶은 말이 생겼다면 글쓰기를 시작하라. 당신 자신의 아이디어와 이야기, 이론 등을 블로그 포스팅이나 잡지 기사, 책 등의 형태로 전환시켜보라. 수년간 품어온 생각이나 샤워 도중 떠오른 생각들을 글로 표현해보라. 자비 출판을 통해서든 출판 업자를 통해서든 책을 낸다면, 아마도 크나큰 충족감을 누리게 될 것이고, 어쩌면 신인 저자로서의 명성까지 함께 얻게 될지도 모른다.

# 59 쉽게 동요하지 말라

> 상대의 태도를 기분 나쁘게 받아들이지 마라. 다른 사람의 행동은 사실 당신과는 무관하다.
> 사람들의 말과 행동은 그들 자신의 현실과 욕구를 반영할 뿐이다. 다른 사람의 견해나 행동
> 에 영향을 받지 않는다면, 당신은 불필요한 고통을 면하게 될 것이다.
>
> → 돈 미겔 루이스Don Miguel Ruiz · 작가

당신이 쉽게 상처받는 성격이라면 성공에 이르기까지 힘겨운 과정을 거치게 될 것이다. 사실 순탄한 일상생활을 위해서라도 당신은 약간 무신경해질 필요가 있다. 사람들은, 고의적이든 계획적이든 남에게 상처를 주는 행동들을 자주 하기 때문이다. 예컨대, 당신은 파티 참여자 명단에서 누락될 수도 있고, 길에서 무시를 당할 수도 있으며, 누군가로부터 "지난번보다 살이 많이 쪘네."와 같은 말을 들을 수도 있다.

이런 일을 당했을 때 마음의 평정을 유지하기란 결코 쉬운 일이 아닐 것이다. 하지만 사람들의 행동과 말을 지나치게 민감하게 받아들인다면, 결국에 가서는 친구가 단 한 명도 남지 않게 될 것이다. 한 가지 기억해두어야 할 점은, 사람들의 행동과 말이 당신보다는 그들 자신의 현실을 더 많이 반영한다는 점이다. 위의 인용구에는 이 점이 잘 묘사되어 있다. 우리의 말과 행동도 결국 우리 자신의 반영에 불과한 것이다. 우리는 우리 자신의 느낌과 신념을 주변에 있는 다른 사람들에게 투영하는 경향이 있다.

누군가가 내적으로 평온한 상태를 유지할 때, 그 태도는 주변 사람들을 대하는 방식에 그대로 반영되어 나오는 것이 보통이다. 그들은 종종 동정적이고 고요하며 이해심 많은 사람이라는 인상을 준다. 반대로, 누군가가 자신의 삶에 화가 나 있거나 고통을 겪고 있다면, 그는 가까운 사람들을 차갑고 비열하게 대하기 쉬울 것이다.

그러므로 다음번에 누군가에게 상처를 받는다면, 화를 내기보다는 동정심을 품는 편이 나을 것이다.

화를 내는 것보다 동정심을 품는 편이 낫다.

## 오리 등을 타고 흘러내리는 물처럼

누군가가 당신의 비위를 건드린다면, 그 느낌을 겉으로 드러내지 않도록 노력해 보라. 오늘 당장 이 훈련을 하게 될 일은 없길 바라지만, 어쨌든 그런 일이 발생했을 때 당신이 할 일은, 상대의 공격이나 모욕에 반응하지 않도록 의식적으로 습관을 들이는 것이다. 아마도 다음과 같은 과정을 거치는 것이 도움이 될 것이다.

1. 열까지 수를 센다.
2. 미소를 짓는다.
3. 자리를 떠난다.

상대의 공격이 오리 등을 타고 흘러내리는 물처럼 되게 하라. 차분하게 흘려보낸 뒤 당신 갈 길을 가라. 여기서 핵심은 누군가가 당신에게 상처를 주었을 때 습관적으로 반응하지 않는 것이다.

## 목소리를 내야 할 때도 있다

어떤 식으로든 반응을 해야 할 때도 있을 것이다. 누군가가 당신의 동료나 가족 같은 주변 사람들을 모욕했을 때가 그런 경우이다. 이 같은 상황에서는 침착하고 성숙한 태도로, 당신이 보거나 들은 것에 대해 묘사를 하는 것이 좋다. 그런 뒤 상대방에게 왜 그런 태도를 취한 것인지, 무례하게 굴거나 해를 끼치고자 하는 의도가 있었던 것은 아닌지 물어보라. 필요하다면 사과를 요구할 수도 있을 것이다.

## 해로운 사람들을 멀리하라

다른 사람들의 말과 행동을 통제할 수는 없지만, 거리를 두는 것은 언제든 가능하다. 상대를 차분하게 달래보려고 노력하는 것도 중요하지만, 모욕적인 언사가 계속 반복된다면 거리를 두는 편이 좋을 것이다.

# 60 후하게 베풀어라

> 분명 당신은 자식들을 위해 자신의 삶을 헌신할 것이고, 접시 위에 놓인 마지막 비스킷까지도 주고 싶어 할 것이다. 하지만 나는 그런 종류의 관대함을 친척과 이웃, 마을, 그리고 그 너머로까지 계속 확장시켜야 한다고 생각한다.
>
> → 톰 스토파드Tom Stoppard · 극작가

조사된 바에 의하면 거의 모든 사람이 어려운 사람들에게 자신의 시간과 돈을 베풀어준다고 한다. 그러니 자축을 해도 좋을 것이다. 통계적으로 보면, 당신은 아마도 이미 관대한 사람일 것이기 때문이다. 그렇다면, 이런 기본적인 관대함이 새로운 기준이라면, 다음 단계는 과연 어떤 모습일까? 진정한 관대함은 집 없는 사람에게 동전 몇 푼을 건네는 것과는 다르다. 진정한 관대함은 멈춰 서서 그와 이야기를 나누고, 관심을 표하며, 그의 상황을 이해하고자 노력하고, 약간의 음식을 사주는 것과 연관된다. 한때 유튜브 상에서는 노숙자를 따뜻하게 해주기 위해 입고 있던 셔츠를 벗어주는 사람들의 영상이 인기를 끈 적이 있다. 진정한 성공은 바로 이런 모습이다. 다른 사람을 돕기 위해 희생도 마다하지 않는 사람이 되는 것, 그것이 다름 아닌 성공인 것이다.

그런데 관대함은 돈이나 시간하고만 관계된 것이 아니다. 감사하는 것을 잊지 않고, 굳이 그렇게 할 필요가 없을 때조차, 호의적인 찬사가 담긴 리뷰나 기사를 쓰는 것. 이런 것이 바로 진정으로 관대한 사람을 나타내는 표지이다. 그런 사람들은 대가와 관련된 그 어떤 기대도 품지 않는다. 보상을 바라지도, 추구하지도 않고 단지 베푸는 데서 기쁨을 느끼는 것이다. 「천로역정」 저자 존 버니언John Bunyan 역시 "되갚을 능력이 없는 사람에게도 무언가를 베풀지 않는다면 진정으로 산 것이 아니다."라고 말한 바 있다.

> 진정한 성공은 바로 이런 모습이다. 다른 사람을 돕기 위해 희생도 마다하지 않는 사람이 되는 것, 그것이 다름 아닌 성공인 것이다.

## 🔔 작은 것에서부터 시작하라

관대함을 실천할 방법을 찾아보라. 작지만 가치 있는 일들을 할 수 있도록 특별히 신경을 써보라. 다음과 같은 행동들은 그 예기치 못한 성질로 인해 가치를 더하게 된다.

- 버스에서 자리를 양보한다.
- 배우자에게 전화를 걸어 주말 휴가 계획을 잡아놓았다고 말한다(미리 준비하는 것을 잊지 말라).
- 이웃이 휴가를 간 동안 집을 봐주면서 고양이에게 먹이를 준다.
- 일찍 퇴근해서 아이들의 축구 경기나 댄스 경연 대회에 참석한다.
- 동료들의 생일을 기억해두었다가 깜짝 파티를 준비해 놀라게 해준다.
- 일에 짓눌려 있거나 도움이 필요한 동료를 위해 여분의 시간을 투자한다.

## 🔔 다른 사람의 관대함을 인정하라

다른 사람의 친절함이나 관대함을 목격했다면, 대가에 대한 기대 없이 행동하는 이 숨은 영웅들을 기꺼이 인정해주어라. 단순히 그들에게 다가가 직접 찬사를 건넬 수도 있을 것이고, 이름을 호명하거나 넌지시 암시만 하면서 공개적으로 감사를 표할 수도 있을 것이다.

가끔씩 나는 소셜 미디어를 활용해 이 일을 한다. 그저 코멘트 란에 "오늘 나는 길을 가다 시내 커피숍 주인이 노숙자들에게 커피와 베이글을 선물하는 모습을 보았다. 이 얼마나 아름다운 광경인가."와 같은 글을 남기기만 하면 된다. 당신도 이런 식으로 오늘 목격한 숨은 영웅들의 행적을 다른 사람과 공유해보기 바란다.

# 61 잘 먹고 잘 마셔라

> 건강을 유지하는 유일한 방법은 먹기 싫은 것을 먹고, 마시기 싫은 것을 마시면서, 하기 싫은 일을 억지로 하는 것뿐이다.

→ 마크 트웨인Mark Twain · 작가

식품 영역은 사정이 별로 좋지 않다. 우리 주변에는 음식물 섭취와 관련된 문제들의 증거가 널려 있다. 일단 서양에서는 비만과 식이 장애, 당뇨병이 계속 증가하는 추세다. 빠르고 값싼 음식을 찾는 사람들로 인해 패스트푸드와 가공 식품의 소비가 지나칠 정도로 일상화되어 가고 있기 때문이다. 하지만 당뇨와 심장 질환, 대장암 등을 앓는다면, 성공적인 삶을 산다고 말하기 힘들 것이다.

문제는 모순되는 충고들이 너무 많아 무슨 말을 믿어야 할지 분간하기 힘들게 되었다는 점이다. 건강과 관련된 수많은 연구 결과들이 건강을 위한 지침들을 제시해주지만, 그 결과는 거의 한 주마다 바뀌는 것 같다.

당신이 아직 젊고 건강하다면 이런 말들이 귀에 잘 들어오지 않을 것이다. 하지만 한 가지만은 분명하다. 오늘 먹거나 마신 청량음료와 패스트푸드, 가공 식품, 술 등이 나중에 가서 그 대가를 요구해올 것이란 점이 그것이다. 당신은 아마도 더 빨리 나이를 먹을 것이고, 면역 기능도 더 약해질 것이며, 수명마저도 더 짧아질 것이다. 최소한 이 점만큼은 모든 사람이 동의할 것이다.

더 건강한 삶이라는 지연된 만족감 대신 속편한 탐닉이라는 즉각적인 보상을 선택하는 사람들은 항상 있기 마련이다. 하지만 신중히 선택해야 한다. 두 번째 기회 같은 건 찾아오지 않기 때문이다.

> 당뇨와 심장 질환, 대장암 등을 앓는다면, 성공적인 삶을 산다고 말하기 힘들 것이다.

## 💡 적절히 **섭취하라**

현실적으로 건강한 음식만 먹고 마시는 것이 불가능하다면 모든 음식을 적절히, 분별 있게 섭취하면 될 것이다. 가능하다면 명백히 해로운 식품과 음료는 피하고, 먹을 게 없을 때만 먹도록 해라. 지방과 설탕이 많이 든 제품 역시 피하는 것이 좋다. 무엇을 먹든, 한 가지 음식만 과도하게 섭취하는 건 피해야 하고, 특히 폭음은 절대로 하지 말아야 한다. 궁극적인 목표는 당신이 갈망하는 것과 당신의 몸이 정말로 필요로 하는 것 사이의 간극을 없애는 것이다.

## 💡 새로운 식습관을 들여라

글루텐 불내증(밀가루 음식의 소화 결핍)이나 유당 불내증(유당 분해효소 결핍), 당뇨병 등과 같은 진단을 받기 전에, 건강한 식습관을 들이기 위해 적극적으로 노력해야 한다. 다음과 같은 조치만 취해도 식습관이 크게 개선될 것이다.

- 아침에 일어나자마자 물부터 마신다.
- 아침 식사를 거르지 않는다.
- 과자 대신 견과류나 과일을 섭취한다.
- 뜨거운 음료에 설탕을 넣지 않는다.
- 한 그릇 더 먹고 싶은 유혹을 뿌리친다.
- 초저녁에는 음식을 먹지 않는다. 그래야 잠들기 전까지 뱃속에 든 음식이 다 소화되기 때문이다.
- 건강하지 못한 습관을 줄인다. "초콜릿과 와인은 주말에만 먹는다."와 같은 규칙을 도입하는 것도 좋은 방법이다.
- 육식과 유제품을 줄이거나 끊는다. '부분적 채식주의자partial vegetarian'가 되도록 노력해보라.

# 62 조화를 추구하라

당신은 당신 삶의 작곡가이다. 이와 동시에 당신은 하나의 음악 작품이며, 당신의 주변 사람들은 그 음악이 조화롭게 연주되고 있는지 평가하는 평론가들이다. 그 음악의 가락이 틀어진다면, 다른 사람들은 너무나도 불쾌해서 자기 귀를 틀어막으려 들 것이다! 그러므로 당신은 자기 자신과 조화를 이루어야 하고, 주변 사람이나 세상과도 조화를 이루어야 한다.

당신이 자기 자신과 조화를 이룰 때는 행동과 생각, 말, 느낌 이 네 가지가 일체를 이룬다. 이 순간에는 모든 일이 동요나 긴장, 스트레스 없이 순조롭게 풀려나간다. 당신이란 음악의 부분들은 서로 훌륭히 조화를 이루고, 당신은 불안과 스트레스, 짜증, 죄책감 등을 거의 느끼지 않는다.

다른 사람들과 조화를 이룰 때는 정직함과 개방성, 신뢰, 친절함 같은 자질들이 부각된다. 반면, 조화를 이루지 못할 때는 약속 불이행, 다툼, 오해, 진실성 결여 등과 같은 특성들이 모습을 드러낸다.

세상 전체와 이루는 조화는 지속 가능한 삶, 친환경적인 삶 등과 같은 여러 형태를 취할 수 있다. 이를 위해 당신은 주변에 있는 자연 보호 구역을 공업 단지로 개발하지 못하도록 캠페인을 벌일 수도 있고, 당신 지역에 정착하게 된 난민들을 돕기 위한 모금 운동을 벌일 수도 있다.

자기 자신과 조화를 이루지 못한다면 주변 사람이나 환경과도 조화를 이루기 힘들 것이다. 로마 황제이자 철학자인 마르쿠스 아우렐리우스Marcus Aurelius 역시, "자기 자신과 조화를 이룬 사람은 우주 전체와 조화를 이룬 사람이다."라고 말한 바 있다.

하지만 안타깝게도, 자신의 삶 속에서 지속적으로 조화를 경험하는 사람은 극히 드물다.

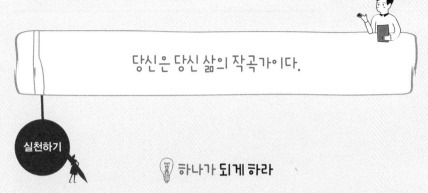

당신은 당신 삶의 작곡가이다.

**실천하기**

### 💡 하나가 되게 하라

내 조언은 매우 간단하다. 당신의 말과 생각, 느낌이 하나가 되게 하라는 것이다.

- 살을 빼고 싶다면 다이어트나 운동을 시작하라.
- 누군가를 돕기로 약속한다면, 그 약속을 잊지 말고 기억하라.
- 슬프고 우울한 기분이 든다면, 아무 일도 없는 것처럼 연기하지 말라.
- 누군가가 당신에게 불친절하고 심술궂게 군다면, 둘 사이에 아무 일도 없는 것처럼 가장하지 말라.
- 담배를 끊고 싶지 않다면 금연을 고려하는 일을 중단하라. 진지한 의도 없이는 결코 효과를 보지 못할 것이기 때문이다.

말하는 것과 느끼는 것, 생각하는 것이 서로 달라서는 안 된다. 그 반대가 되게 하라!

### 💡 고통은 무릅쓸 가치가 있다

사실 말과 생각, 느낌을 일치시키는 건 가장 힘든 도전거리 중 하나이다. 이 셋을 일치시키는 건 단기적으로는 아주 힘들고 신경이 쓰이는 일일 수 있다. 아마도 당신이 정말로 생각하고 느끼는 것을 다른 사람과 공유할 때, 또는 더 이상 하고 싶지 않은 무언가를 중단할 때, 당신은 사람들의 마음을 상하게 할 것이다.

장기적인 혜택은 당신이 더 진실하고 정직한 방향으로 나가게 된다는 것이다. 일부 사람들은 당신에게서 떠나가고 싶어 할지도 모른다. 하지만 이것을 실천한다면, 당신은 더 정직하고 개방적인 관계와 우정을 기대할 수 있게 될 것이다.

# 63 정시에 퇴근하라

> 힘들게 일하는 사람과 현명하게 일하는 사람은 성공의 기준이 서로 다르다.
>
> → 제이콥 모르간Jacob Morgan · 작가

회계법인 「언스트 앤 영Ernst&Young」의 2014년도 조사 결과에 의하면, 근로자의 3분의 1 정도가 지난 5년 동안 일과 삶의 균형을 유지하기가 더 힘들어졌다고 답했다고 한다. 내 코칭을 받는 사람들 중에도 밤늦게까지 퇴근을 할 수 없다고 불평하는 사람들이 많이 있다. 지속적인 비용 절감과 구조 조정, 능률화의 영향으로 인해, 많은 사람들이 더 적은 동료들과 더 많은 일을 하도록 요구받고 있다. 끝내야 할 일의 양이 두 배가 된 상황에서 어떻게 정시에 퇴근하기를 바랄 수 있겠는가?

증가하는 업무량에 대한 반응은 다음 두 가지 정도로 요약해 볼 수 있을 것이다.

1. 최대한 일을 받지 않으려고 노력하면서 일을 다른 사람들에게 미룬다.
2. 늦게까지 남아 일을 한다.

하지만 만일 당신이 일을 떠맡기를 거부한다면, 당신은 다음번 구조 조정이 다가왔을 때 해고당할 위험에 처하게 될 것이다.

동료들의 압력도 무시할 수 없다. 누구든 정상적인 업무 마감 시간이 지나서까지 일터에 머무르도록(급히 끝내야 할 일이 없을 때조차) 압력을 받아본 경험이 있을 것이다. 코트를 걸쳐 입는 첫 번째 사람이 되는 것만은 피하고 싶기 때문이다.

가장 좋은 대응책은 퇴근 시간 전까지 모든 일을 마치도록 노력하면서, 어쩔 수 없을 때만 초과 근무를 하는 것이다. 이것은 충분히 가능하며, 그 방법에 대해서는 곧 배우게 될 것이다.

가장 좋은 대응책은 퇴근 시간 전까지
모든 일을 마치는 것이다.

실천하기

💡 현명하게 **일하라**

비밀은 일을 현명하게 하는 것이다. 이는 일의 속도를 두 배로 늘리거나 급하게 서두르는 것과는 무관하다. 그것은 꼭 해야 할 일을 최대한 생산적이고, 창의적이고, 효율적인 방식으로 처리하는 것을 의미한다. 다음과 같은 방법들을 예로 들 수 있을 것이다.

- 다른 사람들에게 당신의 의사를 전달하라. 만일 당신이 5시 30분까지 사무실을 떠나야 한다면, 동료들에게 그 계획을 미리 알려라. 이렇게 하면 그들도 은연중에 당신과 똑같이 하고 싶은 마음을 품게 될 것이다.
- 오늘까지 해야 할 일이 무엇이고, 그 일을 누구와, 어떻게 해야 할지 판단해가면서, 근무 시간을 잘 계획하라.
- 일을 위임하는 것을 불편해하지 말고(당신 상사에게조차), 중요하지 않거나 당신의 전문 분야와 무관한 요청이나 업무는 정중히 거절하라. 여기서는 판단이 핵심적인 역할을 담당한다. 당신에게 맞는 요청이라면 기꺼이 받아들인 뒤, 그 일을 다 마칠 때까지 일을 할 줄도 알아야 하는 것이다.
- 중요하지도 않을 일을 하거나 꾸물거리면서 시간을 낭비하지 말라. 당신이 하루에 1시간 정도씩 비생산적인 일에 시간을 허비한다면, 매일 1시간씩 늦게 퇴근한다고 불평해서는 안 될 것이다.

- 당신이 세상에서 가장 게으른 사람이라고 상상해보라. 게으른 사람들은 사실 위대한데, 왜냐하면 그들은 항상 일을 처리하는 가장 쉬운 길을 찾기 때문이다. 빌 게이츠는 바로 이런 이유 때문에 게으른 사람들을 고용하길 좋아한다고 말했다. 그렇다면 게으른 사람들은 당신의 일들을 과연 어떤 식으로 처리해나갈까?
- 현명하게 일하도록 동료들을 설득해보라. 이건 윈윈 게임이다. 왜냐하면 모든 사람이 일을 현명하게 한다면, 현명하게 일하는 환경이나 문화가 조성되어 모두에게 혜택이 돌아갈 것이기 때문이다.
- 일은 일터에 남겨두어라. 여기서 말하는 '일'에는 머릿속을 휘젓고 다니는 모든 걱정과 압박감, 염려 등도 포함된다.

# 64 일할 수 있을 때까지 일하라

우리 삶의 후반부는 사실상 삶의 전반부 동안 축적해온 습관들에 지나지 않는 것 같다.
→ 표도르 도스토옙스키|Fyodor Dostoyevsky · 작가

은퇴가 당신을 죽일 수도 있다. 스위스의 경제학자 조셉 즈위뮐러Jofef ZweiMuller에 의해 수행된 한 연구에 의하면, 조기 퇴직 후 1년마다 기대 수명이 약 2개월씩 추가로 감소된다고 한다. 따라서 만일 당신이 은퇴 후를 위해 좋은 시간들을 아껴두고 있다면, 생각을 바꾸는 편이 좋을 것이다. 평소에 좀 더 느긋하고, 여유 있고, 건강한 삶을 살려고 노력해야 은퇴 후에도 그런 삶을 계속 이어나갈 수 있기 때문이다.

프랑스에는 "우리는 삶의 후반부를 갈망하면서 삶의 전반부를 보내고, 삶의 전반부를 후회하면서 삶의 후반부를 보낸다."라는 사랑스런 속담이 있다. 내 생각에 비밀은 우리의 기대 속에 놓여 있는 것 같다. 최근 나는 은퇴한 사람들을 만나 그들에게, "은퇴 후 최상의 삶을 살 수 있도록 젊은 시절의 자신에게 무슨 말을 해주고 싶냐?"라고 물어보았다. 공통된 답변은 다음과 같았다.

• 규칙적인 운동과 분별 있는 식습관으로 건강을 관리하라.
• 더 많이 여행하고, 은퇴 후를 위한 버킷리스트를 너무 많이 남겨놓지 말라. 젊은 시절 동안 충족되지 못한 희망을 품고 있는 것보다, 나이 들었을 때 좋은 기억들을 갖는 편이 더 낫다.
• 은퇴를 서두르지 말고, 은퇴 과정이 점진적으로 일어나도록 내버려두라. 하던 일을 하루 만에 중단하는 것보다, 반 퇴직 상태나 파트타임 근무를 거치면서 일의 양을 서서히 줄여나가는 것이 좋다.

## 은퇴가 당신을 죽일 수도 있다.

### 오늘 당장 은퇴 후 되고자 하는 그 사람이 되어보라

수집된 모든 증거들은 은퇴한 뒤 다른 생활을 하기로 계획하는 것보다 은퇴 생활에 자연스럽게 익숙해지는 것이 좋다는 사실을 입증해주고 있다. 가능하다면 당신은 은퇴를 고려할 필요조차 없을 정도로 훌륭한 삶을 창조하기 위해 노력해야한다. 하지만 회사 생활을 하는 사람들은, 일정한 나이에 공식적으로 일을 중단해야 하는 만큼, 이 방법을 적용하기 힘들 것이다.

그러니 오늘 당장 은퇴한 것처럼 한번 행동해보라. 다음 지침들이 도움이 될 것이다.

- 스트레스를 풀고 느긋한 태도를 취하라.
- 너무 바쁘거나 할 일이 없다고 불평하지 말라.
- 자신의 현재 상황을 있는 그대로 받아들여라.
- 취미나 여가 활동을 위한 시간을 마련하라.

최근 나는 은퇴한 친구를 만난 적이 있는데, 그는 평소에 은퇴를 한 뒤 매일같이 골프를 치고 싶다고 입버릇처럼 말하곤 했다. 1년 동안 그런 생활을 하면서, 그는 골프가 자신의 삶을 재미없고 지루하게 만들어놓는다는 사실을 깨닫게 되었다. 삶의 후반부를 꿈꾸며 오랜 세월을 보냈지만, 결국 자신이 바라던 삶을 즐기지 못하고 있다는 사실만 깨닫게 된 것이다.

# 65 몸짓 언어를 훈련하라

> 몸짓 언어는 매우 강력한 도구이다. 우리는 말을 하기 전부터 몸짓 언어를 사용했고, 들리는 바에 의하면, 대화 내용의 80퍼센트는 말이 아닌 몸을 통해 전달된다고 한다.
>
> → 데보라 불Deborah Bull · 작가, 무용가

좋든 싫든, 당신의 몸짓 언어는 항상 다른 사람들의 눈에 보인다. 당신 스스로 의사소통을 하고 있다는 사실을 알아차리지 못하고, 자신이 무슨 내용을 표현하는지 인식조차 못하더라도, 몸짓 언어는 다른 사람들에게 메시지를 전달하고 있다. 작가 자로드 킨츠Jarod Kintz는 이런 몸짓 언어의 특성을 묘사하면서, "나는 몸짓 언어를 사랑한다. 등을 돌린 상태에서도 의사를 전달할 수 있는 데다 입을 열 필요도, 귀를 기울일 필요도 없기 때문이다."라고 말한 바 있다.

삶의 어떤 영역에서든 성공적인 삶을 살려면, 당신은 사람들과 좋은 관계를 맺을 수 있어야 한다. 이는 다른 사람들의 비언어적 메시지를 이해할 뿐만 아니라, 당신이 표현해내는 비언어적 메시지를 제어할 줄도 알아야 한다는 것을 뜻한다. 즉, 당신의 몸짓 언어는 좋은 관계를 맺고 유지할 수 있도록 당신을 후원해주어야 한다. 성공을 가져다주는 몸짓 언어가 되어야 하는 것이다.

예컨대, 다른 사람을 신뢰한다는 사실을 보여주고자 할 때는 몸짓 언어가 당신의 말을 뒷받침할 수 있어야 한다. 만일 당신이 팔을 꼰 채로 시선 접촉을 피한다면, 당신이 전하고자 하는 메시지가 몸짓 언어와 충돌을 일으키게 될 것이다. 상대방이 의식적으로 그 사실을 알아차리지 못할 수도 있긴 하지만, 무의식적인 측면에서는 여전히 당신의 몸짓 언어에 의해 영향을 받게 될 것이다. 아마도 그들은 당신의 언어적 의사소통과 비언어적 의사소통 간의 불일치를 보면서 당신을 차가운 사람으로 간주하거나, 아니면 무언가를 숨기고 있다고 생각하게 될 것이다.

당신이 표현해내는 비언어적 메시지를 제어하라.

실천하기

## 💡 첫인상이 모든 것이다

누군가를 처음 만날 때는 몸짓 언어에 각별히 신경을 써야 한다. 첫인상은 아주 중요하며, 첫인상을 전할 두 번째 기회 같은 건 찾아오지 않기 때문이다.

비밀은 다음과 같은 태도를 통해 자신감 있고 신뢰할 수 있는 사람이란 느낌을 전하는 것이다.

- 누군가를 처음 만날 때는 항상 미소를 짓고 시선을 맞추면서 악수를 나누어라(모든 문화권에 해당되는 건 아니라는 점도 잊지 말기 바란다).
- 서 있든 앉아 있든 간에 몸을 똑바로 세워라. 앉아 있다면 다리를 한데 모으고, 다리를 떨거나 너무 많이 움직이지 않도록 주의하라.
- 상황에 맞는 옷을 입어라. 확신이 서지 않는다면 평소보다 좀 더 격식을 차려라. 차림새를 흐트러뜨리는 것이 그 반대로 하는 것보다 항상 더 쉬운 법이다.

## 💡 나쁜 습관을 고쳐라

다른 사람이 당신의 몸짓 언어와 비언어적 신호로부터 어떤 의미를 읽어내는지 파악하기란 결코 쉬운 일이 아니다. 도무지 파악하지 못하겠다면, 당신의 친구나 가족에게 솔직히 말해달라고 요청하라. 면접에 떨어지거나 데이트를 망치는 것보다는 가까운 사람들에게 쓴소리를 듣는 편히 훨씬 낫다.

> 살면서 당신은 모든 만남에 목적이 있다는 사실을 깨닫게 될 것이다. 어떤 사람은 당신을 시험할 것이고, 또 어떤 사람은 당신을 이용할 것이며, 또 다른 사람은 당신에게 가르침을 줄 것이다. 하지만 그 누구보다도 중요한 사람은…… 당신 내면으로부터 최고의 것을 이끌어내 주는 사람이다.
>
> → 작자 미상

　　　　　　　　　　　"우리는 가장 친한 다섯 친구의 결합체이다."라는 격언이 있다. 이 말은 진실이다. 당신이 친구로 선택하는 사람들은 당신에게 엄청난 영향을 미칠 수 있다.

친구들은 당신을 고양시킬 수도, 끌어내릴 수도 있다. 같은 사람들과 어느 정도 시간을 보내다보면, 그들의 습관이 당신에게 옮겨 붙는 것을 느끼게 될 것이다. 한때는 받아들이기 힘들었던 것들조차 얼마 지나지 않아 아무렇지도 않은 것으로 변해버린다.

- 심리과학지Psychological Science에 게재된 2013년도 연구 결과는 의지력이 강한 친구들이 당신 자신의 자기 제어 능력을 향상시켜줄 수 있다는 점을 보여주었다. 단순히 그들과 함께 머무는 것만으로도 당신의 의지력을 고양시킬 수 있는 것이다.
- 소비자연구저널Journal of Consumer Research에 실린 2014년도 연구 결과에 의하면, 그릇되고 부적절한 선택을 내리는 친구들과 함께 지내다보면, 당신 역시 그들의 영향을 받아 판단력이 저하되기 쉽다고 한다.

나는 내 코칭을 받는 사람들에게 "자기 자신을 이해하는 가장 좋은 방법 중 하나는 가장 친한 친구들과 이제는 더 이상 만나지 않는 옛 친구들을 살펴보는 것"이라는 말을 자주 한다. 가족과는 달리 친구는 얼마든지 선택을 할 수 있으므로, 장기적인 우정 관계의 패턴을 관찰하다보면 자기 자신과 관련된 많은 사실들을 깨닫게 될 것이다.

가장 이상적인 것은 당신의 잠재력을 일깨우고, 성장하도록 도우며, 항상 당신 옆을 지켜줄 친구들을 사귀는 것이다.

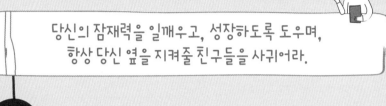

당신의 잠재력을 일깨우고, 성장하도록 도우며,
항상 당신 옆을 지켜줄 친구들을 사귀어라.

**실천하기**

## 💡용기 있게 선택하라

나는 우리가 누군가를 만나게 되는 데는 다 이유가 있다고 믿는다. 하지만 슬프게도, 우리는 그 이유를 거의 알아차리지 못한다. 새로운 누군가를 만나서 관계를 이어왔다고 해서, 그를 당신의 친구로 삼거나 친구 관계를 유지해야 한다는 뜻은 아니다. 그러니 당신에게 지속적으로 고통이나 불편함을 초래하는 친구나 지인을 잃을 준비를 하고 그를 떠나보내는 것을 꺼려 하지 말라. 다음과 같은 사람들을 조심하라.

- 심술궂고 불친절한 사람들
- 당신을 하찮게 여기거나 질투하는 사람들
- 이기적이고 자아도취적인 사람들
- 당신을 불편하게 하는 가치와 관점, 행동을 나타내 보이는 사람들

당신은 그들을 떠나는 이유를 정당화할 필요가 없다. 어쩌면 걱정스러운 점을 이야기해주고 싶을지도 모르지만, 그들이 변할 것이라고 기대하지는 마라. 사람들은 자신의 약점을 잘 눈치 채지 못하는 만큼 당신의 말을 받아들이길 거절하거나, 우정을 깼다고 당신을 비난하기 쉬울 것이다. 당신이 상대와 쌍방의 친구를 공유한다면, 일이 더 힘들어질 수 있다. 당신의 선택은 아마도 집단 전체의 상호 작용에 영향을 미칠 것이다. 하지만 그렇더라도 당신의 느낌과 행동에 대해 주변 사람들에게 솔직하게 이야기를 하라. 자기 자신에게 솔직한 것이 그 무엇보다 중요하다.

## 진정한 친구들을 소중히 여겨라

함께할 시간이 다 되어서든, 정리 해고나 질병, 이혼 같은 사건들을 통해서든, 친구들이 우리를 떠나는 건 슬픈 일이다. 하지만 인생의 커다란 사건들은 진정한 친구가 누구인지 드러내준다. 당신이 보물처럼 소중히 여겨야 하는 건 바로 그런 사람들이다.

# 67 호기심을 지녀라

> 우리는 계속 앞으로 나아가면서 새로운 문을 열고, 새로운 일을 시도한다. 호기심 때문이다.
> 호기심은 우리를 새로운 길로 이끌어준다.
>
> → 월트 디즈니Walt Disney · 기업가

　　　　　　　　　오늘날의 세상에서 호기심은 필수적이다. 호기심은 개방적인 자세로 질문을 던지면서 주변 세상을 탐험하는 것과 연관되어 있다. 그것은 한마디로, 세상이 왜 이런 식인지 의문을 품는 것이다. 이 같은 태도를 취할 때, 당신은 자신의 삶에 더 많은 의미와 가치를 부여할 수 있다. 호기심은 결론으로 건너뛰거나 비판을 일삼는 대신, 모든 가능성을 열어놓는 쪽을 택한다.

우리 모두는 호기심을 타고났다. 주변 환경을 탐색하는 아기만 봐도 이 점을 확인할 수 있다. 그런데 학교 교육과 육아 과정은 타고난 호기심을 꽃피우게 할 수도, 시들게 할 수도 있다. 이에 대해 전문가들은 "아이들 스스로 질문을 던진 뒤, 그 질문에 대한 자신만의 답을 찾도록 내버려두어야 한다."라고 말한다. 호기심 많은 탐험가가 되게 하라는 것이다. 하지만 안타깝게도 대부분의 사람들은 다른 사람이 제시하는 해답이나 해결책을 받아들이는 데 익숙해진 상태로 직장 생활에 뛰어든다.

진정으로 성공하고자 한다면 당신은 호기심에 다시 불을 붙여야 한다. 당신은 다음과 같은 질문을 던지는 내면의 아이, 즉 호기심 많은 탐험가를 재발견해낼 필요가 있다.

- "어떻게 하면 이 제품을 더 단순하고, 빠르고, 아름답고, 저렴하게 만들 수 있을까?"
- "이 문제를 해결할 다른 방법은 없는 것일까?"
- "이 서비스를 더 재미있고 흥미롭게 만들려면 어떻게 해야 할까?"
- "이 멋진 일본식 아이디어를 내 디자인에 반영하려면 어떻게 해야 할까?"
- "어떻게 해야 이 제품이 세계적인 호소력을 지닐 수 있을까?"

오늘날의 세상에서 호기심은 필수적이다.

### 💡 질문을 제대로 던져라

해답을 찾으려고 너무 서두르지 마라. 인지과학자인 대니얼 윌링햄Daniel Willingham 에 의하면 우리는 "해답만 너무 열렬히 추구한 나머지, 질문을 심화시키는 데 충분한 시간을 투자하지 않는다."라고 한다. 그런데 호기심은 구글 검색에서 얻을 수 있는 것보다 훨씬 더 나은 해답을 낳는 질문들을 던질 수 있도록 우리를 도와준다. 단순한 결론과 쉬운 설명을 우회하는 진정한 지식을 쌓도록 해주는 것이다.

### 💡 지루할 틈이 없게 하라

신경을 끄고 싶은 충동을 느낄 때조차 주변 환경에 대한 능동적 관심을 유지하도록 당신 자신을 훈련시켜라. 집중력 감퇴를 지루함과 혼동하지 마라. 회의나 사교 모임 시간에 집중력 수준이 떨어지는 건 완전히 정상적인 일이다. 그럴 때는 짧게 휴식을 취하면서 스트레칭을 하거나 커피를 마셔라. 자리로 돌아올 때 다시 능동적 관심을 유지하겠다고 다짐하면 된다. 모든 사건과 대화 내용을 탐색하고 배움을 얻을 대상으로 바라보라. 다음과 같은 질문들이 도움이 될 것이다.

- "혹시 다른 사람들이 놓치고 있는 건 없는가?"
- "어떻게 하면 토론을 더 흥미롭게 만들 수 있을까?"
- "주변 사람들을 관찰함으로써 배울 수 있는 것에는 어떤 것들이 있는가?"

# 68 말한 대로 실천하라

항상 자신이 한 말에 충실해야 한다. 당신이 하겠다고 한 행동을 실제로 할 때, 당신은 신뢰성의 궁극적인 표본이 되는데, 이 신뢰란 것은 우리 삶에서 매우 큰 비중을 차지한다. 사실 나는 신뢰야말로 사람이 지닐 수 있는 것 중 가장 중요한 자질이라는 생각까지 품기 시작했다. 신뢰를 구축하는 데는 시간이 들지만, 단 한 번의 경솔한 말과 판단 착오만으로도 순식간에 무너져 내릴 수 있기 때문이다.

우리의 하루하루는 우리의 말을 시험에 들게 하는 작은 순간들로 가득 차 있다. 편지를 보내겠다는 약속에서부터 집에 오는 길에 우유를 사오겠다는 약속에 이르기까지, 그 모든 말들이 시험을 받는다. 우리 모두가 가끔씩 약속을 잊어버리지만, 작은 약속이라고 해서 반복적으로 무시하다보면, 결국에 가서는 신뢰를 완전히 잃게 될 것이다.

더 큰 도전거리는 단 한 번의 불이행만으로도 모든 신뢰 관계를 파괴할 수 있는 중대한 약속들과 함께 찾아온다. 회사의 명운이 걸린 고객의 입찰 제안을 제시간에 마무리 짓지 못하는 것 등이 여기 해당된다.

이런 순간들은 성공적인 삶을 위한 당신의 계획을 망쳐놓을 수도 있다.

> 항상 자신이 한 말에 충실해야 한다.

## 💡 애초에 약속을 하지 말라

지키기 힘들 것 같다면 애초에 약속을 하지 말아야 한다. 아브라함 링컨 대통령이 "할 수 없는 일을 하도록 강요받지 않으려면, 확신하지 못할 약속을 해서는 안 된다."라고 말했을 때 그는 정곡을 찌른 것이다. 만일 확신이 안 선다면, 안 선다고 솔직히 말해라. 안 된다고 미리 실망시키는 것이 기대를 저버린 행동으로 나중에 실망시키는 것보다 훨씬 나은 법이다.

## 💡 소중한 사람들과의 약속에 특별한 관심을 기울여라

소중한 관계를 신성시하라. 아마도 당신의 배우자나 자식들, 부모님, 가까운 친구, 상사, 핵심 동료들과의 관계가 여기 해당될 것이다. 당신의 삶에서 중요한 부분을 차지하는 사람들에게는 매일같이 특별한 관심을 기울여야 한다. 가까운 사람들과 맺는 약속을 항상 기억하고 지키도록 노력하라.

가장 중요한 것은 당신의 아내나 남편과 한 약속을 지키도록 각별히 신경을 쓰는 것이다.

# 69 '발송' 버튼을 누르기 전에 잠시 멈춰라

누군가에게 문자메시지를 보내는 것과 비둘기를 통해 사랑의 편지를 전달하는 것을 비교해 보라. 도무지 상대가 안 된다.

→ 브라이언 칼렌Bryan Callen · 작가, 배우

우리의 업무 및 사회생활 전체는 이메일과 문자, 인터넷 등을 통해 전달되는 수십억 개의 메시지를 중심으로 돌아간다. 우리는 그 메시지를 먹고, 운전하고, 달리고, 회의를 하고, 목욕을 하는 동안 작성한다. 그러니 발송되는 수많은 메시지들이 잘못되거나 부적절한 내용을 포함한다고 해서 우리가 놀라야 할까? '발송' 버튼을 누른 뒤 메일을 다시 회수할 수 있는 '발송 취소' 기능이 도입된 건 어찌 보면 당연한 일일 것이다.

나는 지금까지 이메일이나 의사소통과 관련된 다양한 문제들로 어려움을 겪는 임직원들을 수없이 코칭해왔다. 어떤 사람은 이메일을 제때 확인하지 않아 문제를 일으켰고, 다른 사람은 길고 모호한 메시지로 동료들을 혼란스럽게 했으며, 또 다른 사람은 메일을 한두 줄씩만 써서 읽는 사람에게 차갑고 불친절하다는 인상을 주었다.

많은 사람들이 잊고 있지만, 온라인과 모바일로 의사소통의 장이 이전된 건 비교적 최근의 일이다. 우리 모두가 가파른 학습 곡선을 거슬러 올라가고 있는 셈이다. 그러니 서둘러 '발송' 버튼을 누르기 전에, 그 글을 읽게 될 사람의 입장에서 작성한 글을 다시 읽는 습관을 한번 들여다보기 바란다. 어쩌면 메시지를 전달할 더 나은 방법을 발견하게 될지도 모른다.

'발송' 버튼을 누르기 전에
작성한 글을 다시 한 번 읽어보라.

## 💡 대화가 좋을까? 글이 좋을까?

이메일이나 문자메시지는 아주 쉽고 빠르게 타이핑할 수 있다. 전화를 걸거나 직접 만나러 가는 것보다 메시지를 타이핑하는 쪽이 훨씬 빠르고 편하다. 하지만 그렇다고 해서 글로만 의사소통을 해서는 곤란하다. 상황과 대상에 맞게 의사소통 수단을 선택할 줄도 알아야 한다.

다음 질문들에 대해 숙고해보는 것이 도움이 될 것이다.

- 의사소통을 하려는 의도는 무엇인가?
- 의사소통을 통해 어떤 결과를 이끌어내고자 하는가? (예 : 단순한 사실의 전달, 상대의 응답 촉구, 상세한 토론의 장 마련 등)
- 누구에게 그 메시지를 전달하려 하는가? 이메일의 경우, 참조인과 숨은 참조인은 누구로 해야 할까?
- 일대일 대화나 전화 통화 같은 좀 더 인간적인 접근이 필요한 의사소통인가? 혹시 손 편지를 써서 보내야 하는 건 아닌가?
- 무엇보다도 이메일이나 문자를 활용한 걸 후회하게 되지는 않을까?

## 💡 초안을 저장해두라

가끔씩은 수신자에게 화와 짜증, 슬픔 등을 불러일으키는 이메일이나 문자메시지를 작성하게 될지도 모른다. 메시지를 보내고 나서 후회하는 일을 피하고 싶다면, 이메일이나 문자메시지를 작성한 뒤 그 메시지를 초안으로 저장해두는 습관을 가져보라. 저장을 마쳤다면 일단 폰을 내려놓거나 컴퓨터에서 물러서라. 몇 시간 뒤 되돌아와 초안을 다시 읽어보면서 단어나 어조가 적절한지 확인하라. 당신이 그 메시지를 받는다면 어떤 기분이 들지 생각해보라.

메시지가 편안하게 와 닿기 전까지는 '발송' 버튼을 눌러서는 안 된다.

# 70 두려움과 친구가 돼라

> 두려워하지 말아야 한다. 두려움은 마음을 죽이기 때문이다. 두려움은 완전한 소멸을 초래하는 작은 죽음이다. 나는 내 두려움과 직면할 것이다. 나는 두려움이 나를 통과해 지나가도록 내버려둘 것이다."
>
> → 프랭크 허버트Frank Herbert · 작가

거미 공포증 같은 건 사실 별문제가 안 된다. 훌륭한 삶을 살 기회를 송두리째 앗아가는 건 평소에 우리가 품고 다니는 더 큰 규모의 두려움들이다. 두려움은 우리를 완전히 무력화시킬 수 있다. 예컨대, 실패에 대한 두려움은 위험을 무릅쓰지 못하도록 우리를 가로막으며, 조롱받는 것에 대한 두려움은 앞장서서 이끌지 못하도록 우리를 방해한다.

두려움의 유래와 관련된 지식은 두려움을 이해하고, 두려움의 효과들을 극복하는 방법을 찾는 데 도움이 될 수 있다.

우리 부모님과 우리가 자라온 방식 사이에는 매우 긴밀한 연관 관계가 존재한다. 내가 좋아하는 한 친구는 위험해 보이는 새로운 일들을 시도하길 매우 두려워하는데, 그건 어린 시절에 그녀의 어머니가 딸이 상처를 입을까봐 지나칠 정도로 조심을 했기 때문이다. 현재 그녀는 자전거나 스케이트를 타는 상상만으로도 공포에 질리곤 한다.

하지만 목적을 달성하지 못하도록 방해하는 두려움을 단 하나만 선택하라고 한다면, 나는 성공하는 것에 대한 불안을 꼽을 것이다. 교사이자 작가인 마리안느 윌리엄슨Marianne Williamson은 이렇게 말한 바 있다. "우리의 가장 깊은 두려움은 우리가 무능력하다는 데 있는 것이 아니다. 우리 자신의 가장 큰 두려움은 우리가 측정할 수 없을 정도로 우리 속의 두려움이 강력하다는 데 있다. 우리를 가장 두렵게 하는 건 어둠이 아니라 우리의 빛이다. 우리는 자신에게 묻곤 한다. '나는 탁월하고, 멋지고, 재능 있고, 비범한 사람인가?'그렇지 않다고 움츠리기만 하면 빛을 발할 수 없다."

두려움의 유래와 관련된 지식은
두려움을 이해하는 데 도움이 될 수 있다.

실천하기

💡 두려움에 **직면하라**

두려워하지 않는 척 가장하는 것만으로 두려움을 단순히 무시해버릴 수 있다고 생각해서는 안 된다. 대신 두려움에 대해 이야기를 하고 농담을 하면서 두려움을 웃음의 대상으로 만들어보라. 두려움을 밖으로 끄집어내 직면하다보면 두려움과 함께 살아가는 법을 서서히 배우게 될 것이고, 결국 두려움의 영향도 덜 받게 될 것이다. 고대 일본의 속담에 의하면, "두려움의 깊이는 마음먹기에 달려 있다."라고 한다. 전부 마음속에서 일어나는 일인 만큼, 당신의 삶에서 두려움이 맡은 역할을 바꿀 수도 있는 것이다.

두려움을 적극적으로 찾아나서는 것에서부터 시작해보라. 상식에 어긋나는 소리처럼 들리겠지만 당신이 두려워하는 일을 하고, 당신이 두려워하는 것이 되고, 당신이 두려워하는 것을 말해보라. 자기 자신을 두려움에 노출시키는 것이 불안을 극복하는 매우 효과적인 방법이라는 사실은 수많은 연구들에 의해 입증된 바 있다. 오늘 당장 당신이 가장 두려워하는 일을 해보라. 높은 곳에 올라가는 건 현기증을 극복하는 데 도움이 될 것이고, 대중 연설을 하는 건 사람들 앞에서 자신감을 얻는 데 도움이 될 것이며, 승강기를 타는 건 폐소 공포증을 극복하는 데 도움이 될 것이다.

이 기법을 실천하다보면 시간이 감에 따라 당신의 두려움이 점점 더 작아지는 것을 느끼게 될 것이다.

## 💡전문적인 도움이 필요할지도 모른다

물론 어떤 불안은 어린 시절의 경험과 연관된 뿌리 깊은 편집증과 트라우마에서 일어난다. 이런 경우에는 최면 치료사나 심리학자를 찾아가 도움을 얻는 편이 좋을 것이다. 인지 행동 치료(CBT)는 이 같은 상황에서 활용되는 가장 일반적인 치료법이다. 이 치료법은 문제를 작은 부분들로 나눔으로써 당신에게 미치는 불안의 영향력을 감소시켜준다.

# 71 진실을 말하라

2002년, MIT 대학의 로버트 펠드먼Robert Feldman 박사는 우리가 10분의 대화 기간 동안 평균적으로 두세 번 정도 거짓말을 한다는 사실을 보여주었다. 연구들마다 다양한 결과들을 제시하지만, 인간이 기본적으로 거짓말을 많이 한다는 사실만큼은 변하지 않는다.

분명, 거짓말의 종류는 사소한 것이나 중요한 것에서부터 엄청나고 충격적인 것에 이르기까지 다양하다. 하지만 좋은 의도로 한 '하얀' 거짓말이라고 정당화할 때조차, 거짓말은 어쨌든 거짓말이다.

어떻게 보면 우리는 다른 사람들의 부정직함에 점점 더 무감각해지고 있는 것 같다. 미디어에서는 매주같이 거짓말을 하거나 속임수를 쓴 유명 인사들의 이야기가 쏟아져 나온다. 거짓말과 속임수가 성공에 이르는 지름길이 될 수도 있겠다는 생각을 품기에 충분할 정도다. 거짓말과 속임수는 다음과 같은 형태를 취할 수 있다.

- 이력서를 작성할 때 자격 요건이나 업무 경력과 관련된 내용을 과장한다.
- 다른 사람의 아이디어나 성과를 자기 것인 것처럼 가장한다.
- 결혼을 통해 부를 얻기 위해 누군가를 사랑하는 체한다.
- 은행에 융자 신청을 할 때 문서를 거짓으로 작성한다.

수많은 사람들이 이런 거짓말은 사소한 거짓말이거나 격식을 우회하는 영리한 방법일 뿐이라고 하면서, 자신의 생활 태도를 정당화한다. 물론 당신이 원하는 대로 말하고 행동하는 건 자유지만, 이 길을 따라 걸어간다면 당신의 성공은 가짜 성공이 되고 말 것이다. 정직성이 결여된 성공은 토대 없이 지어진 건물과도 같아서, 언젠가는 금이 가고 허물어지게 되어 있다.

> 정직성이 결여된 성공은
> 토대 없이 지어진 건물과도 같다.

**실천하기**

## 💡 더 이상 자신을 속이지 말라

이제 완전히 진실한 삶을 살 때가 되었다. 오늘부터 당신 자신의 거짓말과 속임수를 불쾌하게 여겨라. 양심이 솟아올라 당신을 불편하게 만들도록 내버려두어라. 항상 진실만을 말하고, 만일 그렇게 하지 않기로 선택한다면 그 이유를 분명히 해 두어라.

항상 당신 자신에게 솔직해라. 거울 앞에 서서 당신을 바라보는 그 사람에게 거짓말하는 짓은 더 이상 하지 말아야 한다. 브라질 작가 파울로 코엘료Paulo Coelho는 이 점을 다음과 같이 훌륭히 표현해냈다. "성공적으로 되길 바란다면 당신은 한 가지 규칙을 준수해야 한다. '나 자신에게 결코 거짓말하지 않는다.'는 규칙이 그것이다."

## 💡 모든 행동에는 대가가 따른다

만일 당신이 거짓말을 하거나 속임수를 썼다면, 그 결과를 감내할 준비를 하는 게 좋을 것이다. 언젠가는 결국 대가를 치르게 되어 있기 때문이다. 카드로 지은 집이 환상적으로 보일지는 모르지만, 그런 집은 순식간에 무너져 내리기 쉽다. 거짓으로 인해 당신의 명성과 취직은 물론 자유까지도 물거품이 될 수 있는 것이다. 오늘날까지 랜스 암스트롱Lance Armstrong을 투르 드 프랑스Tour de France에서 7연패한 사이클 선수로 인정하는 사람은 아무도 없다.(약물 복용한 사실이 알려졌기 때문이다.)

거짓말에 관한 한, 당신은 그 거짓말을 들킬 위험이 어느 정도이고 그 결과가 얼마나 심각할지 결코 알 수 없다. 당신은 대학 학위를 지닌 척 가장하면서 은퇴할 때까지 회사 생활을 이어갈 수도 있고, 첫 번째 직장에서 바로 들통이 날 수도 있다. 다음 질문에 답을 해보라. "당신은 정말 거짓말을 들킬 위험을 안고 살아가고 싶은가?" 당신의 답변은 "아니, 절대 그렇게는 못 살아!"가 되어야 마땅할 것이다.

# 72 \ 특정 분야의 전문가가 되어라

전문가가 되더라도 전문 지식을 습득하길 중단하지 말라. 삶을 끊임없는 배움의 과정으로 간주하라.

→ 데니스 웨이틀리Denis Waitley · 컨설턴트

당신은 이미 전문가다. 비록 우리가 반복적으로 연습하고 습관적으로 습득한 것일지라도 우리가 익히 알고 있는 모든 것에 대해 전문가로 여기고 있다. 성공은 더 이상 전문가로서의 처신에 맞지 않는 행동들(과시하거나 남을 무시하거나 나태해지는 등)을 멈추고, 전문성을 획득하고 싶은 행동을 위한 삶의 공간을 마련하는 데서 비롯된다. 여기서 중요한 건, 당신의 내적 에너지와 동기 부여를 '최고의 통달 영역', 즉 전문가로 불리는 것을 자랑스러워해도 좋은 영역에 집중시키는 것이다. 다음과 같은 자질들을 예로 들 수 있을 것이다.

- 공감 능력이나 협동 능력과 같은 소프트 스킬soft skill들
- 재무 계획이나 양육과 같은 생활 기술들
- 컴퓨터 프로그래밍이나 프로젝트 관리와 같은 업무 기술들
- 공학, 간호, 법률 등과 같은 영역의 전문 지식

이들 가운데 단 하나의 분야에만 정통해도 좋고, 여러 영역에 걸친 기술과 전문성을 확보해도 좋다. 나는 재무에서 인사를 거쳐 코칭 분야로 넘어왔고, 그러는 동안 전략적 사고와 사업 경영, 리더십 같은 핵심 기술들을 습득하게 되었다. 현재 이 모든 전문 기술들은 리더십 코칭 영역에 속하는 내 일 속에 하나로 융합되어 있다.

> 성공은 더 이상 전문성을 유지하기에 부적절한 행동들을 멈추고, 전문성을 획득하고 싶은 행동을 위한 공간을 마련하는 데서 비롯된다.

**실천하기**

## 💡 어떤 전문성을 획득할 것인가?

당신은 어느 분야의 전문가가 되고 싶은가? 그런 전문성이 보다 성공적인 삶을 영위하는 데 어떻게, 왜 도움이 되는지 생각해보라. 경험을 축적하다보면 당신은 어떤 분야의 전문성을 추구하는 것이 좋을지 더 잘 이해하게 될 것이다. 확신이 잘안 선다면, 단순히 맞닥뜨리는 모든 일을 탁월하게 완수하고자 노력해보라. 당연한 말처럼 들리겠지만, 당신이 사랑하고 열정을 느끼는 활동을 대상으로 전문성을 획득하는 것이 훨씬 더 쉽다.

## 💡 훈련을 거듭하라

전문성은 시간과 훈련을 필요로 한다. 미국의 보험 제국을 이룬 클레멘트 스톤W. Clement Stone은 "노력하고, 노력하고, 계속해서 노력하는 것이 특정 분야의 전문가가 되기 위해 따라야 할 규칙이다."라고 말한 바 있다. 전문가가 되려면 1만 시간을 투자해야 한다는 견해에 대해서도 많은 말들이 있었다. 최근 연구들이 이 견해의 오점을 드러내긴 했지만, 걸리는 시간이 얼마가 되었든 간에 하룻밤 만에 무언가를 통달할 수 없다는 사실만큼은 분명하다.

전문가가 되려면 당신은 특정 활동을 계속해서 반복하면서, 가르침과 피드백을 얻기 위해 노력해야 한다. 그리고 무엇보다도 당신은 실패를 하고 실수를 저지른 뒤, 그 경험들로부터 배움을 얻을 수 있어야 한다. 나는 '전문가는 가장 많은 실수를 저지른 사람'이라는 생각을 좋아한다.

## 💡 당신의 전문성을 나눠주어라

당신이 통달하고자 하는 그 전문성을 남들에게 가르쳐라. 아직 통달하지도 못한 것을 어떻게 가르칠 수 있겠느냐고 의문을 품을지도 모르지만, 전문성이란 건 사실 상대적인 용어에 불과하다. 그것은 얼마든지 더 개선되고 향상될 수 있다. 당신의 통찰과 경험, 지식을 나누어주다 보면, 그것이 집을 리모델링하는 일이든 소득 신고서를 작성하는 일이든 간에, 그 전문성을 더 잘 이해하고 소화하게 될 것이다.

# 73 잘못했다면 사과를 하라

인간은 자신의 실수를 인정할 만큼 커야 하고, 그 경험으로부터 배움을 얻을 만큼 현명해야 하며, 그 실수를 바로잡을 만큼 강인해야 한다.

→ 존 맥스웰John C. maxwell · 작가, 목사

자발적으로 자신의 실수를 인정하면서 사과를 하는 태도는 성숙과 지혜의 표식이다. 하지만 자신이 틀렸다는 사실을 인정하길 거부하는 사람들이 너무나 많다. 그들은 남의 탓을 하면서 자신의 책임을 회피하고 싶어 한다.

사과는 왜 이렇게 힘든 것일까? 우리는 무엇을 두려워하는 것일까?

사과를 하는 건 나약함과는 거리가 멀다. 사실 완전히 그 반대이다. 다른 사람을 해쳤을지 모를 실수에 대해 사과하길 꺼리면서 살아가는 태도는 공감 능력 결여와 고집스러움만 보여줄 뿐이다.

사과를 잘 못하는 사람들과 시간을 보낼 때, 나는 종종 그들이 자신의 잘못과 사과의 필요성을 감지하지만 자존심과 자의식 때문에 겸허하게 뉘우치는 태도로 "제가 잘못했습니다."라고 말하지 못하는 것이라는 사실을 깨닫게 된다. 하지만 사과를 하고 용서를 구하는 태도는 자유를 가져다준다. 사과는 관계로부터 죄책감과 상처를 제거해준다.

> 사과를 하고 용서를 구하는 태도는
> 자유를 가져다준다.

## 🔆 진심을 담아 사과하라

다음과 같은 태도는 지혜와 인품, 정직성을 나타내는 진정한 표식이다.

- 항상 자신의 잘못을 먼저 시인한다.
- 솔직하게 마음을 터놓고, 필요하다면 공개적으로 사과한다.
- 진심에서 우러나온 진솔한 사과를 한다.
- 잘못을 바로잡으려고 노력한다.

## 🔆 말만으로는 충분치 않다

자신의 잘못을 인정하고 사과를 건네는 것만으로는 충분치 않다. 당신은 아마도 마음을 터놓고 사과를 함으로써 상황을 개선시키고 상대의 기분을 낫게 해주었을 것이다. 하지만 당신이 한 사과의 진정성은 오직 행동을 통해서만 입증될 수 있다. 당신은 다음과 같은 행동을 실천에 옮겨야 한다.

- 실수를 만회하라. 깨진 것을 복구하거나, 일정한 보상을 제공하거나, 친구와 동료들 앞에서 공개적으로 사과를 하라. 상처를 준 사람에게 선물이나 사과의 편지를 건넬 수도 있을 것이다.
- 비슷한 상황이 닥쳤을 때 실수를 반복하지 않도록 태도를 바꾸어라. 생일을 기억하고, 모임 시간을 맞추고, 다음번 가족 모임에서 여동생에게 매너 있게 대할 수 있도록 각별히 신경을 써라.

# 74 오랜 친구들과 연락을 유지하라

> 진정한 우정의 가장 아름다운 특성 중 하나는 서로에 대한 깊은 이해이다.
> → 루시우스 세네카Lucius Seneca · 고대 로마 철학자

　　　　　　　　　　　　　　 "우정의 길 위에 잡초가 자라게 하지 말라."
는 미국 인디언들의 격언이 있다. 우정을 생생히 유지할 수 있도록 할 수 있는 모든 일을 다 하라. 수년간 지속된 우정은 삶을 위한 훌륭한 기반이 되어준다. 원할 때면 언제든 접촉할 수 있는 사람들이 있다는 건 정말 멋진 일이다. 그 사람들이 반드시 가까운 친구일 필요는 없다. 지인들도 중요하긴 마찬가지다. 어떤 형태로든 접촉을 유지하다보면 당신은 어떤 유형의 우정이든 시간이 감에 따라 깊어진다는 사실을 알고 놀라게 될 것이다.

친구들은 당신을 당신의 과거와 연결시켜준다. 가장 아름다움 꿈에서부터 가장 어두운 비밀에 이르기까지, 친구들과 함께한 과거의 모든 기억과 경험들이 그들을 통해 되살아난다. 친구들은 훌륭한 조언자가 되어줄 수도 있다. 그들은 어린 시절의 당신을 잘 알며, 당신의 분투와 실패, 성공 과정도 목격해왔기 때문이다.

이 같은 상황은 그들에게 당신의 가장 중요한 멘토이자 상담자, 조언자가 될 수 있는 특권을 부여해준다. 함께한 기억은 신뢰를 구축해주며, 신뢰가 존재하면 자신의 불안과 걱정, 두려움 등에 대해 터놓고 이야기하기가 더 쉬워진다.

> 우정을 생생히 유지할 수 있도록 할 수 있는
> 모든 일을 다 하라.

## 다시 연락할 수 있는 친구는 누가 있을까?

연락이 끊긴 친구들에 대해 생각해보라. 기술이 발달한 만큼, 원하기만 한다면 그들과 다시 접촉을 할 수 있을 것이다. 구글, 위키피디아, 페이스북, 링크드인 LinkedIn 등을 검색하다보면, 다시 연락하고 싶은 사람들의 연락처를 종종 발견하게 될 것이다.

## 우정이 여전히 살아 있는지 확인하라

당신이 먼저 그들에게 다가서라. 그들이 당신을 기억하는지, 당신과의 우정을 소중히 하고 그 우정에 다시 불을 붙이고 싶어 하는지 확인해보라. 만일 그들이 과거에서 벗어나 다른 방향으로 나아가길 바란다면, 그 사실을 기꺼이 받아들여라. 그런 반응을 기분 나쁘게 받아들이지 않기란 쉬운 일이 아니지만, 그럼에도 최대한 영향을 받지 않도록 노력해보라. 어쩌면 당신으로 인해 그들 스스로 잊고자 노력해온 과거의 기억이 되살아나서 그런지도 모른다. 아니면 이미 결혼을 한 만큼, 당신과 만나면서 속 편히 혼자 살던 과거를 떠올리는 일이 부담스러웠는지도 모른다.

# 75 마음속에 큰 그림을 간직하라

> 시간 속에서는 모든 것이 해체되어 최초의 형태로 되돌아가게 되어 있다. 이 사실을 항상 기억하라.
>
> → 리처드 칼슨Richard Carlson · 작가

일상의 사소한 일들은 불쾌감을 불러일으키기 쉽다. 임금 인상을 제대로 못 받거나 누군가에게 주차 공간을 빼앗기는 것 같은 사소한 일들은, 비록 작긴 해도 어쨌든 짜증이 난다.

작가 데니스 샤프Dennis Sharpe는 "중요한 일들이 이렇게 많은데 당신은 왜 중요하지도 않은 일에 집착하면서 시간을 낭비하는가?"라고 질문을 던진 바 있다. 이 질문에 대한 답은 아마도 "그것이 실제로 영향을 미치기 때문"일 것이다.

사실, 큰 그림은 눈에 잘 들어오지 않는 만큼 간과되는 경우도 많다. 하지만 작은 사건들은 우리의 관심을 끌어당기면서, 뒤로 물러나 바라보는 것을 어렵게 만든다. 그것은 마치 극장에 가서 연극이나 쇼의 일부분만 구경하는 것과도 같다.

사소한 일에 진땀을 빼는 것처럼 보이는 사람들을 코칭할 때마다, 나는 그들에게 "이 일이 내일이나 다음주, 1년 후에도 문제가 될까요?"라고 질문을 던지곤 한다. 눈앞에 놓인 문제를 이런 관점에서 바라본다면, 아마도 시야를 회복하는 데 도움이 될 것이다.

> 스스로에게 "이 일이 내일이나 다음주,
> 1년 후에도 문제가 될까?"라고 자문해보라.

## 💡 발코니석으로 이동하라

당신이 무대 바로 앞에 서 있다고 상상해보라. 아마도 당신은 배우나 오케스트라가 저지르는 온갖 사소한 실수들을 전부 보거나 듣게 될 것이다. 얼마나 정신없고 짜증나는 일인가? 이제 다시 높은 곳에 자리 잡은 발코니석으로 옮겨가서 무대를 바라보라. 아마도 발코니석은 완전히 새로운 광경을 제공해줄 것이고, 당신은 정신을 분산시키는 작은 실수들에 마음을 뺏기지 않은 채 아름다운 쇼를 온전히 감상하게 될 것이다. 똑같은 쇼이지만, 한걸음 뒤로 물러서는 것만으로 당신의 경험 전체가 달라지는 것이다.

당신은 일상의 사소한 문제들에 대해 이런 태도를 취해야 한다. 스스로에게 이렇게 자문해보라. "더 큰 관점에서 봤을 때, 나는 기분을 상하게 하는 그 일에 내 시간과 관심을 쏟을 필요가 있는 걸까? 내 팀원의 불완전한 일 처리는 정말로 문제가 되는가? 회의 시작이 좀 지연된 것이 그토록 큰 문제인가?"

## 💡 죽음을 기억하라

당신이 여전히 균형 잡힌 관점을 회복하지 못했거나 사소한 것들에 화가 나 있다면, 삶이 짧다는 사실을 기억하도록 애써보라. 임종의 때가 다가왔을 때, 당신은 존이 당신의 승진을 가로막은 일이나 이웃이 페인트를 새로 칠해 당신 집을 초라해 보이게 만든 일 같은 건 신경도 안 쓸 것이다.

다음과 같은 태도를 취한다면 불필요한 스트레스와 근심, 부정적 감정들로부터 당신 자신을 보호할 수 있을 것이다.

- 평소 같았더라면 짜증을 냈을 일들을 무시하기
- 상대방이 논쟁에서 이기도록 허용하기
- 눈을 감고 열까지 세면서 생각을 차분하게 가라앉히기
- 사소한 일에 안달하는 자신의 모습을 보면서 웃음을 터뜨리기
- 다른 사람들에게 자신의 발코니석으로 한 발 물러서도록 설득하기

# 76 기술을 포용하라

우리를 에워싼 세상은 점점 더 기술에 크게 의존하고 있다. 몇 년 전만 해도 공상과학 소설에나 등장하던 것들이 이제는 일상의 일부로 자리 잡기 시작했다. 인터넷으로 조정 가능한 가전제품이나 화상 통화 등이 그것이다. 이런 기술에 대한 완전한 숙달은, 노트북을 활용해 사업을 관리하는 것이든 스마트폰으로 집 안의 보일러를 조절하는 것이든 간에, 분명 더 의미 있고 풍요로운 삶을 사는 데 도움이 된다. 기술이 제공하는 선택과 기회의 폭은 날이 갈수록 증가하고 있다.

물론 기술은 부정적인 면도 지니고 있다. 미국 만화작가 캐리 스노우Carrie Snow는 "기술은…… 괴상한 놈이다. 한 손으로는 멋진 선물을 건네지만 다른 손으로는 등에 칼을 꽂는다."라고 쓴 바 있다. 사실 기술은 해방을 가져다주는 만큼 좌절도 불러일으킨다. 스마트폰의 짧은 배터리 수명 때문에 애간장을 태워봤거나, 오류 때문에 긴 개인 정보 목록을 다시 타이핑한 적이 있거나, 사이버 범죄와 악성 코드, 바이러스 때문에 피해를 본적이 있다면, 당신만 그런 것이 아니다. 그렇지만 기술의 긍정적 혜택을 받아들인다면, 일의 효율을 높이고 의사소통의 양을 늘리면서 성공적인 생활을 유지해 나갈 수 있을 것이다.

> 기술의 긍정적 혜택을 받아들이면……
> 성공적인 생활을 유지해 나갈 수 있다.

## 긍정적 마음가짐으로 미래를 포용하라

- 기술을 받아들이는 것 외엔 방법이 없다는 사실을 인식하라. 금융 거래에서 쇼핑에 이르는 모든 것이 온라인으로 이루어지고 있는 만큼, 우리에겐 더 이상 선택의 여지가 없다.

- 새로 출시되는 모든 전자 기기와 앱, 신기술을 가장 먼저 사들이는 얼리어답터early adopter 가 되어야 한다는 강박 관념을 버려라.

- 이용 가능한 기술에는 어떤 것이 있고 각각의 제품이나 서비스의 이점은 무엇인지 충분히 숙지하라.

- 새로운 제품에 흥미를 갖고, 아이들이 열광하는 기술들을 눈여겨보고, 친구의 새 스마트폰에 관심을 나타내라. 이용 가능한 신기술의 혜택을 적극 활용하라.

- 자신의 필요와 취향에 맞는 전자 제품을 선택하라. 헬스장에 있는 사람들이 전부 스마트워치를 차고 있다는 이유만으로 그 제품을 구매해서는 안 된다.

- 인터넷을 사용할 때는 온갖 사이버 범죄에 노출되지 않도록 주의하라. 사이버 범죄는 온라인 뱅킹과 관련된 개인 정보를 훔치는 것에서부터, 타인의 아이디를 훔친 뒤 소셜 미디어 상에서 그 사람인 양 행세하는 것에 이르기까지 다양하다.

- 개인용 전자 기기나 보안이 필요한 웹사이트에 예측하기 어려운 패스워드를 사용하라.

# 77 절대 포기하지 마라

> 우리의 가장 큰 약점은 포기하는 데 있다. 성공에 이르는 가장 확실한 방법은 언제나 한 번 더 시도하는 것이다.

→ 토마스 에디슨Thomas A. Edison · 발명가

만일 당신이 평균적인 학생이나 고용자, 배우자, 상사, 운동선수, 친구가 되는 것만으로 만족한다면 대부분의 사람들이 하는 만큼만 하면 된다. 그런 삶을 원한다면 책을 대강 훑어보고, 파워포인트 발표를 위한 연습도 하지 말고, 그럭저럭 사는 데 필요한 최소한의 노력만 하라. 대부분의 사람들은 어려운 일을 너무 쉽게 포기하며, 단 한 번의 거절과 실패, 좌절만으로도 노력하는 것을 중단해버리는 경향이 있다.

포기를 한 뒤 나약한 변명을 늘어놓기란 얼마나 쉬운 일인가? 사람들은 "내 경력에 맞춰 마땅한 직업을 찾기가 힘들어", "자원봉사를 위해 간호사 훈련을 마치려 했는데 너무 바빠서 안 되겠어"와 같은 변명으로 자신의 태도를 정당화한다.

하지만 삶에서 무언가를 성취하고자 한다면, 특히 가슴 깊이 원하는 무언가를 이루고자 한다면, 무슨 일이 있어도 노력을 중단하지 말아야 한다. 결코 쉽게 포기해서는 안 된다. 승리의 순간이 얼마나 가까이 있는지 당신은 알지 못하기 때문이다.

대신 끈기 있게 계속 나아가라. 다른 사람들이 중도에 포기하는 일들을 한 번 더 시도해보는 그런 사람이 돼라. 끈기 있게 노력한다면 당신은 결국 목적지에 다다르게 될 것이다.

**노력을 중단하지 말라. 결코 쉽게 포기하지 말라.**

### 💡 포기하고 싶은 생각이 드는 순간을 알아차려라

그만두고 싶다는 생각이 서서히 들기 시작하면 그 순간을 알아차려라. 이런 상황에서 노력을 계속하려면 무언가를 '극복'할 필요가 있을 것이다. '그만두기 일보 직전'이 언제가 될지 안다면, 그 순간에 미리 대비를 할 수 있을 것이다.

포기하지 않고 계속 나아가려면 당신은 실망감과 신체적 정서적 고통, 책임에서 벗어나 쉬고 싶은 욕구, 이미 포기한 사람들처럼 되고 싶은 욕망, 불가능할 것 같다는 갑작스런 느낌 등을 극복해야 할 것이다.

이런 순간이 다가오면 포기하지 않도록 지지해줄 친구와 동료, 가족들을 찾아가 도움을 청하라. 아마도 그들이 당신의 꿈과 목표가 얼마나 중요한지 다시 상기시켜줄 것이다.

### 💡 동요하지 말라

깊이 파고들라. 다음과 같이 떠들어대는 목소리(그 출처가 머릿속이든 적대적인 사람들이든 간에)를 무시하라.

- "그만하면 됐어, 충분해."
- "거기서 더 나아가지 않아도 돼."
- "언제든 다시 할 수 있어."
- "두드러지지 않아도 돼."
- "그만해, 이미 충분히 성공했잖아."
- "왜 그렇게 힘들게 노력하지?"
- "어차피 성공 못해, 포기해."

고통스러운 일이 될 수도 있지만, 많은 사람들이 당신의 잠재적 성취를 질투한다는 사실을 인식하라. 당신이 끈기 있게 노력한다면 그들보다 뛰어나게 될 가능성도 더 높아질 것이기 때문이다. 그러니 다른 누군가의 충고만 듣고 꿈을 성취하기 위한 노력을 중단해서는 결코 안 된다.

# 78 중독을 경계하라

❝ 가족과 친구, 학교, 직업과 관련된 의무를 소홀히 해가면서까지 무언가에 과하게 집착을 한다면, 그것은 아마도 중독이라 불려야 마땅할 것이다. 그런데 문자메시지에 대한 집착은 이 요건을 충족시키고도 남는다. ❞

→ 데일 아처Dale Archer · 의사

우리 모두는 살면서 중독으로 고통 받을 수 있다. 어떤 중독은 무해해 보이기도 하지만, 다른 중독은 문자 그대로 사람을 죽일 수 있다. 정신과 의사 칼 융Carl Gustav Jung은 그 대상이 술이든 모르핀이든 이상주의든 간에, 모든 유형의 중독을 해로운 것으로 간주했다. 그의 말이 옳든 그르든 일하고 살아가는 방식에 미치는 중독의 영향력을 진지하게 고려해야 한다는 점만큼은 분명하다.

가장 일반적인 중독인 담배와 술 중독이 감소하고 있는지는 모르지만, 테크놀러지와 스마트폰 중독이 그 자리를 대신하고 있는 것 같다. 아마도 당신은 다른 사람들에게서 중독이나 강박 증상으로 이어지기 쉬운 행동들을 목격하거나 경험해본 적이 있을 것이다. 다음과 같은 예를 들 수 있다.

- 집에 들어갈 생각도 않고 일터에서 일만 하는 일 중독자
- 월말이 되기 전까지 돈을 다 써버리는 쇼핑 중독자
- 낮 시간 동안 인터넷 게임만 하는 10대 청소년
- 자신이 가장 똑똑하다는 사실을 입증하지 않고는 못 배기는 지식인

당신은 무엇에 중독되어 있는가? 중독이나 강박적인 행동이 성공적인 삶을 이끄는 당신의 능력에 영향을 미치고 있는가? 설령 이 질문에 "노(NO)"라고 답했다 해도, 당신이 지닌 일부 습관이 정상과 중독 사이에 그어진 경계선을 넘어가버린 건 아닌지, 시간을 들여 한번 숙고해보기 바란다.

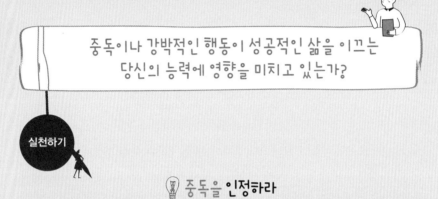

중독이나 강박적인 행동이 성공적인 삶을 이끄는
당신의 능력에 영향을 미치고 있는가?

**실천하기**

### 💡 중독을 인정하라

자신의 행동 패턴과 강박적으로 집착하는 대상에 대해 스스로에게 솔직해져라. 오늘 시간을 내서 당신 자신의 습관과 행동들을 기록하고 점검해보라.

목록을 다 작성했다면, 각 항목 옆에 그 태도가 당신의 삶에 어떤 식으로 영향을 미치는지 주석을 달아보라. 영향을 받는 요인으로는 다음과 같은 것들을 들 수 있을 것이다.

- 당신에 대한 다른 사람들의 인식
- 일을 처리하는 당신의 능력
- 다른 사람들과 맺는 관계의 질
- 당신의 건강
- 계획과 목표를 달성하는 당신의 능력

이제 중대한 결정을 내릴 시간이다. 스스로에게 한번 자문해보라. 그 중독이나 강박 행동을 극복하는 건 당신에게 얼마나 중요한 의미가 있는가? 그 행동의 부정적 효과들이 변화를 강요하기에 충분한 고통을 초래하고 있는가?

## 💡 적당한 선에서 그치는 것이 좋을 때도 있다

행동의 빈도를 줄이거나 절제하는 것이 도움이 될 때도 있다. 모든 논쟁에서 이겨야 한다는 집착을 버리거나, 주말에 마시는 술의 양을 줄이거나, 기분 상할 때마다 울음을 터뜨리는 행동을 자제하는 것 등이 여기 해당된다.

## 💡 도움을 청하라

자신의 충동과 행동을 통제하는 것이 불가능할 정도로 중독이 진행된 상태라면, 혼자 힘만으로는 회복이 힘들 것이다. 이 정도로 심각한 중독은 뿌리 깊은 심리적 원인을 지닌 경우가 많은 만큼, 적절한 치료를 받는 것이 좋다. 다행스럽게도 오늘날에는 도박, 섹스, 쇼핑, 마약, 술, 배우자 학대 등과 같은 온갖 종류의 중독에 대처하는 치료법과 지원 프로그램이 잘 마련되어 있다. 이들 중 상당수는 알코올 중독자 재활협회의 '12단계 회복 프로그램'을 모델로 하는데, 이 프로그램은 깊은 내면 탐색과 정직성에 그 기반을 두고 있다.

# 79 자연 속에서 더 많은 시간을 보내라

❝ 자연을 깊이 관찰하다보면 모든 것을 더 잘 이해하게 될 것이다. ❞

→ 알버트 아인슈타인Albert Einstein · 물리학자

《역학과 지역사회건강 저널Journal of Epidemiology and Community health》에 실린 2009년도 연구 결과에 의하면, 녹지 근처에서 생활하거나 일하는 사람들이 스트레스와 불안을 훨씬 덜 경험한다고 한다. 일본 사람들은 녹지에 몸을 노출시키는 행위를 '삼림욕'이라 부른다. 숲이나 산림지를 산책하는 것만으로도 혈압과 스트레스 수준을 낮출 수 있기 때문이다. 실외에서 보내는 시간은 다음과 같은 혜택을 가져다준다.

● 자연광은 결핍되기 쉬운 비타민 D와 건강한 피부색을 선사해주며, 몸가짐에도 긍정적인 영향을 미친다. 신선한 공기는 폐를 건강하게 하며, 이는 다시 면역 기능 향상으로 이어진다.
● 건물과 기계들로부터 벗어남으로써 당신은 더 행복해지고, 평화로워지며, 현실에도 더 깊이 뿌리내리게 된다. 수백 년 동안 자리를 지켜온 나무나 강물 옆에서 일을 하거나 대화를 하다 보면 아마도 속이 후련해질 것이다.

실외에서 보내는 시간은 마음을 열어주고 생각을 샤프하게 해준다. 나는 종종 공원이나 물가를 산책하면서 고객들을 코칭하곤 한다. 사무실이나 레스토랑에서 할 때보다 더 개방적이고 직감적이고 심도 있는 대화가 가능해지기 때문이다.

자연은 오랜 시간 동안 차분하게 인내하는 것의 중요성을 일깨워준다. 자연에 있는 모든 식물들은 계절의 변화에 맞춰 더딜지라도 확실하게 성장을 거듭하기 때문이다. 미국의 작가이자 자연주의자 할 볼랜드Hal Borland는 "나는 나무를 보면서 인내의 의미를 이해하고, 풀을 보면서 끈기의 가치를 실감한다."라고 쓴 바 있다.

실외에서 보내는 시간은 마음을 열어주고
생각을 선명하게 해준다.

실천하기

가능한 한 자주 자연 속에 몸을 담가라. 많은 방법들이 있지만, 여기 내가 가장 좋아하는 세 가지 방법을 소개한다.

## 정원을 가꾸어라

자연과 접촉하기 위해 반드시 먼 거리를 이동해야 하는 건 아니다. 도심 공원을 방문하거나 나무가 내려다보이는 발코니에서 일을 하는 것만으로도 충분할 수 있다.

자연을 가까이하는 훌륭한 방법 중 하나는 몸소 정원을 가꾸는 것이다. 그것이 당신의 정원이든, 친구의 정원이든, 아니면 창문가 선반 위에 놓인 화분이든 별 상관이 없다. 그 정원에서 물을 주고, 잡초를 뽑고, 퇴비를 주고, 가지를 치고, 지나가는 새들에게 먹이를 주면서 일주일에 몇 차례씩 한가롭게 시간을 보내는 것보다 더 치유되고, 생기를 북돋우는 활동도 없을 것이다.

직접 손에 흙을 묻혀가면서 땅의 감촉을 느끼다보면 스트레스가 절로 사라지는 것을 느낄 수 있을 것이다. 정원 가꾸기는 일상의 골칫거리에서 벗어나 현재 순간을 온전히 즐기기 위한 최상의 방법 중 하나이다.

## 💡 휴일을 자연과 함께 보내라

내 사촌 중 한 명은 스카이 섬 Isle of Skye(스코틀랜드에 있는 섬)이나 포클랜드 섬 Falkland Islands(아르헨티나 남단의 영국령 섬), 애리조나 사막처럼 멀리 떨어진 자연 휴양지에서 휴일의 대부분을 보낸다. 그녀는 사방을 에워싼 자연 한가운데 앉아 시간을 보내면서 새들을 구경하는 것을 좋아한다.

당신도 대형 호텔이나 도심 한가운데서 시끄러운 휴일을 보내는 대신, 그녀를 한 번 따라 해보는 것은 어떤가? 전원 지역에서 보내는 휴가는 신체적 질병과 감정적 동요, 스트레스, 침울함 등을 치유하는 최상의 회복 수단이 될 수 있다.

## 💡 별을 바라보라

빛 공해에서 자유로운 지역을 찾아 밤하늘을 올려다보라. 장대한 우주를 가로지르는 은하수를 찾아보라. 망원경이 있으면 좋겠지만 없더라도 별 상관은 없다. 그 경험만으로도 마음을 경외심으로 가득 채우기에 부족함이 없을 것이고, 당신의 문제와 걱정거리는 눈앞에 펼쳐진 광경 앞에서 힘을 잃게 될 것이다. 밤하늘을 올려다보는 건 삶의 문제와 걱정거리로부터 거리를 두는 가장 탁월한 방법이다.

# 80 지성을 현명하게 사용하라

❝ 모든 사람이 천재성을 품고 있다. 그렇지만 물고기를 나무에 올라갈 수 있는 능력으로 판단
한다면, 그 물고기는 평생 자신을 멍청하다고 생각하며 살아갈 것이다. ❞

→ 알버트 아인슈타인Albert Einstein · 물리학자

지적 능력은 어느 한 영역으로만 치우쳐서 발달하는 경향이 있다. 예컨대, 십자 퍼즐에 탁월한 재능을 보이는 사람이 새 가전기기 사용법조차 제대로 이해 못할 수도 있고, 업무와 관련된 골치 아픈 문제들을 순식간에 해결하는 사람이 자식들의 요구와 질문에는 제대로 대응조차 못할 수도 있다.

커텔-혼-캐롤(CHC Cattell-Horn-Carroll) 지능이론에 의하면, 우리 두뇌는 70가지 세부 능력으로 분할 가능한 10가지 광범위한 능력들을 보유하고 있다고 한다. 이 능력들은 정보를 빠르게 처리하는 능력에서부터 익숙하지 않은 정보를 다루는 능력에 이르기까지 다양하다. 하지만 성공적인 삶을 위해 70가지 능력에 모두 통달할 필요는 없다. 당신이 할 일은 자신이 얼마나 지적인지 아는 것이 아니라, 삶의 각 영역에서 성공을 거두기 위해 어떤 종류의 지적 능력이 필요한지 파악하는 것이다. 당신은 이미 요구되는 능력을 보유하고 있고, 그 능력을 사용할 줄도 아는가? 아니면 그 능력을 처음부터 다시 습득해야 하는가?

우리가 하는 모든 일은 그 어느 때보다도 높은 지적 역량을 요구해오고 있다. 모든 분야의 1인자가 될 필요는 없지만, 자신에게 도움이 되는 영역과 관련된 지적 능력을 계발하기 위해 의식적으로 노력을 기울인다면 커다란 보상을 받게 될 것이다.

> 자신에게 도움이 되는 영역과 관련된 지적 능력을 계발하기 위해 의식적으로 노력을 기울인다면 커다란 보상을 받게 될 것이다.

## 💡 이미 지닌 능력을 계발하라

성공에 이르는 열쇠는 이미 지닌 강점에 초점을 맞추면서 목표 달성에 도움이 되는 능력들을 함께 계발하는 것이다. 당신의 목표에 대해 고려하면서, 그 목표 달성에 가장 도움이 되는 지적 능력이 무엇인지 자문해보라. 필요한 능력을 파악했다면, 그 능력에 초점을 맞추어라.

실용성 여부에 상관없이 자신이 취약한 영역을 계발할 수도 있을 것이다. 예컨대, 뛰어난 기억 능력은 그다지 중요해 보이지 않지만, 일단 계발해둔다면 나중에 어떤 식으로든 도움이 될 것이다. 게다가 기억력 훈련은 꽤나 재미있기도 하다.

지적 능력을 유지하기 위한 지능 훈련은 의욕과 자신감을 유지하는 데 큰 도움이 된다. 또한 지능 훈련은 치매나 알츠하이머 병 같은 인지 질환을 억제하는 데도 도움이 된다고 한다. 그러니 십자 퍼즐이나 스도쿠Sudoku(숫자 맞추기 퍼즐 게임), 체스, 백개먼Backgammon(주사위 놀이) 같은 게임에 시간을 할애해 지능을 훈련해보라. 규칙적으로 두뇌를 자극할 수 있도록 항상 새로운 것을 찾아 배우는 자세를 지녀보라.

## 💡 절대 과시하지 마라

지능만으로는 충분치 않으며 멘사Mensa(평균 IQ 148 이상 모임)에 초대를 받았다고 해서 성공이 보장되는 것도 아니다. 당신은 지성을 현실에 적용할 줄 알아야 하고, 주변 사람들에게 적절히 활용할 줄도 알아야 한다. 충분한 상식과 잘 발달된 정서 지능을 함께 갖춘 진정한 지성인이 되어야 하는 것이다.

당신의 지능이 아무리 뛰어나다 하더라도 그 지능으로 다른 사람을 위축시켜서는 안 된다. 자신의 능력을 남용하면서 오만하게 잘난 체를 한다면, 사람들이 당신에게 등을 돌리게 될 것이다.

# 81 유명세가 아닌 인격에 초점을 맞춰라

사람들이 날 좋아하든 싫어하든 난 개의치 않는다. 인기 경쟁에서 승리하기 위해 태어난 것이 결코 아니기 때문이다. 난 내가 될 수 있는 최상의 인간이 되기 위해 이곳에 태어났다.

→ 탑 헌터Tab Hunter · 배우, 작가

우리는 '좋아요'가 지배하는 문화권에 살고 있다. 페이스북이나 유튜브, 인스타그램 같은 매체는 다 큰 성인들이 댓글과 '좋아요'에 집착하는 현상을 정상적인 일상으로 만들어놓았다. 우리는 왜 주변에 있는 모든 사람에게 알려지고 사랑받기 위해 필사적으로 노력하는 것일까? 대체 무슨 목적으로? 이런 종류의 인기는 지속되지도 않으며, 그런 인기를 좇는 것은 진정한 행복과 충족감, 성장을 추구하지 못하도록 당신을 방해할 뿐이다. 미국의 저널리스트 호레이스 그릴리Horace Greeley는 이렇게 말한 바 있다. "명예는 허상이고, 인기는 우연이며, 부는 거품과도 같다. 유일하게 지속되는 것은 단 하나, 사람의 인격뿐이다."

최고의 가수나 댄서를 찾는 리얼리티 TV 쇼의 성장은 마치 인기 그 자체만으로도 추구할 만한 가치가 있는 것처럼 보이게 만들어놓았다. 그런 프로그램은 가장 많은 표나 '좋아요'를 받는 것이 행복의 척도라는 생각에 힘을 실어준다. 하지만 10만 명의 팔로워를 거느린 트위터 이용자가 정말로 자신의 삶에 만족할까? 만일 그렇지 않다면, 이 수상쩍은 인기는 과연 무엇을 나타내는 것일까? 그 인기가 보여주는 것은 한마디로, 수많은 사람이 일시적 흥미에 휩쓸려 '좋아요' 버튼을 눌렀다는 사실뿐이다.

실제 현실에서는 졸업 무도회의 여왕이나 학교 대표 여학생, 올해의 스포츠맨 같은 사람들의 만족도나 성취감, 행복도가 얼마나 지속될까? 배우 미아 와시코브스카Mia Wasikowska는 이 점을 다음과 같은 말로 표현한 바 있다. "인기는 매우 불안정해서, 순식간에 일어났다 순식간에 사라지곤 한다. 그것은 마치 바다에 이는 파도와도 같다."

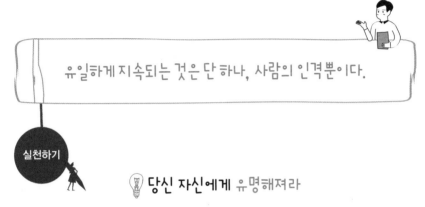

유일하게 지속되는 것은 단 하나, 사람의 인격뿐이다.

실천하기

### 💡 당신 자신에게 유명해져라

당신이 인정받을 필요가 있는 유일한 사람은 당신 자신뿐이다. 그러니 당신 자신을 수용하고, 사랑하고, 가치 있게 여기는 법을 배워라.

당신이 자신을 표현하는 방식은 당신의 본래 모습을 지지해주는 것이어야 한다. 다른 사람들의 생각이나 기대에 당신 자신을 끼워 맞추려 해서는 안 된다. 대신 자신의 내면을 들여다보면서 당신이 느끼고 생각하는 바대로 당신 자신을 규정해야 한다.

당신의 선택이 인기를 끌지 못하더라도 걱정하지 마라. 당신 삶의 중요한 사람들은 여전히 당신을 지지해줄 것이다. 당신이 등에 이상한 문신을 새기든, 정신 나간 꿈을 좇아 직장을 뛰쳐나오든, 더 이상 화장을 하지 않겠다고 선언을 하든, 그들은 여전히 당신을 존중하고 사랑해줄 것이다.

# 💡 인기에 개의치 말고 옳은 일을 하라

인기를 끌지 못하거나 거절당할지도 모르는 일을 감행하는 건 결코 쉬운 일이 아니다. 우리는 다른 사람들의 인정과 사랑을 바라는 만큼, 그들을 실망시키는 일을 매우 꺼려한다. 하지만 '다수의 군중과 조화'를 이루고 '가족의 자랑'이 되고자 할 때 당신이 포기하는 것은 무엇인가. 혹시 자신의 특정한 측면이 표현되지 못하도록 억누르고 있는 것은 아닌가? 단순히 집단에 소속되기 위해, 저녁마다 동료들과 술을 마실 필요가 있을까? 단순히 다른 사람들과 어울리기 위해 유행하는 옷을 사입거나, 남들이 즐기는 음악이나 책을 소비할 필요가 있을까?

오늘부터 당신에게 맞는 선택, 즉 당신의 목적과 꿈을 이루도록 해주는 선택을 내리도록 애써보라. 당신이 삶을 '인기 경연 대회'의 관점에서 바라볼 수밖에 없다면, 당신 자신을 유일한 심판관으로 앉혀보라.

# 82 \ 해로운 사람들에게 작별 인사를 하라

해로운 관계는 우리를 불행하게 하는 데서 그치지 않는다. 그런 관계는 우리의 성향과 태도 를 부패시킴으로써, 더 건강하고 좋은 관계의 가능성마저 가로막아버린다.

→ 마이클 조셉슨Michael Josephson · 교수, 변호사

38장에서, 나는 오염된 환경을 피하는 것에 대해 말한 바 있다. 하지만 가장 큰 위험은 당신 주변 사람들로부터 온다. 그 사람 은 당신의 친구일 수도 가족이나 동료일 수도 있지만, 어쨌든 그들은 부정성과 회 의주의, 질투로 분위기를 오염시킨다. 그들은 항상 투덜대면서 무언가를 원하기 만 하고, 결코 주지는 못한다. 물론 우리들도 그런 태도에서 완전히 자유롭지는 못 하지만, 해로운 사람들은 그런 행동을 끊임없이 한다는 점에서 보통 사람들과 차 별화된다.

당신은 분명 다음과 같은 사람들을 경험해봤을 것이다.

- 항상 자기만 옳다고 주장하는 동료
- 당신을 평가절하하고, 당신의 꿈을 좌절시키면서, 당신의 가능성을 제한하는 부모
- 항상 거짓말만 늘어놓는 친구
- 항상 당신으로부터 무언가를 원하지만(시간 · 돈 · 관심 등), 정작 당신이 도움을 필요로 할 때는 변명만 늘어놓는 사람
- 항상 당신의 생각과 행동을 통제하고 싶어 하는 친구
- 원치 않는 일을 하도록 자주 압력을 가하는 사람

나는 엄청나게 부정적이고, 고약하며, 가혹한 사람들과 관계를 맺는다는 점만 제 외하면 거의 아무런 문제도 없는 사람들을 수없이 코칭해왔다. 혹시 당신도 그런 사람들과 작별 인사를 나눌 때가 된 건 아닐까?

## 가장 큰 위험은 당신 주변 사람들로부터 온다.

### 💡 깨어날 시간이다

어쩌면 당신은 주변 사람들의 좋은 면만 보면서 나쁜 행동을 합리화하고 싶어 할지도 모른다. 하지만 이제 현실에 눈을 뜰 시간이다. 사람들의 행동을 정당화하려고 애쓰는 대신, 당신 자신의 마음과 건강, 온전성을 위해 무엇이 최선인지에 초점을 맞춰보라. 그들과 거리를 두기로 결심하도록(당신의 삶이 그들에 의해 질식당하고 오염되지 않도록 하기 위해) 만드는 해악의 정도가 어느 정도인지는 오직 당신만이 판단할 수 있다. 오직 당신만이 언제 떠나는 것이 좋을지 결정할 수 있다. 하지만 혹시 지금이 바로 그때는 아닌지, 진지하게 한번 숙고해봐야 할 것이다.

### 💡 정중하게 거절하라

해로운 친구나 가족 구성원의 초대를 거절할 때, 죄책감을 느끼거나 자신의 결정을 정당화하려고 애쓸 필요는 없다. 당신이 피하고자 하는 그 사람은 자신이 당신에게 해로운 영향을 끼친다는 사실을 결코 받아들이려 하지 않을 것이다. 그러니 그들과 맞서기보다는 다른 초대에 응해야 한다고 말하면서 정중히 거절하는 편이 더 낫다.

### 💡 접촉을 최소화하라

완전히 거리를 두는 것이 불가능한 사람도 있을 것이다. 하지만 당신은 그들의 영향력에 노출되는 정도를 최소화할 수 있다. 그들을 집으로 초대하는 것을 피하고, 꼭 만나야 할 때는 함께 보내는 시간을 최대한 줄이도록 노력해보라. 해로운 친척을 방문할 때는 하룻밤 동안 머물기보다 그날 바로 되돌아오는 것이 좋다.

# 83 조부모님들에게 가르침을 구하라
## (너무 늦기 전에)

> 우리 모두는 무조건적으로 우리에게 축복을 베풀어주는 사람을 한 명쯤 알고 있다.
> 내게는 할머니가 그런 사람이었다.
>
> → 필리스 서룩스 Phyllis Theroux · 수필가

운이 좋다면 당신을 돌봐주고, 사랑해주고, 안내해주는 조부모님과 함께 시간을 보낼 수 있을 것이다. 조부모님은 놀라울 정도로 피부에 와 닿는 방식으로 당신에게 지혜와 이해, 인정을 베풀어줄 수 있다. 당신과 같은 DNA를 지니고 있는 데다 성격과 지성, 야심의 상당 부분을 당신과 공유하고 있기 때문이다. 또한 그들은 당신의 부모님을 매우 잘 이해하므로, 부모님과의 관계를 풀어나가는 데도 큰 도움을 줄 수 있다.

당신은 친구나 형제자매, 부모를 속이는 것과 같은 방식으로 조부모님들을 속일 수 없다. 오랜 기간에 걸친 경험과 축적된 지혜로 당신의 변명과 정당화를 꿰뚫어 볼 수 있기 때문이다.

당신의 나이가 몇이든, 당신의 조부모님들은 당신에게 많은 것을 선사해줄 수 있다. 당신과 그들 사이에는 깊은 신뢰가 존재하기 때문이다. 그 신뢰는 마음을 터놓고 당신의 의견과 걱정거리, 두려움, 꿈 등을 그들과 공유할 수 있도록 해준다.

당신의 조부모님들은 삶에 대한 경험이 풍부하므로, 관계와 기쁨, 좌절, 질병과 죽음, 변화, 새로운 도전, 실패, 성공 등에 관한 색다른 시각을 제공해줄 수 있다. 게다가 그들은 당신의 친구나 젊은 친척들보다 더 현실적이므로 삶의 기회와 도전들에 잘 대처하도록 당신을 이끌어줄 수도 있다.

조부모님은 당신에게 지혜와 이해,
인정을 베풀어줄 수 있다.

## 💡 그들과 함께 시간을 보내라

가능하다면, 당신의 조부모님들과 보낼 시간을 마련하기 위해 노력을 기울여보라. 긴장을 풀고 당신 자신으로 존재하기에 충분한 시간을 확보한 뒤, 당신 삶에서 벌어진 온갖 일들을 조부모님들에게 털어놓으면서 그들의 생각과 경험담에 귀를 기울여보라.

조부모님들과 함께하는 여행을 한번 계획해보라. 전에 나는 내 외할머니와 함께 요크셔에서 웨일스까지 자동차 여행을 한 적이 있다. 할머니와 단 둘이 여행하면서 할머니가 살았던 장소들을 방문하고, 할머니의 오랜 이웃들을 만나고, 내 어머니가 다닌 학교도 찾아가 보았다. 그 결과 나는 내 삶의 토대를 더 잘 이해하게 되었다. 이런 경험들은 당신이 어디에서 왔고, 당신의 부모와 조부모님들이 어떤 경험을 했는지 이해하도록 당신을 도와줄 것이다.

## 💡 조부모님이 아니어도 좋다

당신의 조부모님은 이미 돌아가셨을 수도 있고, 너무 나이가 들어 함께 시간을 보내기 힘들지도 모른다. 그렇다면 예전부터 알아온 나이 든 다른 친척들을 찾아보는 건 어떤가? 최근 나는 내 친할아버지의 형제자매 분들과 만난 적이 있다. 그들과 함께 보낸 시간은 내 과거를 더 잘 이해할 수 있는 훌륭한 계기가 되어주었다. 당신 주변에는 연락할 수 있는 사람이 누가 있는가?

## 💡 이야기를 수집하라

친척들에게 가장 소중히 여기는 경험담을 들려달라고 요청하는 건 매우 의미 있고 보람된 경험이 될 수 있다. 그들의 경험담은 당신을 당신 가족의 과거와 정서적으로 깊이 연결시켜줄 수 있다. 그들의 말을 종이나 카메라에 기록하는 것도 좋은 방법이다. 이 작업은 일상의 스트레스에서 떨어져 나와 다른 사람의 경험담을 단순히 즐길 수 있는 좋은 기회가 될 것이다.

# 84

# 떳떳하게 내세울 수 있는
# 진정한 인격을 갖춰라

> 명성보다는 인격에 관심을 가져라. 인격은 당신의 진정한 본성이지만, 명성은 다른 사람들이
> 생각하는 당신의 겉모습에 불과하기 때문이다.
>
> → 존 우든John Wooden · 농구감독

아무도 보지 않을 때 당신은 어떤 사람인가?

주변에 아무도 없을 때 하는 행동을 보고 그 사람의 진정한 인격을 판단할 수 있다고들 한다. 혼자 있을 때 당신은 관대한가, 게으른가, 인색한가, 사려 깊은가, 정직한가, 아니면 근면한가? 당신은 다른 사람들과 함께 있을 때와 같은 사람인가? 당신은 행동과 가치, 마음가짐의 총체인 당신의 인격에 대해 어떻게 생각하는가?

사람들을 코칭하면서 나는 우리의 진정한 인격이 우리의 아킬레스건(진정한 성공에 이르지 못하도록 방해하는 장해물)이 될 수도 있다는 결론에 도달하게 되었다. 그래서인지 수많은 사람들은 자기 인격의 일부를 숨긴 채 삶을 영위해나간다.

스트레스나 위기의 순간, 세심하게 꾸며진 이미지를 찢고 누군가의 진정한 인격이 모습을 드러내더라도 놀라지 말라. 떳떳하게 내세울 수 있는 인격을 계발해, 혼자 있을 때의 당신과 함께 있을 때의 당신이 일체가 되게 하라.

아무도 보지 않을 때 당신은 어떤 사람인가?

## 💡 인격의 결점을 바로잡는 데 헌신하라

진정으로 성공적인 삶을 사는 유일한 방법은 당신의 인격, 특히 당신이 숨기고 싶어 하는 인격의 측면을 개선하는 것이다. 인격의 결점을 극복하거나 제거하는 건 결코 쉬운 일이 아니다. 어린 시절부터 지녀온 것인 만큼, 당신과 한 몸이 되어 있을 가능성이 높기 때문이다.

관심을 기울여야 할 측면이 어디인지 분명히 알고 있다면, 곧바로 개선 작업을 시작하면 될 것이다. 하지만 확신이 잘 안 선다면 다음과 같은 방법들을 시도해보기 바란다.

- 당신 자신을 관찰하면서 눈에 띄는 측면들을 계속해서 알아차려 보라. 행동을 숨기기 위해 자기 자신을 억누르는 순간은 언제인가? 당신의 어떤 측면이 당신을 당황스럽게 하는가? 당신의 상사나 배우자, 동료들에게 보이기 싫은 당신의 측면에는 어떤 것들이 있는가?
- 가까운 친구나 가족의 의견에 귀를 기울여보라. 당신이 주는 인상이 얼마나 진실한지, 당신이 나타내는 인격적 특성에는 어느 정도의 일관성이 있는지, 그들과 함께 탐색해보라.
- 호건 어세스먼트Hogan assessment 같은 인성 평가 테스트를 받아보라. 설문지형으로 진행되는 이 테스트는 각 개인의 어두운 측면들, 특히 스트레스를 심하게 받을 때 나타나는 행동과 태도들을 드러내주는 것으로 명성이 높다.
- 최근 일터에서 받은 온갖 종류의 피드백으로부터 배움을 얻어라.


## 💡 다른 사람들의 자기 성찰을 도와라

끊임없이 불순한 인격적 특성을 드러내는 사람들과 함께 살거나 일하고 있다면, 당신 자신의 결점을 개선하는 것만으로는 부족할 것이다. 당신 자신의 행실을 정화하려고 노력하고 있는 상황인 만큼, 다른 사람들의 약점을 견뎌내며 생활하기가 더 불편할지도 모른다. 그러니 용기와 외교적 수완을 발휘해 주변 사람들의 자기 성찰을 자극해보라. 하지만 이 일은 진심으로 아끼는 사람들만을 대상으로 매우 조심스럽게 수행해야 할 것이다.

# 85 감사하는 마음을 표하라

> 우리를 행복하게 해주는 사람들에게 감사하는 마음을 갖자. 그들이야말로 우리의 영혼을 꽃 피우는 매력적인 정원사들이기 때문이다.
>
> → 마르셀 프루스트Marcel Proust · 작가

오늘 당신은 무엇에 대해 감사를 해야 할까?

감사하는 태도는 건강에 좋은 영향을 미친다. 2015년 캘리포니아 대학에서 수행된 연구 결과에 의하면, 감사할 줄 아는 사람들이 수면의 질과 기분 상태도 더 좋았고, 심장 질환 위험도 역시 더 낮게 나타났다고 한다. 이전의 연구 결과들은 감사하는 습관을 들인 사람들이 더 긍정적이며, 새 친구도 더 잘 사귄다는 점을 입증해준 바 있다.

하지만 안타깝게도, 감사할 이유를 찾는 것보다 결점을 찾는 것이 훨씬 쉬운 것이 사실이다. 많은 사람들은 심기를 건드리는 세부 사항에 초점을 맞추느라 큰 그림을 놓쳐버리곤 한다. 병원에서 막 퇴원을 한 후, 질병이 무사히 잘 치료되었다는 사실보다 치료에 걸린 시간과 식사의 질에 초점을 맞추는 사람을 경험해보았다면, 무슨 말인지 충분히 이해가 될 것이다.

우리는 자신이 지닌 것에 감사할 줄 아는 능력을 잃어버렸다. 어쩌면 삶에 치이면서 너무 바쁘게 살아서인지도 모른다. 하지만 인터넷도 분명 우리의 기대 수준과 권리 의식을 높이는 데 한 몫 톡톡히 했다. 어쨌든 그 결과 우리는 감사하기보다 판단하고 불평을 늘어놓는 데 익숙해지게 되었다.

하지만 진정으로 탁월해지고 성공적으로 되길 바란다면, 당신은 감사하는 마음으로 진심 어린 감사를 표하는 법부터 배워야 한다.

> 감사하는 마음으로 진심 어린 감사를 표하라.

## 🔖 항상 감사하는 태도를 지녀라

사고방식을 약간 바꿔야 할지도 모르지만, 오늘부터 "유리잔의 절반이 차 있다."
는 태도로 하루하루를 살도록 노력해보라. 다른 사람들에게 항상 고마움을 전하
려고 노력하면서, 감사를 느끼도록 애써보라. 비판 대신 감사와 고마움에 초점을
맞추도록 의식적으로 노력해보라.

품위 있고 공감 능력이 뛰어난 사람들은 비판에 초점을 맞추는 것보다 다른 사람
들에게 감사를 표하는 것을 더 자연스럽게 느낀다. 만일 이 일이 힘들게 느껴진다
면, 주변에서 영감을 주는 사람을 한번 찾아보라. 당신 주변에는 진심으로 감사할
줄 아는 사람이 누가 있는가?

## 🔖 자신이 누구에게 고마움을 느끼는지 파악하라

스스로에게 "내 삶에서 내가 진심으로 감사하는 것은 무엇인가?"라고 자문함으로
써 당신이 고마움을 느끼는 사람이 누구인지 파악해보라. 감사하는 대상들을 나
열한 뒤, 그 대상들을 실마리 삼아 당신이 고마움을 느끼는 사람들을 찾아보라. 목
록에 나열된 이름들이 당연해 보일 수도 있을 것이고, 부모나 배우자, 친척들의 이
름이 대부분을 차지할지도 모르지만, 때로는 당신에게 놀라움을 안겨줄 수도 있
을 것이다.

감사를 어떻게 표현하는 게 좋을지 창의적으로 생각해보라. 말과 행동으로 당신
의 마음을 표현해보라.

## 🔖 감사 일기를 써라

매일 고마움을 느낀 일들을 한두 가지씩 적어 내려가 보라. 일의 규모에 상관없이
그 일들을 감사 일기장에 꾸준히 기록하기만 하면 된다. 각 항목 옆에 감사를 표할
사람과 방법 등을 적어보라.

# 86 좋은 뉴스에 초점을 맞추어라

나쁜 뉴스는 인기가 좋다. 뇌의 편도체amygdala는 항상 두려워할 대상만 찾기 때문이다.
→ 피터 디아만디스Peter Diamandis · 작가

세상이 나쁜 뉴스로 가득 차 있는 만큼, 그 뉴스를 어떻게 다루느냐 하는 것은 매우 중요한 문제이다. 많은 사람들은 단순히 나쁜 뉴스를 피하는 쪽을 택한다. 뉴스에서 비롯되는 부정적 느낌과 불안을 피하기 위해 아예 뉴스를 보지 않기로 작정한 사람들도 수없이 많다. 겉으로만 보면 이 방법이 이상적인 해결책처럼 보일지도 모른다.

하지만 세상일로부터 단절된다는 점을 제외하더라도, 이런 태도에는 문제가 좀 있다. 나쁜 뉴스에도 나름대로 순기능이 있기 때문이다. 예컨대, 나쁜 뉴스와 사건을 접하다보면 세상에 대한 연민과 옳고 그름에 대한 분별력을 기를 수 있다. 또한 나쁜 뉴스는 긍정적인 행동을 통해 세상을 더 나은 곳으로 만들겠다는 결심으로 이끌기도 한다.

여기서 중요한 것은 나쁜 뉴스의 부정적 분위기에 의해 압도당하거나 침울해지지 않도록 조심하는 것이다. 부정적인 소식을 끊임없이 접하다보면, 꿈과 목표를 이루는 것이 가능하고 그것을 달성할 자격도 있다는 신념이 약해지기 쉽다. 하지만 나쁜 뉴스의 영향을 받아 성공에 대한 추구를 중단하거나, 훌륭한 삶을 누릴 가치가 있다는 느낌을 잃어버리는 일이 있어서는 결코 안 된다.

나쁜 뉴스의 영향을 받아 성공에 대한 추구를 중단하는 일이 있어서는 결코 안 된다.

## 💡 균형을 유지하라

긍정적 뉴스로 균형을 잡아라. 나쁜 뉴스를 한 편 접할 때마다 최소 한 편 이상의 좋은 뉴스를 찾아 읽어라. 기분 좋게 읽을 수 있는 긍정적 뉴스를 공유하는 데 중점을 둔 웹사이트는 많이 있다(http://www.goodnesnetwork.org, http://www.huffingtonpost.com/good-news).

타조처럼 모래 속에 머리를 숨기려 하지 말고, 세상에는 좋은 일들도 많이 일어난다는 증거를 매일같이 자기 자신에게 제공해주어라. 세상에서 일어나는 일들과 당신의 도시에서 일어나는 사건들을 숙지하되, 부정적 이야기들에 너무 오래 머물지는 마라. 불안하고 언짢고 냉소적인 기분에 휩싸이면 당신이 하는 일에 집중하기가 힘들어질 수 있기 때문이다.

## 💡 대화의 주제를 바꿔라

대화는 불쾌하거나 우울한 주제 주변을 맴돌기 쉽고, 특히 그런 주제가 뉴스에 크게 보도될 때는 더더욱 그렇다. 대범하게 다음과 같은 질문들을 던짐으로써 대화의 방향을 바꾸는 사람이 되어보라. "침울한 대화는 이 정도로 충분하지 않을까? 다른 문제에 대해 이야기하는 게 어때?", "이 주제는 이제 충분히 다룬 것 같아. 다른 흥미로운 일들도 많이 있잖아?"

어쩌면 주변 사람들은 화제를 전환할 용기가 있는 누군가가 있다는 사실에 안도감을 느낄지도 모른다. 신문 발행인이나 텔레비전 뉴스 편집자들이 생각하는 것과는 달리, 대부분의 사람들은 부정적이거나 나쁜 뉴스에 몰두하는 것을 그다지 즐기지 않는다.

# 87 꾸며진 성공은 진정한 성공이 아니다

> 우리는 우리가 가장하는 것이다. 그러므로 우리는 무엇을 가장할지 신중하게 선택해야 한다.
> → 커트 보니것Kurt Vonnegut · 작가

많든 적든 우리 모두가 가식적인 행동을 한다. 우리는 자신이 행복하고, 통제력 있고, 사랑할 줄 알고, 재정적으로 넉넉하고, 아무런 문제도 없는 사람인 척 가장을 한다. 요즘 많은 사람들이 자신의 훌륭한 이미지만 내세우고 있는 만큼, 무엇이 실제이고 무엇이 허상인지 구분하기 힘들 때가 많다. 이 같은 현상은 카드빚을 쌓으며 분에 넘치는 생활을 하는 사람들과 소셜미디어 포스팅에서, 그리고 모든 일이 잘되고 있다고 말하는 우리의 대화 속에서 종종 찾아볼 수 있다. 나는 내 고객들의 가면 뒤에서 실제로 일어나는 일을 보고 놀랄 때가 많다. 그들은 실제로는 정반대이면서도, 성공적인 것처럼 연기하길 너무 좋아한다.

나는 경제적으로 성공했다는 인상을 주면서 수년을 보낸 사람들을 알고 있다. 하지만 실제 현실에서 그들은 파산에 직면해 있거나 엄청난 빚더미에 짓눌려 있었다. 나는 항상 열정적이고 긍정적이며 야심에 찬 인상을 풍기는 전도유망한 동료와 함께 일을 한 적도 있다. 하지만 그는 결국 자신의 직업과 장시간 근무, 높은 급여에 따른 압박감 등을 죽도록 싫어한다는 점을 드러내고 말았다.

진실은 "다른 사람을 속이기는 쉽지만(미소, 멋진 옷, 허세 등을 통해) 당신 자신을 속일 수는 없다."는 것이다. 진정한 성공은 당신의 꿈과 열정, 인생의 목표를 실제로 충족시키는 것과 연관된다. 실제로 누리지도 못하면서 누리고 있는 척 가장하는 것은 거짓된 삶을 사는 것이다. 당신이 자신의 진정한 느낌과 필요, 야심을 아무리 깊이 묻어두었다 하더라도, 그것들은 언젠가 스스로 모습을 드러내고 말 것이다. 그 모습이 아름답지만은 않은 만큼, 주의를 하는 게 좋을 것이다.

당신이 자신의 진정한 느낌과 필요, 야심을 아무리 깊이 묻어두었다 하더라도, 그것들은 언젠가 스스로 모습을 드러내고 말 것이다.

실천하기

## 💡 정직하라

시인이자 사진작가인 타일러 노트 그렉슨Tyler Knott Gregson처럼 "가장 아름답고 섬세한 가짜 미소를 지을 바엔 정직한 눈물을 흘리는 쪽을 택하겠다."라고 자신감 있게 말할 줄 아는 사람이 되어라. 당신이 할 일은 "우리는 모든 것을 가질 수 있고 원하는 모든 것이 될 수 있다."는 현대적 개념을 내려놓는 것이다. 과도하게 사용된 신용카드와 거짓 이력서, 가식적인 자신감으로 가득 찬 삶으로부터 빠져나와라.

삶은 하나의 여행이고, 성공에 이르기까지는 시간이 걸리기 마련이라는 사실을 받아들여라. 아직 갈 길이 멀다는 점을 잘 안다면 가족과 친구, 동료들에게 이미 성공한 것처럼 가장하는 짓은 멈춰야 할 것이다.

## 💡 가장해도 좋은 것이 있다

가장해도 괜찮은 영역이 하나 있다. 태도와 마음가짐과 관련된 영역이 그것이다. 행동을 바꾸고자 할 때, 특정한 행동을 가장하는 건 아무런 문제도 안 된다. 당신이 되고자 하는 태도를 훈련하면서 정말로 그렇게 될 때까지 이미 그렇게 된 것처럼 가장하는 것은, 인격과 태도의 특정 측면을 변화시켜주는 긍정적이고 성공적인 방식이다.

# 88 남 의식하기엔 인생은 너무 짧다

20세 때 우리는 다른 사람들이 우리를 어떻게 생각할지 걱정한다.
40세 때 우리는 그들이 우리를 어떻게 보든 별로 개의치 않는다.
60세 때 우리는 그들이 우리에게 별로 관심이 없었다는 점을 깨닫게 된다.

→ 앤 랜더즈Ann Landers · 칼럼니스트

다른 목표를 추구하고, 새로운 꿈을 꾸고, 자신의 열망을 마음껏 표출해내기에 너무 늦은 나이란 없다. 당신 자신이 될 자유를 활용하지 못했다면, 어떻게 성공적인 인생을 살았다고 주장할 수 있겠는가?

나이 듦의 아름다운 점 중 하나는 더 이상 그 누구의 기대나 기준도 충족시킬 필요가 없다는 사실을 깨닫게 된다는 것이다. 일단 이 사실을 발견하고 나면 당신은 "그 일을 하기엔 너무 늙었어."라는 말을 절대 되풀이하지 않을 것이다. 나이 듦은 다른 사람들에게 순응하고 인상을 남길 필요성을 크게 줄여준다. 젊었을 때 당신은 아마도 아이들을 기르고, 생계를 유지하고, 대출금을 갚느라 정신이 없었을 것이다. 이제 그런 의무들이 배경으로 물러난 만큼, 당신은 자신의 진정한 모습을 마음껏 표출해낼 수 있게 되었다.

당신이 진정으로 원하는 사람이 되지 못하도록 방해하는 것이 무엇인지 묻는 건 훌륭한 경험이 될 수 있다. 다른 사람들의 기대에 자신을 끼워 맞출 필요가 없어지는 순간을 기대하는 것 역시 해방을 가져다주는 경험이 될 수 있다. 이 사실을 알면, 비교적 젊은 나이일 때조차 약간의 해방감을 누리게 될 것이다.

말끔하게 손질된 다른 사람들의 기대에 따라 살기에는 인생이 너무 짧다. 에너지와 건강, 경제력이 아직 갖춰져 있는 지금이야말로 당신 자신만의 삶을 살기에 적합한 시점이다. 지금이 아니라면, 언제 그렇게 할 수 있겠는가?

다른 목표를 추구하기에 너무 늦은 나이란 없다.

## 💡 족쇄를 풀어라

일과 가족에 신경 쓰느라 선반 꼭대기에 남겨둔 취미와 열정, 욕망에는 어떤 것들이 있는가? 그것들을 끄집어내 먼지와 거미줄을 제거하라. 당신 자신의 환상적이고 미쳐있던 기억 저편들과 재접촉할 수 있도록 족쇄를 풀어라. 그 측면은 어린애 같은 호기심이 될 수도, 노래하는 즐거움이나 춤에 대한 사랑, 새로운 것을 시도하는 열정이 될 수도 있을 것이다. 당신 나이가 몇 살이든 그게 무슨 상관인가?

## 💡 솔직하게 마음을 열어라

당신의 선택을 정당화할 필요는 없다. 비키니나 레이브rave 음악을 좋아하는 당신을 보고 사람들이 비웃더라도 상관하지 마라. 당신은 당신의 선택을 허가받을 필요가 조금도 없다. 당신의 가족이나 친구들이 당신을 보고 미쳤다고 말한다면, 솔직하게 그들에게 당신 자신의 꿈과 욕망을 충족시키는 중이라고 말하라. 그 누구도 부끄러움이나 죄책감을 자극하지 못하게 하라. 당신 자신을 자랑스럽게 여겨라.

# 깊이 숨 쉬어라

> 숨은 곧 생명이므로, 숨을 잘 쉰다면 오래도록 장수하게 될 것이다.
>
> → 인도 속담

숨에 대해 생각해본 마지막 순간이 언제인가? 아마도 기억이 잘 안 나겠지만, 숨은 삶에서 가장 중요한 것 중 하나이다. 사실 숨이 없다면, 당신은 지금 이 자리에 있지도 못할 것이다. 당신이 숨을 쉬는 방식은 생각과 행동, 경험의 종류에 따라 달라진다. 예컨대 스트레스와 불안, 걱정에 시달릴 때 당신의 호흡은 빠르고 얕고 거칠어진다. 반면 편안하게 이완되어 있을 때는, 폐가 매우 느리고 차분하게 움직이는 만큼 숨 쉬는 감각을 거의 못 느끼게 될지도 모른다.

환경이 숨 쉬는 방식에 영향을 미치는 것처럼, 당신의 호흡 역시 당신에게 영향을 미쳐 당신을 변화시킬 수 있다. 우리가 공포에 사로잡힌 누군가에게 "심호흡을 하라."고 말하는 건 결코 우연이 아니다. 잘 조절된 호흡은 다양한 방식으로 당신의 신체적, 정신적 만족감을 증진시켜줄 수 있다.

호흡 조절의 혜택에 관한 연구는 수없이 많은데, 이 연구 결과들은 잘 조절된 깊은 호흡에 다음과 같은 효능이 있다는 점을 입증해주었다.

- 신경 화학 물질의 분비를 통해 긴장을 이완시키고 기분과 행복감을 증진시켜줌.
- 혈중 산소 농도를 높임으로써 심장을 튼튼하게 하고 면역 기능을 증진시키며, 몸속의 독소를 제거하고 몸에 활력을 불어넣어줌.
- 신경 체계와 혈액, 소화기, 폐 등을 포함한 몸과 장기의 기능을 향상시켜줌

호흡처럼 자연스러운 현상에 관심을 집중하는 것만으로 이토록 심오한 혜택을 얻게 되리라고 누가 상상이나 했겠는가?

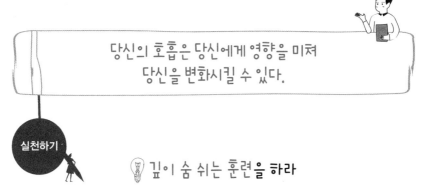

당신의 호흡은 당신에게 영향을 미쳐 당신을 변화시킬 수 있다.

**실천하기**

## 💡 깊이 숨 쉬는 훈련을 하라

자신이 어떻게 숨을 쉬는지, 그리고 그 호흡이 하루 동안 어떤 변화를 겪는지 관찰해보라. 당신은 입으로 숨 쉬는가, 코로 숨 쉬는가, 아니면 이 둘 모두를 사용하는가? 기분 상태와 행동 방식에 따라 호흡의 속도가 바뀌는 것을 느낄 수 있는가? 당신은 심호흡을 얼마나 자주 하는가?

완전히 편안하고 차분할 때조차, 당신의 호흡은 충분히 깊지 못할 수 있다. 특히 얕게 숨 쉬는 것이 습관이 된 상태라면 더더욱. 이런 형태의 호흡은 스트레스와 분주함, 끊임없는 활동들로 가득 찬 과속 사회의 일반적인 증상이다. 깊은 호흡은 숨을 쉬는 최상의 방법이지만, 그런 호흡을 유지하려면 집중과 훈련을 거듭해야 한다. 흥미롭게도, 고대 그리스 시대의 의사들은 자신의 환자들에게 깊은 호흡을 훈련하라고 충고했다고 한다. 그 방법은 다음과 같다.

• 코로 들이쉬고 입으로 내쉬는 과정을 느리고 차분하게 반복한다.
• 천천히 최대 5초 동안 숨을 들이쉬면서, 공기가 폐와 위를 가득 채우는 모습을 상상한다.
• 3초에서 4초 정도 참았다가 숨을 내쉰다.

호흡이 의식될 때마다 이 패턴을 반복해보라. 꾸준히 훈련하다보면 의식하지 않을 때조차 이런 식으로 숨을 쉬게 될 것이다.

## 💡깨끗한 공기를 찾아라

당연한 말이지만, 아무리 숨을 잘 쉬더라도 공기가 더럽고 오염되어 있다면 당신은 결국 몸만 해치게 될 것이다. 그러니 대기 상태가 안 좋은 곳에 살고 있다면 이사 가는 것을 진지하게 한번 고려해보기 바란다. 해로운 입자와 가스로 가득 찬 퀴퀴한 공기 대신, 작가 에드워드 애비Edward Abbey가 말한 것처럼, "달콤하고 신선한 공기를 깊이 들이쉴 수 있도록" 시도해보라.

# 90 멀리 여행하라

우리 할아버지는 내게 "돈 들여 살 수 있는 것 중 여행보다 값진 것은 없단다."라고 말씀하시면서 여행을 적극 권하곤 하셨다. 사실 편안한 일상 환경에서 벗어나는 건 정신을 일깨우는 훌륭한 경험이 될 수 있다. 여행에는 '일상으로부터의 자유'와 '새롭고 예상치 못한 환경에의 노출'이라는 두 요인이 멋지게 결합되어 있다.

여행은 가슴과 마음을 여는 최상의 방법이 될 수 있다. 외국의 도시에서 보내는 며칠에서 몇 주 정도의 시간은 당신에게 다른 사람들의 생활 방식과 세계관, 삶의 문제에 대처하는 방식 등을 드러내 보여줄 것이다. 그것은 더 동정적이고, 이해심 많고, 마음이 넓은 사람이 될 수 있는 하나의 기회이다. 또한 세상의 가난한 지역을 여행하다보면 자신이 얼마나 운이 좋은 존재인지 깨닫게 될 것이고, 중동 지역에 머물다보면 지역 갈등과 난민 문제에 관한 새로운 시각을 얻게 될 것이다.

무어인 7세기부터 이베리아반도에 정착한 이슬람인 · 편집자들에게는 "여행하지 않는 사람은 인간의 가치를 이해하지 못한다."라는 속담이 있다. 이 말은 더없는 진실이다. 멀리 떨어진 나라들을 여행하기에는 재정이 부족할지도 모르지만(비행기를 타고 다른 대륙으로 여행을 다닐 여유가 있는 사람은 얼마 되지 않는다), 어디든 여행을 자주 다니다보면, 마음이 풍요로워지는 것을 느끼게 될 것이다.

> 어디든 여행을 자주 다니다보면,
> 마음이 풍요로워지는 것을 느끼게 될 것이다.

## 💡최대한 많이 여행하라

최대한 많이 여행을 떠나라. 그리고 연말이 되기 전까지 반드시 할당된 휴가를 다 써라.

휴가를 활용해 당신의 어린아이 같은 상상력과 경외심을 살찌워라. 차로 1시간 거리든 비행기로 10시간 거리든, 새로운 장소들을 찾아가 보라.

물건 구입과 휴가 중 돈을 어디에 쓸지 고민 중이라면, 휴가를 택하라.

어디를 여행할지 브레인스토밍을 하라. 지도책을 펴고 여행지를 탐색하라. 당신 자신의 흥미와 호기심을 따라가라. 지구 온난화에 대해 더 알고 싶다면 그린란드의 빙하나 몰디브의 낮게 누운 섬들을 찾아가 보라.


## 💡다른 문화를 이해하고 배워라

여행을 하면서 그 지역의 사람들과 음식, 문화를 접해보라. 새롭고 예상치 못한 것들을 경험하기 위한 여행을 떠나보라. 새로운 문화와 사고방식, 요리, 생활방식을 경험해보라. 가난한 나라를 여행할 때는 그 지역의 사람들과 함께하면서 그들이 어떻게 살아가는지 배워보라.

# 일기를 써라

## 91

> 내 일기는 일상의 모든 것이 담긴 보물 창고이다. 내가 들은 이야기와 내가 만난 사람들, 내가 좋아하는 인용구와 간접적인 방식으로 내게 말을 걸어오는 미묘한 상징들, 이 모든 것이 내 일기 속에 담겨 있다.
>
> → 도로시 실러Dorothy Seyler · 작가

자신의 일상적 생각과 경험들을 기록하는 행위는 건강에 도움이 될 수 있다. 수많은 연구 결과들은 일기를 쓰는 것이 면역 세포를 강화하는 데 도움이 된다는 사실을 입증해주었다. 하지만 건강상의 혜택이야 어찌되었든 간에, 날마다 혹은 주마다 일기장이나 블로그에 일기를 쓰는 행위는 다음과 같은 일들을 가능케 해준다.

- 자신의 행동과 말을 기록하고 검토하는 동안 무엇이 가장 중요한지 이해하게 됨.
- 끊임없이 변하는 자신의 생각과 꿈, 희망, 불안, 경험, 느낌, 견해 등에 대해 숙고하게 됨.
- 당면한 결정과 선택에 대한 해답을 떠올리게 됨.
- 명료하고 사려 깊은 태도로 미리 계획을 세우게 됨.
- 자신의 마음에 대한 성찰 능력이 증대되어 자기 자신(자신의 약점, 꿈, 목표, 불안, 문제 등)을 더 잘 이해하게 됨.

일기를 공개적으로 작성할지 말지는 당신에게 달린 문제지만, 적어도 일기의 일부는 혼자만의 것으로 남겨두는 것이 좋다. 비판이나 판단에 대한 두려움 없이 자신의 가장 내밀한 느낌과 걱정, 욕망을 탐색하려면 완전히 솔직하고 개방적인 태도로 속마음을 털어놓아야 하기 때문이다.

> 자신의 일상적 생각과 경험들을 기록하는 행위는
> 건강에 도움이 될 수 있다.

## 💡 일단 시작하라

일기 쓰기에 부담을 느낄 필요는 없다. 하루에 15분에서 20분 정도면 충분하다. 규칙 같은 건 없다. 가장 내밀한 생각들을 써 내려가면서 자신의 생각을 검열하지 않도록 조심하기만 하면 된다.

## 💡 자신만의 스타일을 계발하라

이미 일기를 쓰는 데 익숙하다면, 새롭고 창의적인 방식으로 자신의 생각과 느낌, 경험들을 기록해보라. 다음과 같은 방법들을 예로 들 수 있을 것이다.

- 항목별로 열거하거나 에세이 형식으로 글을 쓰는 대신, 키워드나 문장들을 서로 이어가면서 생각들 간의 연관성을 나타내는 마음의 지도mind map를 그려보라.
- 큰 영향을 받은 신문이나 잡지의 기사와 사진들을 모아서 붙인 뒤, 그 순간의 느낌을 써 내려가 보라.
- 이미지를 선호한다면 글자 대신 사진들을 이어 붙여가며 콜라주collage 일기장을 만들어보라.
- 일반적인 일기의 형식에 맞춰야 한다는 압박감을 벗어던져라. 노트를 가지고 다니면서 평소의 생각들을 주제별로 정리해보라. 한 부분에는 일과 업무에 대한 생각을, 다른 부분에는 경제 문제와 관련된 생각을, 또 다른 부분에는 인간관계에 대한 생각들을 적으면 좋을 것이다.
- 친구와 가족들의 생각을 적을 공간을 남겨두어라. 그들에게 빈 공간을 완성해달라고 부탁하라.

## 💡 기술을 활용하라

- 사진과 좋아하는 인용구, 생각 등을 담은 블로그를 운영해보라.
- 녹음기나 비디오카메라를 활용해 당신의 삶과 꿈을 기록해보라.
- 소셜 미디어 페이지를 활용해 좋아하는 포스트를 친구나 동료들과 공유해보라.

# 92 길을 잃은 뒤… 길을 되찾아라

> 길을 잃은 기분이 들고 결정을 내리기 힘들 때마다, 나는 그냥 멈춰 서서 조용히 시간을 보낸다.
>
> → 킴 캐트럴Kim Cattrall · 배우

우리 모두는 길을 잃은 것 같은 순간들을 경험해보았다. 삶의 다양한 단계들을 거치다보면, 가끔씩 지금 어디로 가고 있는 건지, 무엇을 하고 있는 건지 더 이상 알 수 없는 순간들과 마주치게 된다. 갑자기 삶의 방향을 잃어버린 것 같은 느낌을 받는 건 무서운 일이다.

그런 느낌은 다양한 순간, 다양한 방식으로 우리를 찾아온다. 청소년기, 결혼을 할 때, 새 직업을 시작할 때, 중년기, 해고를 당했을 때, 이혼을 했을 때, 아이들이 집을 떠날 때, 사별의 순간이나 은퇴 후 등등.

이런 순간에는 길을 잃어버린 것 같은 느낌을 받기 쉽다. 아마도 당신은 삶이 표류하는 것 같은 느낌이나 목적이 사라진 것 같은 느낌을 받을 것이고, 어쩌면 나날의 삶에 완전히 압도당한 나머지 정신을 제대로 차리지 못할 수도 있을 것이다. 하지만 헨리 소로Henry Thoreau는 "길을 잃어버린 뒤에야 비로소 우리 자신을 이해하기 시작할 수 있다."라고 쓴 바 있다.

실제로 길을 잃은 것 같은 느낌에는 아무런 문제도 없다. 그 느낌은 다음에 무슨 행동을 할지 결정하기 위해 잠시 멈춰 서서 정보를 모을 필요가 있다는 사실을 나타낼 뿐이다. 삶에 과부하가 걸릴 때마다 발동되는 일종의 비상 정지 장치인 셈이다. 대부분의 사람들에게 그런 순간은, 진정한 자신으로 되돌아가는 길을 발견하기 전에 거치게 되는 하나의 과도기에 불과하다. 하지만 다른 사람들에게는 문제가 좀 더 심오하고 심각한 것일 수 있다. 그런 경우라면 도움을 청하는 것이 필요하다는 사실을 인식함으로써 정신 건강에 문제가 생기지 않도록 주의를 해야 할 것이다.

## 길을 잃은 것 같은 느낌에는 아무런 문제도 없다.

**실천하기**

### 💡정지 버튼을 눌러라

길을 잃은 것 같은 느낌이 들 때, 우리는 일반적으로 무언가를 함으로써 그 간극을 메우려 든다. 심리학 박사 롤로 메이Rollo May 역시 "역설적이게도 인간은 길을 잃을 때마다 더 빨리 달린다."라고 말한 바 있다. 우리는 알지 못하고 행동하지 못하는 상태를 싫어하기 때문에, 빠르게 아무 해답이나 고른 뒤 행동을 취함으로써 그 간극을 메우려 들 때가 많다.

하지만 사실 이런 상황에서 취할 수 있는 최상의 대응책은 가속 버튼이 아닌 정지 버튼을 누르는 것이다. 정지 상태는 두뇌로부터 다양한 해답과 시나리오, 불안, 격정들이 마구잡이로 쏟아져 나오지 못하도록 막아주기 때문이다. 이런 순간에는 깊이 숨을 고르며 숙고를 하는 태도가 필수적이다. 그러니 삶의 중요한 고비를 잘 넘길 수 있도록 여러 차례에 걸쳐 심호흡을 하면서 마음을 잘 가다듬어보라.

### 💡스스로에게 질문을 던져라

일단 정지 버튼을 눌렀다면, 스스로에게 다음과 같은 질문들을 던져보라.

- "왜 이런 느낌이 드는 걸까?"
- "내 삶에 무슨 변화가 일어난 것일까?"
- "나는 지금 무엇을 해야 하나?"
- "내 앞에 놓인 대안에는 어떤 것들이 있나?"
- "어떤 대안을 추구하는 것이 좋을까?"

문제가 즉시 해결되지는 않을 것이다. 이 질문들을 탐색하고 답변을 구체화하면서 며칠에서 몇 주, 심지어는 몇 달을 보내야 할지도 모른다. 하지만 어쨌든 준비가 되었다는 느낌이 든다면 차분하고 신중하게 목표를 설정한 뒤 행동을 시작해 보라.

그 목표가 주된 인생의 목표일 필요는 없다. 그저 당신이 원하는 방향과 크게 어긋나지 않는 방향으로 나아가도록 돕는 분별 있는 목표이기만 하면 된다.

# 93 미리 계획하라

당신은 세밀한 계획과 즉흥적인 행동 중 어느 쪽을 선호하는가? 삶의 작은 문제들은 계획을 세우지 않더라도 심각한 결과를 초래하지 않는다. 비 오는 날 우산 챙기는 것을 잊어버렸을 때처럼 약간 불편해질 뿐이다. 하지만 더 중요한 결정들에 대해서는 미리 계획을 세울 필요가 있다. 우리 모두는 사실상 두 성향을 전부 다 갖추고 있지만, 계획이나 행동 가운데 어느 한쪽을 더 선호하는 것이 일반적이다. 성공은 균형을 달성하는 것과 연관되어 있는 만큼, 당신은 다음 두 선택지를 적절히 조화시킬 줄 알아야 한다.

1. 스쳐 지나가는 기회를 붙잡기 위해 전진한다.
2. 불리한 점을 고려하여 적절한 대비책을 세운다.

완벽한 균형 같은 건 없다. 경솔하고 과하게 낙천적일 때가 있는가 하면, 지나치게 조심스럽고 소심할 때도 있기 마련이다. 하지만 한 가지만은 분명하다. 성공을 가져다주는 건 이 둘의 조합이란 사실이다. 그러므로 자신의 목표에 대해 생각하고 우선순위를 설정하는 식으로 미리 계획을 세워둔다면, 행동의 순간이 다가왔을 때 더 유리한 위치를 점할 수 있을 것이다.

> 성공을 가져다주는 건 세밀한 계획과 즉흥적인
> 행동의 조합이다.

## 💡계획을 세우는 습관을 들여라

당신이 무슨 일을 하든, 위험 요인과 가능한 결과들에 대해 생각하는 시간을 가져라. 계약을 맺을 때는 일이 계획대로 안 풀릴 경우 어떻게 할지, 출구 전략을 세워두는 것이 좋다. 하지만 삶에서 가장 흥미롭고 기억할 만한 순간들은 계획과 무관하다는 점도 기억해두라. 그런 순간들은 당신의 직관이나 직감, 또는 영혼을 전적으로 신뢰하면서 따를 때만 찾아온다.

## 💡최악에 대비하라

어느 정도 나이가 들면 당신은 자신이 병들거나 죽는다면 어떻게 될지, 어떻게 해야 뒤에 남을 가족들의 부담을 최대한 덜어줄 수 있을지 생각해봐야 할 것이다. 간단한 해결책을 몇 가지 제시하자면 다음과 같다.

- 부양가족들에게 재정 상태를 알려라. 관련 서류가 어디 있는지, 은행 계좌를 어떻게 이용해야 하는지 등등.
- 유언과 유서를 미리 준비하고 공유하라.
- 생명 보험에 가입하라.
- 주택 보험과 여행 보험, 건강 보험 등에 대해서도 알아보라.

# 94 버킷리스트를 완성하라

❝ 아침에 일어나서 항상 원했던 일을 할 시간이 더 이상 남아 있지 않다는 사실을 깨닫게 될 날
이 올 것이다. 그 일을 지금 하라. ❞

→ 파울로 코엘료Paulo Coelho · 작가

당신은 죽기 전에 무슨 일을 하고 싶은가?
www.bucketlist.net이란 사이트에서는 사람들에게 10가지 버킷리스트를 묻는 설
문 조사를 수행한 바 있는데, 그 결과가 상당히 흥미롭다. 상위 10위권 버킷리스트
의 목록은 다음과 같다.

1. 북극 하늘 바라보기       2. 스카이다이빙 하기       3. 몸에 문신 새기기

4. 돌고래와 함께 수영하기    5. 유람선 타고 여행하기     6. 결혼하기

7. 마라톤 참가하기         8. 집 라이닝zip lining 03하기   9. 코끼리 등에 타보기

10. 스쿠버다이빙 하기

이 목록에서 주목할 점은 물건보다 경험이 더 중요시되었다는 사실이다. 물론 이
활동들 중 일부는 비용을 많이 들여야 하지만, 대다수는 큰 비용 없이도 얼마든지
달성 가능하다. 마라톤을 뛰어보고 싶은가? 그렇다면 내일 당장 운동화를 신고 훈
련을 시작해보는 것은 어떤가?
우리 대부분은 그다지 이기적이지 않다. 우리는 소망과 꿈을 달성하도록 다른 사
람들을 돕는 데 기꺼이 우리 시간을 투자한다. 당신은 아마도 당신 자식에서 시작
해 부모와 조카, 친구로 대상을 넓혀갈 것이고, 자원봉사를 통해 도움이 필요한 사
람들을 도와주기도 할 것이다. 이 모두는 매우 중요하다. 하지만 당신은 이루지
못한 꿈들을 충족시킬 수 있도록 당신 자신을 위한 시간도 남겨두어야 한다.

03 케이블을 타고 강이나 협곡을 가로질러 이동하는 일종의 레포츠 - 역주

영화 〈쇼생크 탈출〉에는 "선택은 하나다. 지금 죽어버리든가 기를 쓰고 살아가든 가."라는 명대사가 나온다. 혹시 지금이 당신 자신의 버킷리스트를 달성하기 위해, 기를 쓰고 살 때가 아닐까?

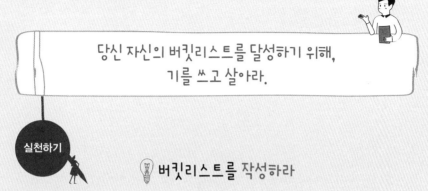

당신 자신의 버킷리스트를 달성하기 위해,
기를 쓰고 살아라.

**실천하기**

### 💡 버킷리스트를 작성하라

하나도 어렵지 않다. 펜을 집어 들고 당신만의 버킷리스트 10가지를 적어 내려가 보라. 죽기 전까지 반드시 하고 싶은 10가지 경험은 무엇인가?
당신 자신과 사랑하는 사람들 모두를 위한 공동의 버킷리스트를 작성하는 것도 좋다. 함께 모여 공동의 꿈과 목표를 구상하는 건 즐거운 경험이 될 것이고, 그 일을 실천하는 건 더더욱 즐거울 것이다. 다음 가족 휴가를 기대하시라!

### 💡 당신의 리스트를 공유하라

당신의 버킷리스트를 공개하면 그 일을 달성하기 위한 동기를 부여받는 데 도움이 될 것이다. www.bucketlist.net 사이트에 가면 당신의 리스트를 공유할 수 있고, 다른 사람들의 리스트도 구경할 수 있다.

### 💡 다른 사람들에게 놀라움을 선사하라

당신이 운이 좋다면 버킷리스트의 상당 부분을 이미 달성했을 것이다. 그렇다면 다른 사람들이 그들의 버킷리스트를 실현할 수 있도록 도와주는 것은 어떤가? 죽어가는 불치병 어린이들의 꿈을 이루어주기 위해 기금을 모금하거나 물품 기부를 받는 단체가 많이 있으니 한번 알아보기 바란다.

# 95 지속 가능한 세상을 위해 힘써라

> 후대의 역사가들이 이 시대에 대해 '할 수 있는 모든 일을 다 했고, 그 결과는 상상 이상이었 노라.'고 말해주었으면 좋겠다.
>
> → 보노Bono · 가수, 사회운동가

지구가 돌이킬 수 없는 생태학적 변화가 촉발되는 지점에 가까이 와 있다는 믿음이 널리 퍼지고 있다. 이 극단적인 가설이 사실이든 아니든 간에, 당신은 모든 것이 변하고 있다는 사실을 알아차려야 한다.

- 비닐봉지는 매년 세계적으로 약 5천억 개에서 1조 개씩 소비되는데, 이 비닐봉지가 다 썩으려면 수세기는 족히 소요될 것으로 추정된다.
- 세계의 열대우림 지역은 해마다 축구장 10만 개의 넓이만큼씩 파괴되고 있다.
- 한 연구에 의하면, 미국에 있는 호수 중 약 40퍼센트는 너무 오염돼서 생명체가 살아갈 수 없을 정도라고 한다.
- 세계야생생물기금World Wildlife Fund에 의하면, 생물종의 멸종률이 정상치보다 1천 배에서 1만 배 정도 증가했다고 한다.
- 10억 명 이상의 사람들이 안전한 식수를 공급받지 못하고 있다.
- 전 세계의 자동차 수가 2030년까지 두 배로 늘 것으로 예측된다.

손 놓고 가만히 구경만 하고 있을 때가 아니다. 이 같은 전례 없는 변화에 제대로 대처하지 못한다면, 미래 세대는 우리와 같은 생활을 더 이상 누리지 못하게 될 것이다.

당신은 주변 환경 전체가 황폐화되고 있는 지금 같은 상황에서 당신 혼자만의 성공에 만족할 수 있는가?

손 놓고 가만히 구경만 하고 있을 때가 아니다.

실천하기

## 💡 지속 가능한 생활을 하라

미국 인디언들에게는 "우리는 이 땅을 조상들로부터 물려받은 것이 아니라, 우리 자손들에게서 빌린 것이다."라는 사랑스런 격언이 있다. 당신은 매일같이 주변 환경에 영향을 미치고 있다. 우리가 하거나 하지 않기로 선택하는 행위는, 그것이 아무리 작고 사소해 보이더라도, 나름의 영향력을 행사한다. 그렇다면 당신은 당신의 생활 방식을 어떤 식으로 변화시켜야 할까? 취할 수 있는 조치로는 다음과 같은 것들을 들 수 있다.

• 낭비를 최소화하라. 우선 부엌부터 시작하는 것이 좋을 것이다. 매일 배출하는 수백만 톤의 음식 쓰레기를 줄일 수 있도록 적게 사서 적게 소비해보라. 음식물 쓰레기를 활용해 퇴비를 만들고, 쇼핑을 할 때는 비닐봉지의 사용을 자제하라.

• 집에 새 물건을 들여놓을 때마다 다른 물건을 자선 상점charity shop에 기부해보라.

• 주변 환경을 청소하는 데 시간을 투자하라. 예컨대, 해변이나 공원을 치우는 일에 참여할 수 있을 것이다.

• 좀 더 친환경적인 생활을 하라. 차를 하이브리드 자동차로 바꾸고, 자전거와 도보로 이동하는 빈도를 늘리고, 되도록이면 대중교통 수단을 이용하라. 집에 태양광 패널을 설치해 집의 에너지 효율을 늘려보라. 자신의 탄소 발자국carbon footprint 04을 계산해보라.

---

04 일상생활을 통해 직간접적으로 발생되는 이산화탄소의 총량을 말함 - 역주

# 96 자신보다 더 큰 무언가와 교감하라

당신의 운명이 어떻게 될지 나는 잘 모르지만 한 가지만은 분명하다. 봉사하고 섬기기 위해 애를 써온 사람들만이 진정한 행복을 누리게 될 것이라는 사실이다.

→ 알버트 슈바이처Albert Schweizer · 의사

당신 자신보다 더 위대한 무언가와 접촉하는 것은 정신 건강에도 좋고 행복감에도 도움이 된다. 긍정 심리학 분야의 개척자인 마틴 셀리그만Martin Seligman은 이 요인이야말로 인간의 행복을 위한 필수적인 요인이라고 주장한 바 있다. 당신이 교감을 추구하는 대상은 무엇인가?

- 당신은 종교 생활을 하는가?
- 당신은 자연이나 땅과 일체감을 느끼는가?
- 당신은 특정 집단 사람들의 생활을 개선하기 위한 자원봉사 활동에 참여하는가?
- 당신은 여성 인권이나 노예제 종식, 문화 보존 등과 같은 정치적 대의를 위해 헌신하는가?
- 아니면 당신은 단순히 가족들에게 시간과 사랑, 재원을 최대한 많이 제공해주기 위해 노력하고 있는가?

어쩌면 당신은 이들 중 그 어떤 활동에도 적극적으로 참여하지 않을지 모른다. 하지만 사실 우리 모두는 우리 자신보다 더 큰 무언가의 일부가 되기를 간절히 원하고 있다. 자기 자신에게만 몰두하는 태도는 당신을 주변 환경과 사람들로부터 고립시킬 뿐이다.

바쁘고 야심찬 리더들을 코칭할 때마다 나는 그들을 이와 비슷한 결론으로 이끌어주기 위해 노력하는데, 그들이 결국 깨닫게 되는 건 "자기 자신의 경력과 물질적 성공을 추구하는 것은 진정한 삶의 작은 한 부분에 지나지 않는다."는 사실이다.

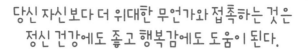

당신 자신보다 더 위대한 무언가와 접촉하는 것은
정신 건강에도 좋고 행복감에도 도움이 된다.

실천하기

## 💡 어디에 초점을 맞춰야 할까?

당신의 시간과 노력을 의미 있게 활용할 수 있도록 스스로에게 다음과 같은 질문들을 던져보라.

- "나는 주변에 있는 무엇에 대해 가장 큰 열정을 느끼는가?"
- "나 자신과 가족을 제외하면 무엇이 내게 가장 중요한가?"
- "내가 변화시킬 수 있는 세상의 측면에는 어떤 것들이 있을까?"

정답 같은 것은 없고, 반드시 무언가를 해야 하는 것도 아니다. 그러니 세상을 바꾸거나 특정한 대의를 위해 수백만 원을 모금하고 싶다는 생각이 안 들더라도 죄책감을 느끼지 말라. 그저 당신에게 행복감과 충족감을 가져다주는 현실적이고 진실한 일을 하기만 하면 된다.

## 💡 많을수록 좋다

당신보다 위대한 것을 향해 더 많이 뛰어들면 뛰어들수록, 당신은 삶에서 더 큰 의미를 발견하게 될 것이다. 어쩌면 당신은 바쁘다고 변명을 하면서 일을 뒤로 미루고 싶어 할지도 모른다. 하지만 역설적이게도 다른 사람들을 돕는 데 가장 많은 시간을 투자하는 사람은 가장 바쁜 사람들인 경우가 많다. 시어도어 루스벨트 대통령의 말대로 "시간이 날 때마다 당신이 할 수 있는 일을 하는 것"이 중요한 것이다.

# 97 모든 것을 다시 배워라

> 새로운 무언가를 시작하려면, 낡고 익숙한 방식부터 버려야 한다.
>
> → 윌리엄 브리지스William Bridges · 작가

대학에서 배우는 지식의 40퍼센트 정도는 10년 내로 낡은 지식이 되어버리고 만다고 한다. 나는 내 코칭 활동의 상당 부분을, 지식과 정보의 습득 및 폐기가 용이한 세상에서 능력을 발휘하려면 어떻게 해야 할지 탐색하도록 고객들을 돕는 데 할애한다. 앨빈 토플러Alvin Toffler의 말대로 배우고, 배운 것을 잊고, 다시 배우도록 끊임없이 압력을 가해오는 이 시대에는 문맹이 되어버린 것 같은 느낌을 받기가 쉽다.

배우는 것 자체는 그다지 힘든 일이 아니다. 우리 모두는 매일같이 자신만의 학습 스타일을 활용해 매뉴얼을 읽고, 새로운 상황과 문제를 탐색한다. 하지만 새로운 지식을 위해 기존의 것을 먼저 잊어야 할 때는 문제가 발생하기 쉽다. 우리 모두가 아는 것에 너무 집착을 한 나머지 낡은 지식을 놓아 보내는 걸 힘들어하기 때문이다. 그렇지만 어쨌든, 우리는 매일같이 이미 알고 있거나 익숙한 지식을 놓아 보내라는 요구를 받고 있다.

배운 것을 잊는 과정은 21세기형 지식 산업의 핵심이다. 이 과정을 신속히 처리하고 새로운 지식을 받아들이는 사람만이 새로운 시대의 리더 자격을 얻게 될 것이다.

배운 것을 잊는 과정은 21세기형 지식 산업의 핵심이다.

## 💡 낡은 지식을 벗겨내라

기존의 지식을 놓아 보내는 과정은 최신형 자료를 받아들이기 위해 하드 드라이브의 파일을 삭제하거나, 새 벽지를 바르기 위해 낡은 벽지를 벗겨내는 과정과도 같다. 여기서 문제는 우리가 '과거에 유용했던 지식이라면 앞으로도 유용할 것'이라고 생각하곤 한다는 것이다. 하지만 이는 물론 사실이 아니다. 시간이 감에 따라 파일은 쓸모가 없어지며 인테리어 디자인도 유행에 뒤처지게 된다. 가장 성공적인 사람들은 기존 지식에 의문을 던지는 것을 마다하지 않고, 모순을 기꺼이 포용하며, 언제든 낡은 지식을 놓아 보낼 준비가 되어 있다.

## 💡 기대와 가정도 놓아버려라

선입견과 가정, 기대를 놓아버려라. 앞으로 일어날 일에 대한 기대를 품은 상태로 새로운 일에 임해서는 안 된다. 당신의 예상이 도전을 받거나, 빗나가거나, 무너져 내리는 것을 기꺼이 허용할 수 있도록 마음가짐을 바꿔보라. 당신의 모든 선입견을 놓아 보낼 준비를 하라. 기대와 가정은 현실을 직면하는 데 아무런 도움도 안 된다. 실제 경험은 항상 당신이 기대했던 것과 다를 수밖에 때문이다.

# 98 다른 사람들의 성공 멘토가 되어라

> 멘토링은 세대와 계급, 인종을 뛰어넘어 우리를 하나로 이어준다. 멘토링은 우리의 상호 의
> 존성을 인정할 수밖에 없도록 함으로써, 마틴 루터 킹 목사의 말대로, 우리가 '피할 수 없는
> 상호성의 그물에 사로잡혀 있다.'는 사실을 깨닫도록 해준다.
> → 마크 프리드먼Marc Freedman · 작가

성공에 이르는 열쇠 중 하나는 다른 사람의 성공을 돕는 것이다. 당신은 당신 자신의 삶에서 부모와 조부모, 친구, 교사, 동료 등과 같은 온갖 종류의 사람들로부터 도움과 안내를 받아왔을 것이다. 많은 사람들이 자신이 무슨 일을 하는지 깨닫지도 못한 채(대화를 하고, 질문에 답을 하고, 본보기가 되어줌으로써) 당신을 도와왔다. 때로는 누군가의 곁에 머무는 것만으로도 차분함이나 친절함, 인내심 같은 중요한 것들을 배우기에 충분할 때가 있다. 멘토링은 다른 사람과 자기 자신 모두를 돕는 훌륭한 방법이다. 그것은 수많은 형태를 취할 수 있다. 예컨대, 당신은 당신이 이미 겪어본 것과 비슷한 문제나 상황을 해결하도록 누군가를 도와줄 수 있다. 정리 해고나 이혼, 질병 같은 문제에 시달리는 친구를 도와줄 수도 있을 것이고, 다른 사람들 스스로 자기 내면에 잠재된 가능성을 알아차리도록 이끌어줄 수도 있을 것이다.

> 멘토링은 다른 사람과 자기 자신 모두를 돕는
> 훌륭한 방법이다.

## 💡 도움이 필요한 사람들을 적극적으로 찾아 나서라

무언가에 통달하는 가장 좋은 방법은 그것을 남들에게 가르치는 것이다. 만일 당신이 성공적인 삶을 사는 방법을 배우고 싶다면, 다른 누군가에게 그 방법을 가르쳐보라. 당신의 시간과 관심을 다른 사람들이 아직 통달하지 못한 영역에서 그들을 돕는 데 꾸준히 투자해보라. 당신의 멘토링은 친구의 면접 준비나 친척의 시험 공부, 동료의 결혼 문제 상담처럼, 당신 자신의 경험과 상식을 토대로 할 수도 있을 것이고, 당신의 전문가적 지식이나 기술에 기반을 둘 수도 있을 것이다.

## 💡 집단 멘토링에 참여하라

공식적으로 한 집단의 사람들을 멘토링할 수도 있을 것이다. 지역 학교에서 독서 지도를 하거나 신입 사원들의 훈련과 교육을 담당하는 것 등이 여기 해당된다.

## 💡 당신도 멘토링을 받아야한다

다른 사람들을 멘토링하는 동안 자기 자신과 자신의 필요에 대해 생각해보라. 당신은 다른 사람의 조언과 도움으로부터 어떤 혜택을 얻을 수 있을까? 당신 자신의 필요를 소홀히 하거나 도움을 요청하길 꺼려서는 결코 안 된다. 도와달라는 요청에 "노(NO)"라고 답하는 사람은 거의 없다. 대부분의 사람들이 안내나 조언을 요청받는 것을 좋아한다. 그런 요청은 그들에게 가치 있고, 전문적이고, 중요한 사람이란 느낌을 불러일으키기 때문이다.

# 당신만의 유산을 남겨라

나는 우리 자신의 대범함과 성취가 우리의 유산으로 남게 될 것이라고 믿는다. 우리 자손들은 그 유산을 토대로 이 세계의 문제들을 해결해 나갈 것이다.

→ 나빈 자인Naveen Jain · 인도 기업인

당신은 어떤 사람으로 기억되고 싶은가? 당신이 장례식에서 사람들이 하는 말을 들을 수 있다고 상상해보라. 당신은 사람들이 당신에 대해 어떻게 말해주길 바라는가? 아마도 사람들은 당신의 훌륭한 자동차나 집, 골프채 같은 것에 대해서는 거의 아무 말도 안 할 것이다. 사람들이 관심을 갖고 이야기하는 건 당신의 인격과 행동, 마음가짐 등일 것이다.

그 순간 중요한 건 다른 사람을 향한 당신의 태도나 행동방식, 즉 관대함과 진실성, 친절함 같은 자질들뿐이다. 셰익스피어Shakespeare는 "정직성만큼 중요한 유산은 없다."라고 말했고, 공연기획자 빌 그레이엄Bill Graham 역시 "우리가 가족에게 남기는 가장 위대한 유산은 물질적 부가 아닌 우리 자신의 인격과 신념이다."라고 말한 바 있다.

다음과 같은 점을 숙고해보라. 당신은 고인이 된 사람들을 어떻게 기억하는가? 나는 할아버지를 생각하면 함께한 좋은 시간들이 떠오르고, 할머니를 생각하면 뛰어난 사람이 되도록 격려하는 모습이 떠오르며, 어머니를 생각하면 가족을 소중히 돌보는 모습이 떠오른다.

하지만 죽은 뒤에 남기는 것들만 유산이 되는 건 아니다. 당신은 삶의 주된 변환점마다, 의도하건 안하건 간에, 유산을 남긴다. 예컨대, 당신은 일터나 학교, 지역 등을 떠날 때마다 뒤에 일정한 유산을 남긴다. 이런 작은 유산들에 대해 깊이 생각해보라. 그리고 당신의 크고 작은 모든 유산이 뒤에 남겨진 사람들에게 긍정적이고 도움을 주는 것이 되게 하라.

크고 작은 모든 유산들이 뒤에 남겨진 사람들에게
긍정적이고 도움을 주는 것이 되게 하라.

실천하기

## 💡 주변 사람들에게 피드백을 요청하라

가족과 친구, 동료들에게 다음과 같은 질문들을 던져보라.

- "내가 갑자기 사라진다면 나는 과연 어떤 사람으로 기억될까?"
- "내 이름이 언급되면 어떤 생각이나 느낌이 드는가?"
- "나를 보면 떠오르는 긍정적이거나 부정적인 모습은 무엇인가?"
- "나는 당신의 생각과 느낌, 행동에 어떤 영향을 미치는가?"

차분히 귀를 기울이며 미소를 짓고, 정직한 피드백을 제공해준 것에 감사하라. 불편한 말을 듣게 되더라도 서둘러 반박하려 들어서는 안 된다. 그냥 조용히 듣기만 하라.

## 💡 의식적으로 유산을 창조하라

당신이 받은 피드백에 대해 숙고해보라. 아마도 당신은 그런 피드백을 받은 것에 놀랐을 것이고, 어쩌면 자신이 완벽과는 거리가 멀다는 점을 깨닫게 되었을지도 모른다. 당신이 일터와 가족, 사회에 남기길 바라는 이상적인 유산은 어떤 모습인지 스스로에게 자문해보라.

당신이 지금까지 만들어온 유산과 남기고 싶은 유산 사이의 간극이 어느 정도인지 확인해보라.

이 작업을 하다보면 신경을 써야 하는 부분이 어디인지 알게 될 것이다. 행동과 습관을 개선하거나 인격의 일부를 바꿔야 할 수도, 태도와 마음가짐을 고쳐야 할 수도 있을 것이다.

자신이 지금까지 훌륭한 인상을 남기지 못했다는 사실을 깨닫게 되더라도 걱정하지 마라. 당신 스스로 실수를 인정하는 한, 그리고 필요한 경우 사과를 하고 다르게 행동할 준비가 되어 있는 한, 당신은 당신을 보는 사람들의 관점을 바꿀 수 있을 것이다. 당신은 얼마든지 그들에게 사랑받는 느낌과 존중받는 느낌, 가치를 인정받는 느낌을 불러일으킬 수 있다.

하지만 이 모두는 진심에서 우러나온 것이어야 한다. 미국 시인이자 시민운동가 마야 안젤루Maya Angelou 교수는 "사람들은 당신이 한 말을 잊을 것이고 당신이 한 행동도 잊을 것이다. 하지만 당신이 그들에게 불러일으킨 느낌만은 결코 잊지 않을 것이다."라고 말한 바 있다.

# 아무것도 후회하지 말라

지구상에 존재하는 인간들의 엄청난 다양성에도 불구하고, 우리 모두는 죽을 때 비슷한 후회를 한다. 호주의 한 간호사는 죽어가는 환자들을 수년간 돌보면서, 그들이 가장 크게 후회하는 것이 무엇인지 물어보았다고 한다. 그녀가 가장 많이들은 5가지 답변은 다음과 같다.

1. 다른 사람들의 기대에 맞춰 사는 대신, 용기를 내서 나 자신에게 진실한 삶을 살았어야 했다.
2. 너무 일에만 몰두하지 말았어야 했다.
3. 관계를 유지하기 위해 나 자신의 느낌을 억누르는 대신, 내 느낌에 대해 보다 솔직해질 용기를 지녔어야 했다.
4. 연락이 끊기지 않도록 친구들에게 더 많은 시간을 투자했어야 했다.
5. 엄숙한 태도를 누그러뜨리고 더 많이 웃으면서 행복을 좀 더 누렸어야 했다.

죽을 때 하는 후회에는 우리가 일상을 사는 방식이 그대로 반영되어 있다. 우리는 너무 자주 뒤를 돌아보면서 과거의 선택과 행동을 후회하곤 한다. 그러므로 죽을 때 아무것도 후회하지 않기 위한 연습은 오늘부터 당장 시작되어야 한다.

> 죽을 때 아무것도 후회하지 않기 위한 연습은
> 오늘부터 당장 시작되어야 한다.

## 💡 연락할 필요가 있는 사람은 누가 있는가?

살면서 사랑이나 감사를 표현하지 못한 사람이 있는가? 고통을 가하고 상처를 입힌 사람이 있는가? 그렇다면 지금이 바로 그들과 연락을 할 때이다. 그들에게 연락을 해서 과거의 일을 사과하거나, 감사를 표하거나, 아니면 단순히 "사랑합니다."라고 말해보라. 이 일에 대해 확신이 잘 안 선다면, 사과나 감사를 표현하지 않은 것에 대한 후회와 고통이, 그들에게 다가서는 데서 비롯되는 고통보다 더 심하지는 않을지 스스로에게 자문해보라.

## 💡 당신의 진심은 무엇을 원하는가?

당신 자신을 위한 일이든, 다른 누군가를 위한 일이든, 실천에 옮기기를 주저하고 있는 일이 있는가?

그렇다면 단순히 그 일을 실천하라. 그 일을 무덤까지 가지고 가서는 안 된다.

나는 이 책이 당신에게 이런 일들을 실천할 자신감을 불어넣어 주었으면 좋겠다.

그 자신감을 이 책의 마지막 유산으로 남기고자 한다.

성공을 만드는
# 100가지 아이디어

**에필로그**

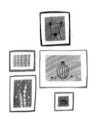

나는 6개월에 걸쳐 이 책의 초안을 작성한 뒤, 다시 6개월에 걸쳐 존 머레이 러닝 John Murray Learning에서 일하는 훌륭한 직원들과 작업을 이어갔다. 그들은 다듬어 지지 않은 원고를 지금 당신 손에 들려 있는 인상적이고 힘 있는 책으로 탈바꿈 시키도록 도와주었다.

12개월 동안 엄청난 고생을 하면서, 나는 "성공적인 삶을 살려면 어떻게 해야 하는가?"라는 질문에 대한 답을 100가지로 요약해 제시하는 일이 얼마나 힘든지 깨닫게 되었다. 레오나르도 다 빈치가 "예술은 결코 완성될 수 없다. 도중에 포기될 뿐이다."라고 말한 이유를 조금은 이해할 것 같다.

당신은 아마도 이 책의 장들 중 일부가 중첩되고, 어떤 장에는 '성공' 이외의 다른 주제도 포함되어 있다는 사실을 알아차렸을 것이다. 사실 삶이란 것은 너무나도 복잡 다양해서 100가지 항목에 끼워 맞추는 것 자체가 불가능하다. 나는 지금쯤 당신이 이 100가지 항목들을 혼합하고 짝지어서 성공을 위한 당신만의 조합을 만들어야 한다는 사실을 깨달았길 바란다.

글을 쓰고, 교정본을 읽고, 내 편집자인 이언 캠벨Iain Campbell과 대화를 나누는 동안, 나는 이 '100가지' 이외에도 성공을 위해 절대적으로 필요한 2가지 기술이나 능력이 더 있다는 사실을 알게 되었다. 그 2가지란 다음과 같다.

1. 항상 희생할 준비를 하라.
2. 무슨 일이 발생하든 삶은 계속된다는 사실을 알라.

각각의 항목을 순서대로 살펴보기로 하자.

# 1. 항상 희생할 준비를 하라.

> "훌륭하고 위대한 사람을 보통 사람과 구분 짓는 기준은,
> 희생하고자 하는 의지를 지녔다는 사실 단 하나뿐이다."
> → 카림 압둘 자바Kareem Abdul-Jabbar · 미국 전 농구선수

좌우명을 하나만 고르라고 한다면 나는 "항상 희생할 준비를 하라."라는 문구를 채택할 것이다. 이 문구는 지난 수년간의 내 태도를 반영해준다. 하지만 나는 내 여덟 번째 책인 이 책을 쓰면서 12개월을 보낸 후에야 내 삶에 동반되는 희생의 강도가 어느 정도인지 깨닫게 되었다. 책을 마친 후 나는 고역(자료 조사, 숙고, 타이핑)을 치르면서 보낸 저녁 시간과 주말이 마침내 다 지나갔다는 사실에 무척이나 행복했다. 나중이 되어서야 내가 친구들의 초대를 거절하고 기존 고객 및 새 고객들과 만날 기회를 놓쳐가면서, 이 기간 동안 커다란 희생을 치렀다는 사실을 깨닫게 되었다.

성공적인 삶에 관한 내 생각을 세상 사람들과 공유하기 위해, 나는 내 코칭 업무에 들일 시간과 에너지를 대가로 지불해야 했고…… 사실, 내 아들의 숙제를 도와줄 시간마저 투자해야 했다. 이 대가를 경제학자들은 '기회비용'이라고 부른다. 삶의 한 영역에서 성공을 좇다보면 다른 영역을 소홀히 하기 쉬운 것이다.

당신은 성공을 추구하기 위해 무엇을 희생할 수 있는가? 책이 다 끝나가는 이 시점에서 이 질문에 대해 숙고해보는 것도 나쁘지 않을 것이다.

당신은 성공을 추구하기 위해 무엇을 희생할 수 있는가?

# 2. 무슨 일이 발생하든 삶은 계속된다는 사실을 알라

"나는 단 두 마디로 삶에서 배운 모든 것을 요약할 수 있다.
'삶은 계속된다'가 그것이다."
→ 로버트 프로스트Robert Frost · 미국 시인

이 책을 쓰면서 보낸 12개월 동안, 나는 많은 고통과 재난의 순간들을 경험했고 '성공적이지 못함'이라고 묘사할 만한 순간들도 많이 겪어보았다. 지난 한 해 동안 나는 다음과 같은 일들을 겪었다.

- 최근 내 아들의 친구 중 한 명이 중등교육자격검정시험(GCSE)을 치르던 도중 사망했다.
- 한 친구의 회사(15년 전 설립, 1백여 명의 직원을 둠)가 부도를 내고 문을 닫았다. 내 친구는 현재 자신의 전 재산을 잃을 위험에 처해 있다.
- 친구의 부모님 중 몇 분이 고통스런 질병을 앓다 돌아가셨다.
- 한 친구의 아내가 말기 암 진단을 받았다.
- 내 형이 이혼을 했다.
- 내 오랜 고객 중 한 명이 갑자기 해고를 당했다. 그는 현재까지 수개월 동안 직업을 찾아다니고 있다.

당신도 이런 순간들을 직접 겪었거나 주변에서 목격한 경험이 있을 것이다. 이런 순간에는 목표를 이루고 꿈을 실현하는 일이 남의 일처럼 느껴진다. 당신은 아마도 충격과 슬픔, 고통, 불안 등에 대처하고 다른 사람을 위로하는 데 대부분의 시간을 투자해야 할 것이다.

하지만 로버트 프로스트가 분명히 말했듯이, 삶은 계속된다. 시간이 지나면 우리는 우리의 꿈과 목표로 되돌아와 성공에 대한 추구를 계속 해나갈 수 있다. 게다가 고통과 슬픔, 상실에 대한 경험은 당신의 지혜를 더 깊게 숙성시켜준다. 어쩌면 이런 경험을 통해 당신의 가치관까지 변화될지도 모른다. 평화롭고 건강한 삶에 대한 열망이 신형 스포츠카를 사고자 하는 욕망을 대체할 수도 있는 것이다!

시간이 지나면 우리는 우리의 꿈과 목표로 되돌아와
성공에 대한 추구를 계속 해나갈 수 있다.

## 그리고 마지막으로…

나는 당신의 성공담을 직접 듣고 싶다. 링크드인이나 페이스북에서 나를 찾아주기 바란다. nigel@silkroadpartnership.com으로 이메일을 보내도 좋다.

나는 성공적 예술가로 활동 중인 에블린Evelyn이란 이름의 매력적인 여성과 결혼을 했고, 두 명의 훌륭한 아이들(아들 젭Zeb과 의붓딸인 야스민Yasmine)과 함께 살고 있다. 여러분의 성공을 빌어 드린다.

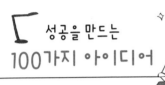

성공을 만드는
100가지 아이디어

**초판 1쇄 인쇄** ｜ 2019년 01월 05일
**초판 1쇄 발행** ｜ 2019년 01월 10일

**펴낸곳** ｜ 학원문화사
**펴낸이** ｜ 정영국

**지은이** ｜ 나이절 컴벌랜드
**옮긴이** ｜ 김성환

**편집디자인** ｜ 디자인86
**교정 · 교열** ｜ 한영미
**제작 · 마케팅** ｜ 박용일
**원색분해 · 출력** ｜ 거호 프로세스
**인쇄** ｜ OK P&C

**주소** ｜ 서울시 구로구 디지털로 288, 대륭포스트타워1차 508호
**전화** ｜ 02)2106-3800~1
**팩스** ｜ 02)584-9306
**등록번호** ｜ 제25100-2015-000020호
**ISBN** ｜ 978-89-19-20586-0
ⓒ학원문화사 2019 printed in korea

※잘못된 책은 바꿔드립니다.